# 大学生

# 职业生涯规划与管理

主　编◎雷永汉
副主编◎陈思企

厦门大学出版社
XIAMEN UNIVERSITY PRESS
国家一级出版社
全国百佳图书出版单位

**图书在版编目（CIP）数据**

大学生职业生涯规划与管理 / 雷永汉主编 ；陈思企副主编. -- 厦门 ：厦门大学出版社，2025. 8. -- ISBN 978-7-5615-9871-9

Ⅰ. G647.38

中国国家版本馆 CIP 数据核字第 2025EB7488 号

责任编辑　陈惠英　张　洁
美术编辑　张雨秋
技术编辑　朱　楷

出版发行　厦门大学出版社
社　　址　厦门市软件园二期望海路 39 号
邮政编码　361008
总　　机　0592-2181111　0592-2181406(传真)
营销中心　0592-2184458　0592-2181365
网　　址　http://www.xmupress.com
邮　　箱　xmup@xmupress.com
印　　刷　厦门市明亮彩印有限公司

开本　787 mm×1 092 mm　1/16
印张　14.5
字数　344 千字
版次　2025 年 8 月第 1 版
印次　2025 年 8 月第 1 次印刷
定价　28.00 元

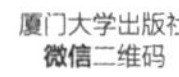
厦门大学出版社
微信二维码

厦门大学出版社
微博二维码

# 编者说明

党的二十大报告指出：教育、科技、人才是全面建设社会主义现代化国家的基础性、战略性支撑。强调必须“坚持人才是第一资源”，必须“深入实施人才强国战略”。可见，人才培养已经上升到国家战略的高度，这一方面充分体现了我国在全面建设社会主义现代化国家和全面推进中华民族伟大复兴的新征程中对人才的重视与需求。党的二十大报告为大学生职业生涯发展与规划提供了根本遵循，其核心要义在于大学生要将个人发展融入中国式现代化进程，通过对接国家战略需求、把握政策机遇、锤炼实践能力，在科技创新、乡村振兴、绿色转型等领域实现个人价值与社会价值的统一。

大学是青年大学生成长成才的关键阶段，大学生活也是青年大学生最美好的青春岁月和最宝贵的奋斗时期，如何帮助大学生在这一时期正确地认识自己，树立正确的职业规划理念，锚定明确的职业定位，制定合理的成长路径，并落实实际行动，这就是高校职业生涯规划课程最重要的任务和使命

高校职业生涯规划课程作为一门公共必修课，是引导大学生成长成才的重要环节，也是高校人才培养工作的重要组成部分。通过职业生涯规划课程学习，能够唤醒大学生自我规划的意识，引导其学会自我探索，明晰行业及专业发展现状和趋势，科学合理规划学业与职业发展，立志成为有理想、敢担当、能吃苦、肯奋斗的新时代好青年，争做堪当民族复兴重任的时代新人。在此时代背景下，我们精心编写了这本《大学生职业生涯规划与管理》教材，旨在助力学子们规划未来，勇担时代重任。

本教材积极响应课程思政的号召，将思想政治教育融入职业生涯规划的各个环节。从职业价值观的塑造到职业精神的培养，我们以“立德树人”为根本任务，引导学生树立正确的世界观、人生观和价值观。通过课程导入、典型案例，激发学生的家国情怀与责任意识，让学生明白个人职业发展与国家命运紧密相连。当学生在规划职业道路时，

不仅关注个人的成长与收益，更能思考如何在岗位上为国家和社会贡献力量，将个人“小我”融入国家“大我”之中。

本教材内容设计注重理论与实践相结合，同时也参考全国大学生职业生涯规划大赛要求，从认识职业社会开始，涵盖职业生涯规划的基础理论，如自我认知、职业环境分析、职业决策等，并通过丰富多样的实践活动，如职业测评、生涯人物访谈、模拟求职等，让学生在实践中深化对理论的理解，提升职业规划能力。每章设置课程导入、随堂活动、案例分享、课后思考等栏目，激发学生的学习兴趣与主动性，培养学生独立思考与解决问题的能力。

本书由新能源与材料学院雷永汉副教授担任主编，陈思企担任副主编。各章编写具体分工如下：

第一、二、三章由雷永汉负责编写，第四章由雷永汉、姜婷婷负责编写，第五章由祁燕苹负责编写，第六章由程彦华负责编写，第七章由雷永汉、陈健巧负责编写，第八章由雷永汉、陈思企负责编写，第九章由雷永汉、马艾负责编写，第十章由王楠楠、林宏宇负责编写，第十一章由王佳佳负责编写，第十二章由雷永汉、李卓霖负责编写，第十三章由雷永汉、章丽娜负责编写。雷永汉负责设计书稿的整体结构框架和统稿工作。

本书在编写过程中，借鉴和参考了国内外与职业生涯规划相关的大量著作和教材、报刊、网站、微信公众号等资料，在此谨向这些文献资料的作者表示衷心的感谢。

由于编者水平有限，书中不可避免会存在一些疏漏和不足，真诚希望广大读者能够多提宝贵的修改意见和建议，以便今后我们更好地进行修订和完善。

# 目录

# 第一章
# 大学学业与职业发展

2013 年 5 月 4 日，习近平总书记在同各界优秀青年代表座谈时指出，青年人正处于学习的黄金时期，应该把学习作为首要任务，作为一种责任、一种精神追求、一种生活方式，树立梦想从学习开始、事业靠本领成就的观念，让勤奋学习成为青春远航的动力，让增长本领成为青春搏击的能量。

2010 年 12 月，时任中共中央政治局常委、中央书记处书记、国家副主席习近平，勉励重庆师范大学的同学们“端正择业观念，精准定位，在社会的广阔天地大显身手”。

2022 年 6 月 8 日，习近平总书记在四川宜宾学院考察高校毕业生就业工作时指出，“大学生就业要怀着一颗平实之心，综合考虑自身条件和社会需求，防止高不成、低不就”。

## 第一节　大学学业的定义、特点及其对职业发展的影响

### 一、大学学业的定义

大学学业是指大学生在大学期间接受的高等教育，包括专业课程学习、学术研究、实践实训、社团活动等多个方面。这一阶段的学业不仅涵盖了理论知识的积累，还包括

实践能力的培养和综合素质的提升。大学学业不仅仅是获得一纸文凭的过程，更是塑造个人世界观、人生观和价值观的关键时期。

## 二、大学学业的特点

### 1. 专业性

大学教育以专业为导向，学生在入学时通常会选择自己感兴趣或认为有发展前景的专业方向，进行深入学习。这种专业性不仅体现在理论知识的传授上，还体现在实验实训、专业实习等实践环节中。

### 2. 自主性

与中学阶段相比，大学学业更加强调学生的自主学习能力和自我管理能力。学生需要自行安排学习时间，选择课程，甚至参与科研项目，这种自主性有助于培养学生的独立思考能力和创新精神。

### 3. 综合性

大学教育不仅关注专业知识的传授，还注重培养学生的综合素质，包括人际交往能力、团队协作能力、领导力等。通过社团活动、志愿服务、社会实践等多种形式，学生可以全面发展自己的各项能力。

### 4. 开放性

大学是学术交流和思想碰撞的殿堂，具有开放性和包容性的特点。学生可以接触到来自不同地域、不同文化背景的同学和老师，了解多元化的观点和思想，拓宽自己的视野。

## 三、大学学业对职业发展的影响

### 1. 奠定专业基础

大学学业为学生提供了系统的专业知识培训，为未来的职业发展奠定了坚实的基础。扎实的专业知识有助于学生不仅在求职市场上脱颖而出，还能在工作中快速适应和成长。

### 2. 培养实践能力

大学教育注重理论与实践相结合，通过实习实训、科研项目等形式，培养学生的实践能力和解决问题的能力。这些实践能力是学生在未来职业发展中不可或缺的重要素质。

### 3. 提升综合素质

大学学业不仅关注学生的专业能力，还注重培养学生的综合素质，如沟通能力、团队协作能力、领导力等。这些素质在职业发展中同样具有举足轻重的作用，有助于学生在职场中建立良好的人际关系，提升工作效率和团队协作能力。

### 4. 拓展人脉资源

大学期间，学生可以结识来自不同领域的同学和老师，这些人脉资源在未来的职业发展中可能发挥重要作用。通过校友网络、师生联系等方式，学生可以获取更多的职业信息和机会。

5. 塑造职业观念

大学学业不仅传授专业知识，还通过课堂教育、社会实践等多种形式，引导学生形成正确的职业观念和职业道德。这些观念和道德将贯穿学生的整个职业生涯，成为他们职业发展的精神支柱。

以计算机专业为例，大学期间学生将学习计算机语言、数据结构、算法设计、操作系统等专业知识，并通过实验实训、项目开发等形式，培养编程能力和解决问题的能力。这些知识和能力将为学生未来从事软件开发、网络安全、数据分析等职业提供坚实的基础。同时，大学期间积累的团队合作经验、项目管理经验等也将成为学生在职场中脱颖而出的重要因素。

## 第二节　大学生在职业发展中的机遇和挑战

### 一、大学生在职业发展中的机遇

1. 国家政策支持

近年来，国家高度重视大学生就业问题，出台了一系列政策措施，如鼓励企业吸纳高校毕业生、扩大基层服务项目招聘规模、提高创业扶持力度等。这些政策为大学生提供了更多的就业机会和创业平台。

2. 新兴产业发展

随着科技的进步和产业的升级，新兴产业不断涌现，如人工智能、大数据、云计算、新能源等。这些新兴产业对人才的需求旺盛，为大学生提供了广阔的就业空间和职业发展前景。

3. 创业环境优化

国家鼓励大学生创新创业，提供了税收优惠、创业贷款、创业培训等一系列扶持政策。同时，各类孵化器、创业园等也为大学生提供了良好的创业环境和资源支持。

4. 国际化进程加速

随着全球化的深入发展，越来越多的企业开始拓展国际市场，对具备国际视野和跨文化沟通能力的人才需求增加。大学生可以通过留学、参加国际交流项目等方式，提升自己的国际竞争力，为未来的职业发展创造更多机会。

5. 职业发展路径多样化

现代社会对人才的需求日益多样化，除了传统的企事业单位外，还有自由职业者、网络主播、电商创业者等新兴职业。这些多样化的职业发展路径为大学生提供了更多的选择空间。

### 二、大学生在职业发展中的挑战

#### 1. 就业竞争激烈

随着高校扩招和毕业生人数的增加，就业市场竞争日益激烈。大学生在求职过程中需要面对来自同龄人的竞争压力，以及来自社会经验更丰富的求职者的挑战。

#### 2. 专业技能不足

部分大学生在大学期间未能充分掌握专业知识和技能，导致在求职市场上缺乏竞争力。此外，随着技术的快速更新迭代，大学生需要不断学习新知识、新技能，以适应市场需求的变化。

#### 3. 实践经验缺乏

虽然大学教育注重理论与实践相结合，但部分学生在大学期间缺乏足够的实践机会，导致实践能力不足。这在一定程度上影响了他们的求职竞争力和职业发展前景。

#### 4. 职业规划模糊

部分大学生对自己的职业生涯缺乏清晰的认识和明确的规划。他们可能对自己的兴趣、能力和职业目标缺乏了解，导致在求职过程中盲目跟风或频繁跳槽，不利于职业生涯的稳定发展。

#### 5. 心理素质不佳

面对就业市场的激烈竞争和职业发展的不确定性，部分大学生可能会出现焦虑、迷茫等心理问题。这些心理问题不仅会影响他们的求职效率和职业发展前景，还可能对他们的身心健康造成负面影响。

以电子商务专业为例，随着电商行业的蓬勃发展，该专业毕业生在求职市场上具有较高的竞争力。然而，随着行业的逐渐成熟和竞争的加剧，企业对人才也变得更加挑剔。部分大学生由于缺乏实践经验或专业技能，在求职过程中遭遇挫折。同时，随着跨境电商、社交电商等新兴业态的涌现，大学生需要不断学习新知识、新技能，以适应市场需求的变化。此外，电商行业的工作节奏较快，对员工的心理素质和抗压能力要求较高，部分大学生在入职后可能难以适应这种工作环境。

## 第三节　大学生如何规划自己的职业发展路径

### 一、明确职业目标

#### 1. 自我评估

大学生在规划职业发展路径时，首先需要进行全面的自我评估。这包括了解自己的兴趣、性格、能力和价值观等方面。通过自我评估，大学生可以更加清晰地认识自己，为制定职业发展目标提供依据。

**2. 市场调研**

在明确自己的职业方向后，大学生需要对相关行业进行市场调研，了解行业的发展趋势、市场需求、竞争态势等方面，以便更好地把握职业发展机会。

**3. 设定职业目标**

基于自我评估和市场调研的结果，大学生可以设定自己的职业目标。职业目标应该具有明确性、可衡量性和可实现性等特点。同时，职业目标还需要与个人的兴趣、能力和价值观相匹配。

## 二、制定短期规划

**1. 提升专业技能**

根据职业目标的要求，大学生需要制定详细的学习计划，提升自己的专业技能。这包括参加专业课程学习、参加实习实训、参加专业竞赛等多种形式。通过不断提升自己的专业技能，大学生可以增强在求职市场上的竞争力。

**2. 积累实践经验**

实践经验是大学生求职过程中不可忽略的重要一项。大学生可以通过参加实习、志愿服务、社会实践等形式，积累实践经验，提升自己的实践能力。同时，实践经验还有助于大学生更好地了解行业特点和市场需求，为未来的职业发展奠定基础。

**3. 拓展人脉资源**

在大学期间，大学生可以通过参加社团活动、参加学术讲座、参加行业交流会等，拓展自己的人脉资源。这些人脉资源不仅有助于大学生了解行业信息和市场动态，还可能为未来的职业发展提供机会和支持。

**4. 提升综合素质**

除了专业技能和实践经验外，大学生还需要注重提升自己的综合素质。这包括沟通能力、团队协作能力、领导力等方面。通过参加学生会、社团组织、志愿服务等活动，大学生可以锻炼自己的综合素质，提升自己的职场竞争力。

## 三、制定长期规划

**1. 持续学习**

随着技术的快速更新迭代和市场的不断变化，大学生需要保持持续学习的态度。通过参加培训课程、自学新知识、参加行业会议等，不断更新自己的知识结构，提升技能水平。这有助于大学生在职业发展过程中保持竞争力，适应市场需求的变化。

**2. 拓展职业领域**

随着职业经验的积累和技能的提升，大学生可以逐渐拓展自己的职业领域。通过参加跨领域项目、参加行业交流活动等形式，了解不同领域的发展特点和市场需求。这有助于大学生在未来的职业发展中寻找更多的机会和可能性。

**3. 提升职业地位**

通过不断努力和积累，大学生可以逐渐提升自己的职业地位。这包括晋升到更高的职位、承担更重要的工作任务、获得更高的薪酬等方面。提升职业地位不仅有助于大学生实现个人价值，还可以为他们带来更多的职业成就感和满足感。

**4. 平衡工作与生活**

在职业发展过程中，大学生还需要注重平衡工作与生活的关系。通过合理安排工作时间、参加休闲活动、保持健康的生活方式等，保持身心健康和良好的工作状态。这有助于大学生在职业发展过程中保持持久的竞争力和创造力。

**【拓展资料】**

大学四年时光帮助我们客观地认识自己，帮助我们了解各个学科的思维，再让我们去做选择，然后走向社会不同的行业发光发热。大学四年该如何度过？来看看《人民日报》给准大一新生的一些建议。

**一、室友篇**

1. 选床位时，想选一个好寝室和床位是可以理解的，但要知道，很多学校过一两年会调整寝室安排，为争一个好床位和室友闹矛盾不值得。

2. 别给自己和别人下定论。你所看到听到的可能只是一面，为这个失去可能的朋友，很不值。

3. 养成注意看学校和寝室通告板的习惯，学校很多事情不注意就错过了。

4. 很多事情别人通知你了，要说谢谢，没有通知你不要责怪别人，因为那些事你其实应该自己弄清楚。

5. 遇到来寝室推销的同学，不管你多么动心，请和外面正规店对比后再决定。如果你担心错失好机会，你可以留下同学的电话，如果他们连真实电话都不愿意留，你还想买吗？

6. 请学会与生活习惯完全不同的室友相处，学会考虑他们的感受，学着和他们成为朋友；处得好，大学室友会成为你终生的朋友。

7. 可以开善意的玩笑，但别嘲笑你同学的缺点。

8. 请记住，寝室并不是保险箱，贵重物品一定要保管好，大额现金务必存在储蓄卡里，也别用生日或手机号码做密码。

9. 不要在寝室里用“热得快”或“电炉子”，很多火灾就是因它而起。

10. 也许你有很多话想和同龄人倾诉，但有些隐私还是要学会保护，室友也许不太懂如何保守秘密。

11. 半夜要用电脑，请使用耳机、轻敲键盘。

**二、学业篇**

1. 贪恋被窝的温暖，每天睡到自然醒，反思一下，你心里没有不安吗？

2. 大学里靠自学，借口多了，连自己也会相信的。

3. 别相信读书没有用的说法，有人说：“不是读书没用，而是你没用。”让自己成为有用的人。

4. 不要逃课，这很容易养成习惯，对学习、对生活、对心态都没有任何好处。

5. 我们不得不承认，大学里，很多时候评价你能力的不仅仅是分数，但追求高分总没错。

6. 在大学里坚持做一件事，例如写日记，坚持下来你一定会有收获。

7. 你有足够的理由佩服每天早起的人。

8. 如果对专业不满意，尽快了解相关政策并调整。不过，命运不是专业决定的，大学的学习机会很多。

9. 电脑是个好东西，但请好好利用。不要把电脑当成影碟机，也不要把电脑当成游戏机。

10. 你会听到很多类型的讲座，遇到一些激动人心的机遇；但请记住，机遇只留给有准备的人。

11. 大学里有很多好老师，也有很多一般的老师，但不管怎样你要尊重师长，见了老师打个招呼。

12. 上课前给老师擦一下黑板，绝对不会有人笑话你。

13. 上完课还有疑问赶紧问，老师一般不会出现在自习室。

14. 上课请关闭手机或将手机调为静音。

15. 万一挂科，别相信挂科是大学必修课的安慰，赶紧争取下次通过。

16. 别相信厕所里写的“四六级包过”的广告。

17. 有人邀请你去赚钱发财时，想一想你是否遇到做传销的，他们现在的包装可不太容易被识破。

**三、生活篇**

1. 每天一定抽时间锻炼身体，好处多多。

2. 谨慎申请信用卡，特别是你还没有任何经济来源时，信用卡很可能让你不知不觉中每月多花钱。

3. 永远不要瞧不起家庭经济不好的同学，拿奖学金的大部分是他们；你要做的是学习他们良好的品质。

4. 买旧书不丢脸，书旧知识不旧，省下的钱还可以多买几本其他的书。

5. 给家里亲人打电话或者发消息的理由不要仅仅只是要钱。

6. 对学校的食堂伙食做好心理准备，有的口味确实不太好。

7. 刚入校的新生，不要着急到当地景点去旅游，等同学都熟了，一起出行会更安全和有意思。放心，每个班级都会有人组织的。

8. 如果去逛街，请不要尝试所谓的免费美容之类的宣传，进去了就不是免费的了。

9. 即使你家庭困难，也别让打工耽误了学习，大学的第一要务还是学习，不是赚钱；等生活和学业都安定了，环境熟悉了，再打工也不迟。

10. 尊重服务员。别以为做餐馆服务员、摆地摊很低下，赚钱时不分贵贱。

11. 如果你和同学一起外出吃饭，请不要每次都不付钱，这样容易让人讨厌。

12. 请不要太早学会抽烟喝酒，尤其是男生。

13. “我要请你吃饭”之类的话，说了不要一直不做，听的人都会记得。

**四、恋爱篇**

1. 别以为大学是恋爱的天堂，别忘了，你是为了求学来的。

2. 如果在大学里把容貌当作最重要的东西而过分重视，早晚会吃亏。

3. 不要因为性而恋爱，不要因为寂寞而恋爱，不要因为无聊而恋爱，不要因为别人都在恋爱而恋爱。

4. 相比外面的社会，大学里还是比较容易遇到纯粹的爱情的。

5. 真爱值得追求，但不必为任何分手而受太大的伤。

6. “我爱你”这三个字别对很多人说。这是尊重你爱的人，更是尊重你自己的感情。

7. 爱你的人，不管你接不接受，你都应该感谢对方，这是尊重。

8. 毕业不分手当然最美好，如果不得不分开，请好好说再见，毕竟你们一起走过最宝贵的年华。

**五、心理篇**

1. 刚进大学时，评价一个同学的能力基本是看他的人际沟通，而不是分数，你要做好这样的心理准备。

2. 在任何一个大学当一个平庸的学生都很容易，不容易的是做独立的自我，走出一片精彩。

3. 进入学校半个月后，绝大部分同学都会经历一个对学校的失望周期，别担心，这是正常的。

4. 为避免日后各种无用的感叹，请在大一就尽快树立你的新目标。

5. 别羡慕那些父母能提供很好条件的同学，现在开始努力，毕业后你能让父母过上更好的生活。

6. 别总抱怨不公平，强者不会经常遇到不公平的事。

7. 你可以看不惯一些东西，但是你应该学会接受，如果你没法改变那一切的话。

8. 很多事情当你再回忆时会发现其实没什么，请从今天开始学会控制自己的情绪，这是成熟的一个标志。

9. 如果你很无聊，建议你参加一两个社团，你会认识更多志趣相投的朋友。

# 第二章
# 认识职业社会

2022年6月8日，习近平总书记在四川宜宾学院考察高校毕业生就业工作时指出，“大学生就业要怀着一颗平实之心，综合考虑自身条件和社会需求，防止高不成、低不就”。

2020年7月23日，习近平总书记在吉林考察时指出，各级党委和政府要高度重视高校毕业生就业问题，高校毕业生要转变择业就业观念，只要有志向就会有事业，只要有本事就会有舞台。希望大家找准定位，踏踏实实实现人生理想。

2024年全国教育大会上习近平总书记强调“构建职普融通、产教融合的职业教育体系，大力培养大国工匠、能工巧匠、高技能人才”。这体现了职业教育在国家人才培养体系中的重要地位以及与社会产业的紧密联系。习近平总书记提出要“正确处理支撑国家战略和满足民生需求、知识学习和全面发展、培养人才和满足社会需要、规范有序和激发活力、扎根中国大地和借鉴国际经验等重大关系”，为职业教育体系建设指明了方向，也有助于更好地让职业教育适应社会发展需求。

## 第一节　职业社会的基本概念

随着高等教育的普及和社会经济的快速发展，大学生的就业问题日益受到关注。对于大学生而言，正确认识职业社会，不仅是顺利就业的前提，更是实现个人职业发展和人生价值的关键。在大学这个迈向社会的过渡阶段，大学生需要全面、深入地了解职业社会的运行规律、发展趋势以及对人才的需求，从而为自己的职业生涯做好充分准备。本章将详细探讨职业社会的基本概念、大学生认识职业的重要性，以及在大学期间提升对职业社会认知的途径。

## 一、职业的定义与内涵

职业是指人们在社会中所从事的作为主要生活来源的工作，它具有专业性、稳定性和社会性等特点。从专业性来看，每一种职业都要求从业者具备特定的知识和技能，这些知识和技能通常需要经过专门的学习和培训才能获得。例如，医生需要掌握医学专业知识，通过多年的医学教育和实践实习，才能具备行医资格；律师需要精通法律条文，经过系统的法学学习和司法考试，才能从事法律相关工作。稳定性方面，职业并非短暂的临时性工作，而是人们长期从事并以此获取经济收入、维持生活的活动。社会性则体现在职业是社会分工的产物，不同职业之间相互依存、相互协作，共同推动社会的运转。比如，制造业为社会提供各类产品，服务业满足人们生活和生产的各种需求，它们共同构成了社会经济活动的有机整体。

## 二、职业社会的构成要素

### 1. 职业分类

根据不同的标准，职业可以进行多种分类。国际上常用的是国际标准职业分类（ISCO），它将职业分为十大类，包括管理人员，专业人员，技术和辅助专业人员，办事人员，服务和销售工作人员，农业、林业和渔业熟练工人，手工艺和相关行业工人，机器和设备操作人员及装配工，初级职业等。在我国，《中华人民共和国职业分类大典（2022 年版）》（以下简称《职业分类大典（2022 年版）》）将职业划分为 8 个大类、75 个中类、449 个小类、1636 个职业。这种分类体系为人们了解不同职业的特点和差异提供了框架，有助于职业规划和人才培养。

### 2. 职业组织

职业组织是职业社会的重要组成部分，包括各类行业协会、商会、工会等。行业协会是同行业企业为了维护共同利益、促进行业发展而组成的社会团体，它在行业规范制定、信息交流、技术培训等方面发挥着重要作用。例如，中国软件行业协会通过组织行业会议、发布行业报告、开展技术交流活动等，推动软件行业的健康发展。商会则是由工商业者组成的社会团体，旨在促进商业合作、维护会员权益。工会是维护劳动者权益的组织，通过集体谈判、劳动争议调解等方式，保障劳动者的合法权益。

### 3. 职业市场

职业市场是劳动力供求双方进行交易的场所，它由求职者、用人单位和职业中介机构等组成。在职业市场中，求职者根据自己的能力和职业期望寻找合适的工作岗位，用人单位根据自身的需求招聘合适的人才。职业中介机构则为双方提供信息匹配、招聘服务等。职业市场的供求关系受到经济发展、产业结构调整、人口变化等多种因素的影响。例如，随着互联网行业的快速发展，对软件开发、网络营销等相关专业人才的需求大增；而传统制造业的转型升级，也导致对高素质技术工人的需求发生变化。

## 三、职业社会的特点

**1. 动态性**

职业社会处于不断发展变化之中，科技进步、经济发展、社会需求的改变等都会引发职业的更新换代。新的职业不断涌现，如人工智能工程师、大数据分析师、电子竞技选手等，这些新兴职业的出现反映了科技发展对社会生产和生活方式的深刻影响。同时，一些传统职业也在不断演变，如随着在线教育的兴起，教师不仅需要具备传统的教学能力，还需要掌握一定的信息技术，能够进行线上教学。

**2. 竞争性**

由于就业机会的有限性和人才的相对过剩，职业社会存在着激烈的竞争。在求职过程中，求职者需要与众多竞争对手争夺有限的工作岗位。这种竞争不仅体现在学历、专业技能等方面，还体现在综合素质、实践经验、职业素养等方面。例如，在一些热门行业和企业的招聘中，企业往往会收到大量的简历，只有那些具备优秀综合素质和独特优势的求职者才能脱颖而出。

**3. 关联性**

职业社会中的各个职业之间相互关联、相互影响。一个行业的发展会带动相关行业的发展，反之亦然。例如，汽车产业的发展会带动钢铁、橡胶、零部件制造等上游产业的发展，同时也会促进汽车销售、售后服务、汽车金融等下游产业的繁荣。这种关联性要求从业者不仅要关注自身所在职业的发展，还要了解相关职业的动态，以便更好地适应职业社会的变化。

## 四、职业技能标准

职业技能标准是在职业分类的基础上，根据职业活动内容，对从业人员的理论知识和技能要求提出的综合性水平规定。它是开展职业教育培训和人才评价的基本依据。国家职业技能标准是实施职业资格评价和职业技能等级认定的基础，是国家基本职业培训包制定的依据，是规范从业者的从业行为和引导职业教育培训方向的重要参考。

职业技能标准和管理体系建设也是支持新职业长期发展所必需的。从职业社会学的研究看，成熟稳定的职业应该实现三个目标：赋予从业者以尊严、提升社会对该职业的认可度与信任度、以一定标准维持从业者的数量。因此，只有建立了职业技能标准和管理体系的新职业，才能够得到社会和从业者自身的认可，成为成熟稳定的职业。

2023 年人力资源社会保障部修订颁布了《国家职业技能标准编制技术规程（2023 年版）》，并启动了国家职业技能标准制定修订工作。

从 2023 年之前新职业的职业技能标准建设经验看，新职业发布后，其配套的职业技能标准发布往往需经历一定时间。应加快新职业的技能标准建设，让从业人员有学习的目标和动力，工资待遇有不断提升的空间，为新职业从业者建立晋升发展通道。新职业从业者可以不断对标技能标准，找准自身定位，弥补自身差距。技能优秀的从业者，能够看到努力工作的发展前途，愿意更好地服务客户，技能不足的从业者也可能会被淘汰，这有利于职业整体健康发展。

新职业的技能标准在开发过程中要注重前瞻性，着眼于行业未来发展的新变化和新需求。职业技能标准是公共职业技能培训的抓手，也是经政府授权后开展职业技能考核鉴定的基础。未来可以考虑在职业技能考核鉴定基础上，推出相应的“国家职业资格证书”，甚至与学历教育、职业教育对接，推动新职业向专业化、职业化、规范化方向发展。

此外，规范新职业的管理体系建设有利于新职业长期发展。任何一个职业进入社会中，其发展都受到从业者自身、职业或行业协会规范以及政府规制等方面的影响。市场与政府的力量会共同塑造该职业的管理体系。越是能够尽早形成统一、完善、明确的管理规范与标准，越有利于吸引更多从业者进入，也容易使职业受到社会普遍认可。

当前，在向数字经济转型的过程中，涌现出大量新职业。各类新职业，特别是以互联网平台为组织基础的新职业缺乏相应的管理体系，在工资、工时、福利、行为规范等方面缺乏统一明确的标准和政府规制。目前，在已经公布的新职业中，广受关注的网约配送员、互联网营销师等都属于新就业形态，在劳动关系、劳动保障等方面的规则尚不明确，容易出现损害从业者、消费者利益的问题。在首都经济贸易大学中国新就业形态研究中心主任张成刚看来，其他以传统企业方式组织的新职业，也需要在行为准则、操作规程、健康安全、评价培训等方面建立完善的制度体系和流程机制，以促进其更好地发展。

## 五、职业资格

职业资格是从事某一职业所需的专业知识、职业技能和工作能力的基本要求，分为准入类和水平评价类。

准入类职业资格，其所涉职业（工种）必须关系公共利益或涉及国家安全、公共安全、人身健康、生命财产安全，且必须有法律法规或国务院决定作为依据；水平评价类职业资格，其所涉职业（工种）应具有较强的专业性和社会通用性，技术技能要求较高，行业管理和人才队伍建设确实需要。

2019 年 12 月，国务院常务会议决定分步取消水平评价类技能人员职业资格，推行社会化职业技能等级认定。除与公共安全、人身健康、生命财产安全等密切相关的职业（工种）拟依法调整为准入类职业资格外，将其他水平评价类技能人员职业资格全部退出国家职业资格目录，不再由政府或其授权的单位认定发证；同时推行职业技能等级制度，由相关社会组织或用人单位按标准依规范开展职业技能等级评价、颁发证书。

# 第二节　职业社会认知：掌握职场成功的钥匙

## 一、职业社会认知的重要性

职业社会认知是指个体对职业世界、职业角色、职业行为以及职业关系的理解和认识。它不仅是个人成长和职业发展的基础，更是适应社会环境、实现职业目标的关键。职业社会认知的重要性体现在多个方面，以下将逐一进行深入分析。

**1. 个人成长：塑造职业身份**

职业社会认知帮助个体明确自己的职业身份，从而找到自我价值和人生意义。通过了解不同职业的特点和要求，个体能够逐步明晰自己的职业兴趣、能力和价值观，进而做出适合自己的职业选择。

例如，小张在大学期间通过实习和兼职，尝试了多种职业角色，从市场营销到人力资源管理，再到软件开发。在这一过程中，他逐渐发现自己对编程和技术创新充满热情，并且具备较强的逻辑思维能力。因此，他决定在毕业后从事软件开发工作，并顺利进入一家知名科技公司。

职业社会认知使小张能够基于自身的优势和兴趣，找到最适合自己的职业路径，从而在职业生涯中不断成长和进步。

**2. 职业发展：制定职业规划**

职业规划是职业成功的关键，而职业社会认知则是制定有效职业规划的基础。通过对职业市场的深入了解，个体能够掌握行业趋势、岗位需求和职业发展路径，从而制定符合实际情况的职业目标和发展策略。

小李是一名会计专业的大学生，她通过参加行业论坛、阅读专业报告和与从业人士交流，了解到会计行业在未来几年将更加注重数字化转型和数据分析能力。因此，她在大学期间不仅学习了会计基础知识，还主动学习了 Python 编程和数据分析技能。毕业后，她成功进入一家大型会计师事务所，并在短时间内凭借出色的数据分析能力获得了晋升。

职业社会认知使小李能够预见行业变化，提前做好准备，从而在职业发展中占据先机。

**3. 社会适应：融入职场环境**

职场环境复杂多变，不同的企业和行业有着不同的文化、价值观和行为准则。职业社会认知帮助个体更好地理解和适应职场环境，减少职业冲突和困惑，提高职业满意度和幸福感。

小王是一名刚毕业的年轻人，他进入一家外资企业后，发现公司注重团队合作和跨部门沟通。起初，他不太适应这种开放和多元的工作环境，但通过参加入职培训、观察同事的工作方式和积极参与团队活动，他逐渐融入了公司文化，与同事建立了良好的关系。

职业社会认知使小王能够迅速适应新的职场环境，建立积极的职业关系，为职业发展奠定了坚实的基础。

## 二、职业社会认知的构成要素

职业社会认知是一个复杂的系统，包括多个构成要素。这些要素相互作用、相互影响，共同构成了个体对职业世界的全面认识。以下将详细分析职业社会认知的构成要素，并结合实际案例进行说明。

### 1. 职业角色认知

职业角色认知是指个体对不同职业角色的理解和认识。它涉及职业角色的职责、权限、工作内容和职业发展路径等方面。通过职业角色认知，个体能够明确自己在职业世界中的定位和角色，从而做出符合自己职业身份的行为。

例如，医生是一种典型的职业角色，承担着救死扶伤、保障人民健康的重任。在医学教育中，学生不仅要学习医学知识和技能，还要了解医生的职业角色，包括医生的职责、医德医风、医患关系等方面。通过职业角色认知，医学生能够更好地理解医生的职业特点，为未来的职业生涯做好准备。

又如，张华是一名销售人员，他通过参加公司培训和与同事交流，了解到销售人员的职责是了解客户需求、提供解决方案并促成交易。在明确了自己的职业角色后，他更加注重与客户的沟通和关系维护，通过提供专业的服务和支持，赢得了客户的信任和认可，从而取得了优异的销售业绩。

### 2. 职业行为认知

职业行为认知是指个体对职业行为规范和标准的理解和认识。它涉及职业道德、职业礼仪、职业沟通技巧等方面。通过职业行为认知，个体能够规范自己的职业行为，提高职业素养和形象。

例如，律师是一种需要高度职业素养的职业角色。在律师行业中，律师需要遵守法律法规、维护公平正义、保护客户权益。因此，在律师教育中，学生不仅要学习法律知识，还要了解律师的职业行为，包括律师的职业道德、职业礼仪、法律文书写作等方面。通过职业行为认知，律师能够规范自己的职业行为，提升专业素养和形象，从而赢得客户的信任和尊重。

又如，李明是一名客服人员，他通过参加公司培训和自我学习，了解到客服人员的职业行为规范和标准，包括礼貌用语、耐心倾听、积极解决问题等方面。在明确了自己的职业行为后，他更加注重与客户的沟通和互动，通过提供优质的服务和支持，提高了客户满意度和忠诚度，为公司赢得了良好的口碑。

### 3. 职业关系认知

职业关系认知是指个体对职业世界中人际关系的理解和认识。它涉及同事关系、上下级关系、客户关系等方面。通过职业关系认知，个体能够更好地处理职场中的人际关系，建立积极的职业关系网络。

例如，在企业管理中，员工需要了解不同层级之间的职业关系，包括上级对下级的期望和要求、下级对上级的尊重和服从、同事之间的合作和竞争等方面。通过职业关系认知，员工能够更好地理解企业的组织架构和文化氛围，从而更好地融入团队和工作环境中。

又如，王芳是一名项目经理，她通过参加行业交流活动和项目管理培训，了解到项目经理需要与多个部门和团队进行协作和沟通。在明确了自己的职业关系后，她更加注重与团队成员的沟通和协调，通过建立有效的沟通机制和合作流程，提高了项目的执行效率和成功率。

**4. 职业环境认知**

职业环境认知是指个体对职业世界的宏观环境和微观环境的理解和认识。它涉及行业趋势、市场竞争、企业文化等方面。通过职业环境认知，个体能够把握职业发展的机遇和挑战，制定符合实际情况的职业规划和发展策略。

例如，在 IT 行业中，技术人员需要了解行业的发展趋势和技术创新方向。通过参加行业论坛、技术研讨会和与专家交流，技术人员能够了解最新的技术动态和市场需求，从而提前做好准备，迎接职业发展的机遇和挑战。

又如，赵雷是一名创业者，他通过市场调研和竞争分析，了解到自己所处的行业具有巨大的市场潜力和发展空间。在明确了自己的职业环境后，他制定了详细的商业计划和营销策略，通过不断创新和优化产品，成功吸引了投资者的关注和资金支持，实现了企业的快速发展。

## 三、职业社会认知的提升方法

职业社会认知是一个动态的过程，需要个体不断地学习和实践。以下将介绍几种提升职业社会认知的方法，并结合案例进行说明。

**1. 实习与兼职**

实习与兼职是提升职业社会认知的有效途径。通过亲身参与职业活动，个体能够深入了解职业角色、职业行为和职业关系等方面的内容，积累宝贵的职业经验和人脉资源。

例如，刘梅是一名市场营销专业的学生，她通过参加一家知名企业的实习项目，深入了解了市场营销的工作流程和技能要求。在实习期间，她参与了市场调研、产品推广和客户沟通等工作，积累了丰富的实践经验。同时，她还结识了许多业内专家和同事，建立了广泛的职业关系网络。这段实习经历不仅提升了她的职业社会认知，还为她的职业发展奠定了坚实的基础。

**2. 职业培训与咨询**

职业培训与咨询是提升职业社会认知的重要手段。通过参加职业培训课程和咨询专家，个体能够系统地学习职业知识和技能，了解职业发展的最新趋势和要求。

例如，张伟是一名程序员，他通过参加一家知名培训机构的编程课程，学习了最新的编程技术和工具使用方法。在培训期间，他还与同行进行了深入的交流和讨论，了解了行业内的最新动态和发展趋势。通过职业培训，张伟不仅提升了自己的编程能力，还拓宽了职业视野和思路。

另外，他还可以寻求职业咨询师的帮助，进行职业规划和定位。职业咨询师可以根据他的兴趣、能力和价值观，为他提供个性化的职业建议和指导。通过职业咨询，张伟可以更加明确自己的职业目标和发展路径，为未来的职业发展指明方向。

**3. 行业研究与交流**

行业研究与交流是提升职业社会认知的重要途径。通过关注行业动态、参加行业会议和研讨会、与业内人士交流等方式，个体能够了解行业的最新发展和趋势，把握职业发展的机遇。

例如，李华是一名金融行业从业者，他通过关注财经新闻、参加行业论坛和研讨会，了解了金融行业的最新政策和市场动态。同时，他还与同行进行了深入的交流和讨论，分享了彼此的经验和见解。通过行业研究与交流，李华不仅提升了自己的职业素养和知识水平，还拓宽了职业视野、拓展了人脉资源。

**4. 反思与总结**

反思与总结是提升职业社会认知的关键环节。通过回顾自己的职业经历和学习过程，个体能够发现自己的不足之处和需要改进的地方，从而不断完善自己的职业认知和技能。

例如，王丽是一名人力资源管理人员，她在工作中遇到了许多挑战和困难。通过反思和总结，她发现自己在招聘和员工培训方面存在不足，需要进一步提升自己的专业技能和知识水平。于是，她参加了相关培训课程和研讨会，学习了最新的招聘和培训理念和方法。同时，她还与同事进行了深入的交流和讨论，分享了彼此的经验和教训。通过反思与总结，王丽不仅提升了自己的职业素养和能力水平，还为公司的人力资源管理提供了更好的支持和保障。

**5. 社交媒体与网络资源**

社交媒体与网络资源是提升职业社会认知的重要工具。通过关注行业内的专业社交媒体账号、加入职业社群和论坛、参与在线课程和学习资源分享等方式，个体能够随时了解行业的最新动态和趋势，获取职业发展的相关信息和资源。

例如，赵雷是一名市场营销人员，他通过关注行业内的专业社交媒体账号和加入相关社群，了解了市场营销的最新趋势和成功案例。同时，他还参加了多个在线课程和学习资源分享活动，学习了最新的市场营销理念和方法。通过社交媒体与网络资源，赵雷不仅拓宽了自己的职业视野和思路，还提高了自己的专业素养和能力水平。

**【拓展资料】**

**大学生职业规划法宝——找准赛道，乘风破风**

2024 年，中国高校毕业生人数再次达到历史新高，约为 1179 万人。“降薪”“调岗”“裁员”占据职场的热搜榜，边缘业务不断缩减，核心业务的能力要求也越来越高，2024 年的职场极端气候已悄然而至。“职位刚挂出来不到 5 分钟，就能收到 100 余份简历的投递，符合岗位要求的却很少。”某企业人力资源管理在一社交软件上回应了招聘人员的难处并附上自己的招聘页面。

企业需要什么样的人才？回归商业的本质，企业需要的是能为其创造新的战略价值和可持续竞争优势的人才。这样的人才究竟需要拥有什么样的能力？调查显示，求职过程中的核心竞争力评分标准有专业能力、自我驱动能力和人际沟通能力，总占比超过70%。

虽然大学生面对着严酷的就业形势和对核心能力要求的不断提高，但是破局也并非难事，关键在于学生的自主、学校的指导和企业的合作。学生只有将校园生活中学习到的理论知识与实际工作的需要有序衔接，做一个能解决实际问题的新人，未来才有可能成为工作能力高的强人。

“把专业课学好了，找工作就会很顺利。”工作等同于学习是很多大学生根深蒂固的印象，其实不然。工作讲究知识应用的能力和与之相关的领导能力、沟通能力、环境适应能力等，这需要我们从社会这一更大的“学校”去获取。大学生应紧抓学生身份的机会认真规划、多元化实践，精准寻找符合自身发展路径的突破口。

清晰的职业规划是核心竞争力提升的关键。职业规划应当结合对自身专业能力、职业兴趣和职业潜力的全面认识及长期发展意愿。月之暗面创始人、清华大学助理教授杨植麟初入清华时就读于热能工程系，在大二时探索到自身对计算机更为浓烈的兴趣，果断转入计算机系，自此开始了他与人工智能（AI）的故事。“后来发生的一切，都让我觉得转到计算机系，是目前为止我生命中最正确和重要的决定。”杨植麟在一次采访中谈到此次转变。

对于刚结束高考的考生来说，仅依靠专业名称和与之相关的互联网信息并不能全面认识专业所学的内容和应用的领域，热门、薪资高、好的就业前景仍是志愿填报的重要参考项。然而我国经济呈现发展速度快、行业更替快的特点，现在所学专业的职业预期与四年后的就业环境或许有巨大差距。因此，要抢抓步入大学进行专业学习后的黄金时刻了解自己的兴趣领域和能力优势，并随之做出符合自身发展的选择，这是职业可持续发展的重要基础。

第一，大学生应开展全面的自我评估，深入了解自己的兴趣、技能和优势，通过自我评估以确定适合的行业领域；第二，大学生应设定可量化的职业发展目标，目标应同时具备挑战性和可实践性，以长期目标为主，辅以短期目标循序推进；第三，大学生应为设定的目标制定详细计划，涵盖匹配技能、必要资格和经验积累等多个方面，确保计划的可操作性；第四，大学生应适时调整职业规划，技术的迭代和文化的变迁是行业的风向标，应及时审视自己的目标和计划，以保持与行业发展同频的步伐。

此外，作为学生获得职业技能、培养职业素养的启蒙平台，高校应发挥对学生规划职业发展路径的指导作用，承担起学生职业素质的培养责任。认清毕业生能力与社会需求的差距，加强大学生综合素质和核心竞争力的培养，以实现学生个性发展平衡，也是高校提高核心竞争力的有力措施。

社会实践活动是提升核心竞争力的有效途径。从校内的学生组织、团队活动到校外的企业实习、社会实践，从校内的比赛、研究项目到校外竞赛和国际交流项目，大学生接触社会的机会并不少，关键在于获取信息的渠道和充分利用机会的能力。

例如参与学生组织和团队活动，可以提高领导能力和团队协作能力；通过企业、社会组织的实习具体应用所学知识，可以提升实践能力；参加国际交流项目，可以提高跨文化沟通能力和环境适应能力；参与校内外各类竞赛和项目，可以锻炼解决问题的能力，培养创新性思维。历届 Youth4SDG 联合国可持续发展目标亚太青年领袖项目的参与成员也与我们分享了他们在实践中的收获和成长。

“我们通过实践学习的方式充分理解社会事业相关概念与原则。在深入参观格莱美银行和走访当地的农村家庭的基础上，我们确定了 Medcall Care 作为我们的项目。在项目的可行性讨论和实践中，我的创新思维和问题解决能力得到了很好的提升。”孟加拉项目参与者卢鹏分享道。

企业需要能为其创造价值和可持续竞争优势的应聘者，并非高校与学生单方面的努力就足够的，敢于提供培养和塑造优秀人才的机会是至关重要的。芒果 TV 在媒体影视领域一直拥有着生生不息的后备力量和敢拼敢做的领先创意，离不开敢用人、会用人的人才建设思维。“我们敢给你机会，你敢成长吗？”是芒果内部盛行的一句话。

深耕核心才能厚积薄发。能力的提升并非一蹴而就，大学生应时刻保持对行业动态和社会趋势最新信息的关注，以培养快速变化环境下社会需要的核心能力。

适应变化、奋勇向前才是制胜法则。大学生应主动接触社会，按照职业规划在垂直领域中不断磨炼和提升核心竞争力。高校应做好学生与社会联系的桥梁，承担起学生职业启蒙阶段的指导和职业素质培养的责任。企业应提供锻炼和实践的机会，做好敢用人、会用人的人才吸引和培育规划。这才是职场极端气候的破解之道。

（资料来源：微信公众号：“青年好机会”2024 年 8 月 2 日）

第三章

# 认识职业生涯规划

有信念、有梦想、有奋斗、有奉献的人生，才是有意义的人生。当代青年建功立业的舞台空前广阔、梦想成真的前景空前光明，希望大家努力在实现中国梦的伟大实践中创造自己的精彩人生。

——2014 年 5 月 4 日，习近平在北京大学师生座谈会上的讲话

广大青年应该在奋斗中释放青春激情、追逐青春理想，以青春之我、奋斗之我，为民族复兴铺路架桥，为祖国建设添砖加瓦。

……

当代青年是同新时代共同前进的一代。我们面临的新时代，既是近代以来中华民族发展的最好时代，也是实现中华民族伟大复兴的最关键时代。广大青年既拥有广阔发展空间，也承载着伟大时代使命。青年是国家的希望、民族的未来。

——2018 年 5 月 2 日，习近平在北京大学师生座谈会上的讲话

# 第一节　职业生涯规划的基本概念

**【课程导入】**

陈林是大学新生，刚入学没多久就觉得自己的大学生活很单调，自己没什么爱好，每天除了上课就是在宿舍躺平，觉得只要不拿奖学金，90 分的考试成绩和 60 分没有什么区别，所以学习没什么动力。偶尔想起未来的发展，他有些迷茫和焦虑，但觉得那应该是大四时考虑的事情。

一开学，林雅该上大学二年级了。随着对大学的新鲜感逐渐淡去，她成了校园里的“老生”，每天都很忙，上课、听讲座、参加社团活动、和同学逛街……但她又不知道自己在忙什么。有时候觉得很累，可想到要为毕业后的工作打个基础，就觉得这些付出也许是值得的吧。可有时又很茫然，甚至有点沮丧，因为忙得毫无头绪，不知道这样的付出对未来的发展有没有作用。

席茜是大学三年级的学生。刚进入大学时，她对自己四年后的目标就很明确——考研究生。这主要来自父母的意见：“在大学扩招的背景下，大学毕业生每年以几十万的速度增长，不读研，怎么能找到好工作？”席茜开始还挺认同，但随着大学生活的深入，生性活泼的她参加了很多社会活动，乐在其中并小有成绩。逐渐席茜觉得继续读研究生并不是她喜欢的，自己更喜欢做与人打交道的工作。可是，对本科毕业生能否找到好工作，席茜很怀疑。所以，虽然很痛苦，但她依然每天复习准备考研。

## 一、生涯与生涯发展

### 1. 什么是生涯

在日常生活中，我们常听到“生涯”一词，如“艺术生涯”“戎马生涯”“学术生涯”等说法。中国古人的诗词中也有“生涯”这个词，如南宋诗人陆游在《秋思》中写道：“身似庞翁不出家，一窗自了淡生涯。”《辞海》（第七版）对“生涯”一词的定义是“生计”。

关于生涯的概念，美国职业生涯规划大师苏珀（D. E. Super）认为，生涯指生活中各种事件的演进方向和历程，它统合了人一生中的各种职业和生活角色，由此表现出个人独特的自我发展形态。美国国家生涯发展协会（National Career Development Association）认为，生涯是个人通过从事工作所创造出的一个有目的地、延续一定时间的生活模式。台湾生涯咨询与辅导专家金树人总结了“生涯”的三个要点：生涯的发展是一生当中连续不断的过程；生涯包括个人在家庭、学校和社会中与工作有关活动的经验；这种经验塑造了独特的生活方式。

由此，生涯有以下三个特点：

（1）是一个终身发展的历程：强调生涯的持续性、长期性，伴随着生命周期而不断演进变化。

（2）是一个多角色交互的综合体：生涯包括个人在家庭、学校和社会中与工作有关活动的经验，个人在不同时期或在同一时期可能担任父母、伴侣、职场人、子女、学生等多种角色。

（3）体现了个人发展的独特性：生涯是个人依据其人生目标、动机、兴趣、价值观、信念等特征，并受其所处的外部社会环境条件的影响，为自我实现目标而开展的独特的生命演进历程。因此，不同的人具有不同的生涯历程。

**2. 职业生涯的定义**

“职业”是指个人在社会中所从事的作为主要生活来源的工作。它不仅仅是一个简单的职位或头衔，而是涵盖了个人在特定领域或行业中所扮演的角色、所承担的责任以及所拥有的技能和经验。职业的选择往往受到多种因素的影响，包括个人的兴趣、能力、价值观、教育背景以及市场需求等。一个合适的职业应该能够让个人感到满足和有成就感，同时也能够提供稳定的经济来源和职业发展机会。在职业发展中，个人需要不断学习和提升自己的技能和知识水平，以适应不断变化的市场需求和行业趋势。同时，也需要建立良好的人际关系网络，以便在职业生涯中获得更多的机会和支持。

职业生涯指一个人依据心中的长期目标所形成的一系列工作选择，包括与其相关的教育或培训活动，是一段有计划的职业发展历程。国内学者将职业生涯分为广义和狭义两类。广义的职业生涯，是指从职业能力的获得、职业兴趣的培养，到选择职业、就职，直至最后完全退出职业劳动这样一个完整的职业发展过程。由此可见，职业能力、职业兴趣的培养应该是从孩提时期开始，而不是从大学一年级开始。狭义的职业生涯，是指从踏入社会、从事职业训练或职业学习开始直至职业劳动最终结束、离开职业岗位为止。

因此，除了具有生涯所具备的三个特征（终身发展历程、多角色交互综合体、个人发展形态的独特性）外，职业生涯是以职业为核心的，个体在人生中的工作经历和与之相关的内心体验的经历。它是以人的潜能开发（如心理、生理、智力、技能、伦理方面等）为基础，以工作内容的确定和变化，工作业绩的评价，工资待遇、职称、职务的变动为标准，以满足需求为目标的变化发展过程。

**3. 生涯发展**

生涯发展是终身发展的历程，伴随着个人生命周期的持续演进，个体的生涯会形成不同的生涯发展阶段。同时，不同的人具有不同的生涯历程，进而形成不同的生涯发展模式。

（1）生涯发展的五个阶段

生涯发展是一个历程，是对职业的过程管理，绝不是一次性找工作。生涯发展的显著特点是将职业发展与每个人的生命周期发展线相融合。苏珀认为，生涯发展可被分为五个不同阶段：生涯成长阶段（0 ～ 14 岁）、生涯探索阶段（15 ～ 24 岁）、生涯建立阶段（25 ～ 44 岁）、生涯维持阶段（45 ～ 64 岁）、生涯衰退阶段（65 岁及以上）。不同阶段生涯发展重点、发展任务各不相同。

根据苏珀的生涯发展阶段理论，大学生处于生涯探索阶段（15～24岁），主要发展任务是从多种实践机会中探索自我，逐渐确定职业偏好，并在选定的职业领域中起步。生涯探索阶段还可以继续细分为三个子时期：

①尝试期（15～17岁）：综合认识和考虑自己的兴趣、能力、机会，开始尝试择业。

②过渡期（17～21岁）：进入劳动力市场，或者接受专门的职业培训。

③初步试验承诺期（21～24岁）：选定工作领域，开始从事某种职业。

（2）生涯发展的主要模式

由于每个人的兴趣、性格、技能、价值观都不同，且所处的内外环境都有差异，因此每个人的生涯发展模式自然各不相同。具体表现为生涯发展阶段特点、不同生涯发展阶段的准备与完成情况都各不相同。苏珀提出男性生涯发展的四种模式：

①稳定型：未经尝试而直接进入某一职业，并持续工作很久；

②传统型：经过一段时间的尝试后，才在某一领域稳定下来；

③不稳定型：各种因素导致不稳定，很晚才进入建立阶段；

④多重尝试型：不断尝试多种工作而很难进入建立阶段。

由于男女在生涯发展模式上会有一定差异，因此，苏珀还提出了女性生涯发展的七种模式：

①稳定家庭主妇型：毕业后很快结婚，婚后做全职主妇；

②传统型：毕业后有工作，婚后放弃工作，以家庭为重心；

③稳定职业妇女型：各阶段一直有工作，以事业为重心；

④双轨生涯型：各发展阶段兼顾工作和家庭双重角色；

⑤间断生涯型：曾经有工作，全心照料家庭一段时间后复工；

⑥不稳定型：在不同阶段，在家庭和工作之间出现多次停止—恢复的交替循环，无明显规律性；

⑦多轨生涯型：有多种不同的工作，工作之间也不一定相关。

**【课堂活动】**

### 我的生命线

请在白纸上画一条直线，这条直线的长度代表了你生命的长度。思考一下，你期待自己活到多少岁？直线的一端是你记忆的开始，另一端写上你期待可以活到的年龄。

在这条生命线中找到你现在的年龄点，并标记出来，写下现在的年龄。

回顾你过往生命历程中有重大影响的事或人，在直线上方写出两至三个对你有积极影响的事或人，并在直线相应位置上标明年龄，在直线下方写出两到三个对你有消极影响的事或人，并在直线相应位置上标明年龄。

思考一下这些时间对你的影响，即它们如何使你成为今天的你。你可以提前准备好一些可以用来标识重要事或人的小物品，如一张便笺纸或一枚曲别针，然后放一首自己喜欢的安静的曲子，慢慢地找到自己呼吸的节奏。之后在一个空间中找到一个起点，这是你所能回忆起的生命的起点，然后随着自己的节奏慢慢地“走”过“自己的一生”。这可以是一条直线，也可以是一条随心的曲线。每“走”过一个对自己发展重要的事件的时刻就停留一下，找一件能标识它的小物品，最终“走”到你认为的现在的年龄点。站在这里，回望一下过去，看看那些标识物，想想在过往的人生中，是什么总让你幸运？你是如何让自己走过那些艰难时刻的？将你走过的人生视为一本未写完的小说，你会给它起个什么名字？你继续向前走，希望如何继续完成这本小说？

生涯概念的提出给了我们一个系统地探看自己人生或职业生涯发展的视角。这一视角引领我们透过生活或职业中的行为、感受，看到自己内心的渴望，并以此为动力去构建自己的人生。生涯不是一个静止的点，而是一个动态的历程；不只发生在人生的某个阶段，或只跟某个职业经历相关，而是如影随形、相伴人的一生，而且常伴随着冒险或对个人的挑战。同时，因为遗传、家庭、经历、所处社会环境等的不同，每个人的生涯也会不同。所以，生涯的发展是个性化的发展，即使处于同一时代或同一文化背景下，因为生涯发展中其他因素的影响，每个人也会有属于自己的生涯。

## 二、职业生涯规划

职业生涯规划最早产生于20世纪初，是由西方国家的职业指导衍生而来。职业生涯规划与职业发展相关，但不能简单地等同于找工作，或者仅仅与工作相关，它是经济发展、职业分化和经济周期产生一系列社会矛盾后，社会为解决就业问题的必然产物。1908年，美国著名的“职业指导之父”、波士顿大学教授帕森斯（Frank Parsons）针对当时大量年轻人失业的情况，成立了波士顿职业局，开了职业指导活动的先河。最初的职业指导主要关注人与职业的匹配，内容以测评和提供职业咨询为主。帕森斯在《选择一个职业》一书中指出，人们正确选择职业应遵循人职匹配论（又称特质因素论）。该理论成为职业选择和职业指导的经典理论。从此，职业指导开始系统化。在随后的几十年里，心理学、教育学、社会学等多学科的蓬勃发展推动了职业指导相关理论深入发展和实践应用。美国于20世纪30年代初建立了明尼苏达就业稳定性研究所，研究有关的职业能力兴趣测试工具。到20世纪五六十年代，苏珀等人提出“生涯”的概念，并提出生涯发展理论，他将生涯发展的过程视为从出生到死亡，包括成长期、探索期、建立期、维持期和衰退期，使职业生涯指导与职业指导并驾齐驱。职业指导自此跳出了简单静态的人与职业匹配模式，拓展到将“生涯”概念融入个体发展进程中，探究从出生到死亡的整个生涯发展过程中，个体动态的职业发展与获得职业满足等领域。20世纪90年代以来，“促进人的生涯发展”的思想已经成为职业指导事业的主旨。

职业生涯涉及一个人从青少年时期到退休之前的时间范畴。欧洲的一些国家从幼儿园就开始进行职业角色教育，在中小学更是有多种多样旨在扩展生涯经验和增进自我了解的职业探索活动和教育活动，所以，在大一年级开展职业生涯规划还早的观点存在误区。同时，职业生涯规划也绝非单纯指求职找工作。职业生涯规划（career planning），是指个人结合自身情况、眼前的机遇及制约因素，为自己确立职业方向、职业目标，选择职业道路，确定教育计划、发展计划，为实现职业生涯目标而分解阶段发展目标，制定具体的行动方案，通过职业活动最大限度地实现个人生命价值。

生涯规划不仅仅指职业规划，还包含人的生命历程中除职业之外的许多方面的规划，如家庭生涯规划、社会生涯规划、生活生涯规划、休闲生涯规划等。在我国，生涯规划虽然已经不是一个新的概念，但不少大学新生认为生涯规划离自己还很远。其实不然，从大一开始做生涯规划，起步已经不早了。我们必须知道，生涯规划越早开始越好。

# 第二节　职业生涯规划的意义与原则

## 一、职业生涯规划的意义

### 1. 是大学生进行生涯唤醒和生涯定向的需要

（1）生涯唤醒

生涯唤醒的前提是自我觉知。你是否常常问自己：你了解自己多少？你了解外部世界多少？职业生涯规划的重要功能就是帮助你了解自己、自我觉知，并引导你了解外部世界。例如，对于砍树这项任务而言，即使我们不磨刀，也可以砍成树。但如果事先研究了树的纹理和结构，把刀磨好了，看起来是晚一步砍树，然而却增加了更好更早地完成任务的概率。

生涯唤醒的行动表现是订立契约与做出承诺。职业生涯规划一旦确定，个人就为自己的人生订立了一份契约，要敦促自己为此做出承诺。尽管这份契约和承诺的内容会经过评估、反思、调整，但契约和承诺的精神是保证职业生涯规划持续进行下去的内在约束力。

总之，在职业生涯规划中，你就是规划的主人。只有你意识到它的重要性，它才能发挥作用。职业生涯规划最大的意义在于你以行动去实现目标，因此，任何人都无法取代你在大学生职业生涯规划中的主体作用。

**【课堂活动】**

**绘制你的生涯愿景图**

你理想中的十年后的工作和生活是什么样的？

请用一张图进行描绘，可以配上必要的文字说明，重点应突出。

（2）生涯定向

一方面，明确的职业生涯定向能帮助大学生清晰关注自己的职业生涯所设定的目标方向，明确行动计划、步骤，使大学阶段的学习和生活变被动为主动。另一方面，具有明确职业生涯定向的人，在面对抉择、困难和挑战时，内心会形成一种自我调节的激励机制，使之形成不达目的誓不罢休、全力以赴超越自我的向上拼劲。反之，则易出现焦虑、不安、畏难等负面情绪。很多大学生存在的盲目性问题，如求学动机缺乏、学习动力不足、学业成绩偏低、学生角色投注不足、个性发展受限等，都是缺乏明确的生涯定向导致的结果。

心理学家马西亚（Marcia）从自我认定的角度，依据面对的抉择危机和专注定向，将青年人的自我认定归纳为四种不同的形态：

①自我定向者：本人在经历抉择危机后，逐渐确定其生涯方向或职业目标；

②提早定向者：本身未曾面对抉择危机，但在生涯方向或职业目标上，已接受父母或他人的安排而定型；

③延迟未定者：正在面对各种抉择危机，需要寻求定向；

④茫然失措者：面临抉择危机，因生涯方向或职业目标模糊不定而感到焦虑，甚至逃避抉择。

Marcia 认为，后两者即延迟未定者和茫然失措者在面临生涯抉择之际，由于缺乏目标定向，更容易产生焦虑、不安等不良心理，不利于大学阶段的学习和生活成长。Marcia 的研究结果表明，生涯确定是青年期主要而关键的发展任务之一，生涯定向明确与否不仅关系到个人的长期发展，也会影响其当前的生活调适。

**【案例分享】**

**目标在哪里，决定了过程怎么走**

一个年轻人在高中时父母双亡，由叔叔抚养照顾。年轻人大学的时候学建筑专业，毕业的时候正好叔叔要盖一栋房子，就交给年轻人负责，他很高兴有这么好的机会可以报答叔叔的栽培，打算全力以赴。但是，过了不久，他就开始偷工减料了，把余款挪用来挥霍。到了完工的日子，叔叔对他说：“你可以自立了，这就算我送你的毕业礼物了。”年轻人怎么也想不到，这栋有问题的房子最终是自己为自己造的。他非常懊悔，自己当初为什么不问下盖这栋房子的原因，更懊悔自己为什么要做出偷工减料这种愚蠢的行为！

（资料来源：金德禄．大学生职业生涯规划与就业指导[M]．南京：东南大学出版社，2020．）

**2. 是突破障碍、开发潜能与自我实现的需要**

米凯洛奇（Betty Neville Michelozzi）指出，职业生涯规划具有突破障碍、开发潜能和自我实现三个积极作用（见图 3-1）。明确的职业目标和科学规划能帮助大学生在面临困难时，以积极心态汇聚战胜困难的动力，驱逐焦虑、怯懦、迷茫等消极心态。在职业生涯规划的三个积极作用中，突破障碍与开发潜能是互相促进的关系，进而逐步递进实现自我实现的最终目标。因此，生涯规划所具备的突破障碍、开发潜能和自我实现的特征，将激励大学生在生涯发展道路上不断实现自我、超越自我。

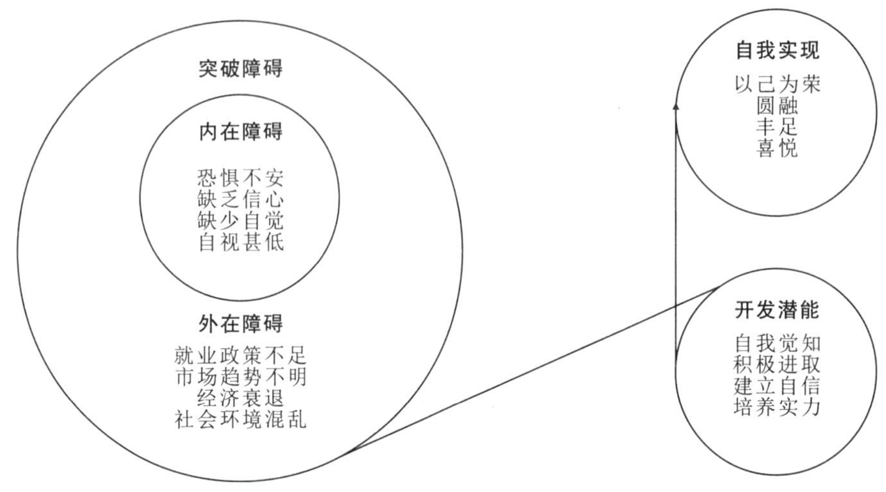


**图3-1　职业生涯规划的三个积极作用**

（1）突破障碍。障碍包括内在障碍和外在障碍：内在障碍通常是由一个人对自己的不了解、低评价、不自信或者无安全感造成的；外在障碍则来自一个人所处的环境，通常与就业政策不足、市场的难以预测、经济衰退和社会环境混乱等相关。

（2）开发潜能。潜能包括自我觉知、积极进取、自信、实力、勇气、沟通技巧。

（3）自我实现。自我实现包括以己为荣，圆融，丰足，喜悦，拥有智慧、创造力等。 一个人最大的幸福，是能以自己选择的方式生活。适合自己的才是最好的。生涯规划的目的不在于你找到了多么完美的人生目标，而在于它带给你认识自己和了解社会的方法，并在此基础上更加理性地选择适合自己并为之向往的职业发展道路。

**3. 是大学生立志成才，成为时代“新人”的需要**

大学阶段的职业生涯规划教育对于大学生的成长成才至关重要。第一，职业生涯规划能帮助大学生明确目标、激活梦想。大学生职业生涯规划能够让大学生在探索职业世界的过程中，关注祖国需要、社会发展，使大学生自觉把个人利益同祖国利益、人民利益结合起来，将自己的职业理想同社会的共同理想结合起来，将小我融入大我，实现个人梦与国家梦、民族梦的同频共振。第二，职业生涯规划引导大学生脚踏实地、付诸行动。当梦想被唤醒后，职业生涯规划能督促学生根据自己的条件制定实现梦想的行动计划，始终保持清醒的头脑和积极向上的风貌，学会规划、敢于行动，为理想信念打下坚实的基础。第三，职业生涯规划帮助大学生激发潜能，培育个人实力。职业生涯规划帮助大学生在持续的学习、行动、调整、反馈、优化中更好地掌握专业技能，培育优秀的道德品质、大胆的创新精神、良好的沟通和团队协作能力等，形成满足职业发展需要的核心竞争力。总之，职业生涯规划能帮助大学生逐步成为有崇高的职业理想、正确的职业价值观、合理的职业规划、良好的职业素养的社会主义合格建设者和可靠接班人。

## 【案例分享】

### 昊澜成功的职业生涯规划

2016 年 6 月，昊澜研究生毕业于一所并不知名的师范高校，是一个典型的“90 后”女孩，没有名校头衔，却在毕业季的时候打败了名校毕业生，成功进入湖南长沙师范学院担任学前教育专业的专职教师，这简直让人大跌眼镜。

有人说她不是学生干部，也没有入党、评优等光鲜“资本”，怎么就被湖南长沙师范学院给录取了呢？面对这些质疑，昊澜微笑着说，是职业规划让我目标明确，是努力提升自身素质让我梦想成真。还是研一的时候，通过职业生涯规划课程的探索，昊澜就立志于做一名高校教师。在了解到做高校教师需要具备扎实的专业素质和良好的职业素养后，为了缩小自己和一名高校教师的差距，她为自己量身打造了职业梦想三步走计划。

**第一步：学习专业知识，提升自身专业素养**

为了具备一名高校教师的专业基础，在研一期间，昊澜就努力学习了学前教育专业的相关知识，同时利用课余时间研读国外文献，在阅读外文遇到不懂的句子的时候，她就会很耐心地查阅资料，直到把整篇文章的大致意思搞清楚为止。

同时在平时学习中，凡是不懂的问题，她都会虚心求教相关专业的学长和学姐，实在弄不懂的时候，就会虚心请教导师。由于她的虚心好学和刻苦钻研，她在整个研究生三年的学习生涯中发表了 19 篇论文，其中有 3 篇是在中文核心期刊上发表的，并于 2015 年 12 月荣获了研究生国家奖学金，成了同学心目中的榜样。

**第二步：通过实习、实践提升职业素养**

做好一名高校教师不仅需要具备专业的知识与技能，同时也需要一定的教学能力。因此在研究生三年的学习生涯中，她不仅刻苦钻研自己的专业，同时还利用空闲时间在本校兼职代课，三年下来，不仅培养了自己扎实的科研能力，同时具备了较好的教学技能。

**第三步：提升英语水平，获得教师资格**

为了能够更好地阅读和学习学前教育专业的英文文献，她每天都会利用一些时间来学习英语，在研究生期间顺利通过了英语六级，顺利地申请了自己本专业的教师资格证书。三年中的每个台阶，她稳扎稳打；人生中的每次历练，她步步为营。就这样，她一步一个脚印地把自己打造成了一名专业的高校教师。

难怪用人单位在陈述招聘昊澜的理由时说，虽然她不是博士生，也不是名校毕业生，但具有过硬的专业素质；虽然她不是学生干部、党员，但她所彰显出的沟通与表达能力、道德品质与责任意识，仿佛都在向我们展示她就是一名专业的教师，她就属于这里。可见，昊澜的应聘成功不是偶然，而是必然，是清晰的职业目标和持之以恒地朝目标行动让她梦想成真。她的这份高校教师工作不是找来的，而是规划出来的。

昊澜之所以没有像一些同学那样盲目前行，而是把重心放在学英语、练沟通、提升专业素质和专业技能上，是因为她有明确的职业目标和清晰的职业规划。因此，在考研之后甚至初入大学就开始进行职业规划，明确人生目标，就会事半功倍，少走弯路。职业规划的关键是在了解自我和职业的基础上做出生涯决策并开始行动。

那应该从哪一个方面了解自我呢？哈佛大学幸福课告诉我们，寻找快乐、意义、优势的组合，你的人生将幸福而圆满。可见，不断探索自己的兴趣、能力、价值观是做出适合自身生涯决策的根本所在。

（资料来源：王清春，孙景福，王国辉．大学生职业生涯与发展规划[M]．天津：南开大学出版社，2019.）

## 二、职业生涯规划的原则

基于对职业生涯规划的实施过程和常见误区的分析，职业生涯规划应遵循以下四大原则。

**1. 坚持目标导向原则**

目标如靶心。大学生职业生涯规划的首要任务就是先聚焦目标，按照不同的时间跨度，确定近期、中期、长期乃至整个人生的职业生涯发展目标，而后确定个人的职业发展定向、制定科学的职业生涯规划，并根据阶段目标的实现情况适时调整，优化实施过程行为措施。

**【案例分享】**

### 云泥之别

从前，在同一座山上有两块相同的石头，四年后却发生了截然不同的变化。一块石头受到很多人的敬仰和膜拜，而另一块石头却遭到别人的唾弃。被人唾弃的石头心理极不平衡地说：“老兄呀，四年前我们同为一座山上的石头，今天却产生这么大的差距，真是云泥之别，我心里实在是太痛苦了！”

另一块石头答道：“兄弟，你还记得吗？四年前，来了一位雕刻家，你害怕割在身上一刀刀的痛。你告诉他只要把你简单雕刻一下就可以了，而我那时想象着未来的模样，不在乎割在身上一刀刀的痛，所以才产生了今天的不同。”正是两块石头对未来存在不同的愿景，他们作出了不同程度的付出，最终带来了完全不同的结果。

（资料来源：廖美玲．职业生涯与发展规划[M].2版．厦门：厦门大学出版社，2015.）

**2. 坚持系统性、过程性、动态性原则**

（1）要及早开始，贯穿始终，多员参与。职业生涯规划不是以实现某一个目标为终点，也不仅仅指大学阶段的生涯发展任务，而是一个贯穿始终、多方参与的系统。在西方一些国家，生涯教育早在幼儿阶段就开始介入，贯穿个人成长、求学、职场直至退休阶段。同时，职业生涯规划也不是规划者一个人的事情，规划者的家长、领导、教师、职业生涯规划专家都应共同参与。

（2）要坚持过程导向。你为实现理想目标，付出了多少？同样是砍树，你是三天打鱼两天晒网还是每天全力以赴勤勤恳恳？好的职业不是“找”出来的，职业生涯规划也不是一蹴而就的，它是规划者按照所规划的目标，经过长时间的摸索，不断认识自我，更新挑战自我，探索外部世界，合理做出职业决策、积极行动，及时反馈调整的动态发展过程。

**【案例分享】**

### 画画与卖画

有两个年轻的画家，一个画家用一天时间画了一幅画，然后用一年的时间去卖它，却无人问津；另一个画家则用一年的时间画了一幅画，只用了一天的时间，就将画卖出了很好的价钱。花一天时间画画，一年时间卖画，现实中就有这样急功近利的例子。

一个大学生，大四有半年时间为找工作，跑了大半个中国，赶了无数次招聘会，资料费、服装费、车旅费花费了好几千元，最终却还是两手空空。他说，能去的地方、能跑的招聘会我几乎都去了。择业择到这个局面，也只能想想自己在这四年间到底怎么对待自己的“画作”了。

（资料来源：孙鑫，李华．大学生职业生涯规划与就业指导[M]．北京：中国电力出版社，2016.）

（3）要与时俱进，调整反馈。职业生涯规划不是一份一成不变的计划表，不是一劳永逸的。外部职业世界的发展变化决定个人职业生涯规划要与时俱进，调整反馈。职业生涯规划要基于个体对自我的探索和外部职业世界的探索，长期规划更要预见到外部环境的变数。

**【案例分享】**

### 李天的困惑

李天大学毕业后进入一家世界500强公司做销售，至今已有三年。最近，李天感觉心情异常烦躁，觉得自己的职业发展非常不顺利，离预期目标越来越远。在上大学时，李天就从网络上了解和搜集了很多有关职业生涯规划的理论知识，在班主任和职业生涯规划老师的帮助下，他在大二上学期就制订了详细的职业生涯规划，并认真按照计划执行。与别的同学相比，李天较早地进行职业规划和准备，为他在大学期间的学习和生活指明了方向，也让他找到了与自己目标吻合的工作。正因为如此，李天想不明白，自己有详细的职业生涯规划作指导，为什么工作之后职业发展情况却不如想象中那么顺利。在日渐阴郁的心情下，李天走进了专业的职业咨询机构，希望从职业指导专家那里得到答案。

职业指导老师仔细分析后发现，尽管李天比较早地为自己制订了详细的职业生涯规划，并取得了一些成效，但李天工作后处于相对复杂的人际关系网络中，受到同事以及朋友的影响，加之经历了一些风雨，自身的性格、价值观发生了改变，他的兴趣点也有所转移；并且他目前从事的工作，其具体内容、工作对象、工作环境和氛围与李天的预期差别也较大。针对这些变化，李天没有重视，更没有及时结合实际对自己在大二时制订的职业生涯规划进行修正，还是一如既往地按照老路埋头前进，时间一长，问题就渐渐暴露出来了。

听了职业指导老师的分析讲解后，李天认识到他在长达五年的时间内没有对自己进行全面的再认识和再评价，导致五年内没有及时修正职业目标和计划，这是造成他职业发展不顺利、心情烦闷的根本原因。

最后，在职业指导专家的帮助下，李天重新开始了一个新的职业生涯规划的过程。他相信，有了这次教训，他在以后的职业发展中会越来越顺利，越来越有希望。

（资料来源：廖美玲．职业生涯与发展规划[M].2版．厦门：厦门大学出版社，2015.）

#### 3. 坚持主体性原则

师傅领进门，修行看个人。职业生涯规划是你自己的事，不是规划师或生涯辅导者的事。一个成功的职业生涯规划，必定是你对自己的觉知，是你愿意为了实现自我而倾注大学四年的时间和心血。大学生职业生涯规划是每一位大学生为自己大学四年及今后步入社会的成长发展所订立的契约，体现的是自我的需求、责任和义务，没有任何人能强求，更无人能代劳。

#### 4. 坚持可操作性原则

（1）过程可度量。一方面，职业生涯规划目标只有在质和量上都能用具体的指标衡量，才能为规划指出明确的行动方案。对大学生而言，目标内容可以是通过国家公务员考试考上某一类岗位的公务员，也可以是通过全国研究生考试考上国内某一所“双一流”大学的某个专业。在目标量值的度量中，应注意衡量目标的预期收益最大化，如大学生在选择职业目标时可以从收入、职业环境、社会地位、成就感和工作付出等多项变量组成的函数中找出一个最大值。另一方面，应在总目标的指导下，制订可度量的阶段性实施步骤并细化行动措施，特别是短期规划和中期规划要有比较明确的时间限制和阶段性衡量指标，以便检查规划完成情况。

（2）目标可实现。在职业选择时，要处理好内职业生涯和外职业生涯之间的关系。既要运用比较优势原理发挥所长，分析个人特质；又要依据外部职业世界的发展规律，结合自己所拥有的社会支持系统，确定可实现的职业发展目标。

## 第三节　职业生涯规划的内容与步骤

### 一、职业生涯规划的类型

#### 1. 按主体对象划分

按主体对象划分，职业生涯规划可以分为内职业生涯规划和外职业生涯规划。内职业生涯是指个体从事职业时，知识、观念、经验、能力、心理素质、内心感受等因素的组合及变化过程。内职业生涯规划实际上是通过自我认识、自我探索、自我成长，最终达到自我实现的发展目标。外职业生涯是指个体从事职业时的工作单位、工作时间、工作地点、工作内容、工作职务与职称、工作环境、工资待遇等因素的组合及变化过程。内职业生涯规划与外职业生涯规划之间的最佳状态是保持适度超前、总体平衡的关系。

当外职业生涯规划略超前于内职业生涯规划时，个体有动力；当外职业生涯规划超前较多时，个体有压力；而当外职业生涯规划超前太多时，对个体有摧毁力。

当内职业生涯规划略超前于外职业生涯规划时，个体会感到舒心；当内职业生涯规划超前较多时，个体可能会因为感到屈才而烦心；当内职业生涯规划超前太多时，个体会“变心”。

**2. 按时间维度划分**

按时间维度划分，职业生涯规划可以分为短期规划、中期规划、长期规划。

（1）短期规划，3 年以内，目的是确定近期目标，制订近期要完成的任务。如职场新人规划要花 2 年时间熟悉岗位技能、融入组织文化，与领导、同事建立稳定良好的关系等。

（2）中期规划，3 ～ 7 年内，是最常用的一种职业生涯规划，目的是在近期目标的基础上确定中期目标。 如要在 2 ～ 5 年内实现职业目标和任务，或在 5 年后成为岗位能手，并为实现此目标而参加培训、创造优秀的业绩等。

（3）长期规划，7 ～ 15 年内，目的是确定较长远的目标；如规划到达一定年龄（如 40 岁）时自己要实现的职业目标，并为此采取具体措施。

值得注意的是，一个完整的人生规划可跨越 40 年，旨在确定整个人生的发展目标和各阶段目标。然而，在实际操作过程中，由于个人和社会都在发展变化，规划的时间跨度太大往往会导致变数过大，难以准确掌控；规划的时间跨度太短，又难以体现规划周期的成效。因此，比较理想的职业生涯规划是中期规划，其次是长期规划。大学生将职业生涯规划跨度定在 3 ～ 7 年更合适。

## 二、职业生涯规划的步骤

**【课堂活动】**

### 我的旅游计划

安静下来，找到自己呼吸的节奏，想想自己一直想拥有的一次旅游是什么样的，并为自己制订一个详细可行的旅游计划。

这个旅游计划包括：

(1) 旅游计划的具体内容；

(2) 制订这个计划的方法步骤；

(3) 落实这个旅游计划的方法。

找个同学或朋友，与他交流一下你的旅游计划，并思考，制订旅游计划的过程与制订职业生涯规划有哪些相似之处。

其实，生涯规划并不难，它和制订一份旅游计划有很多相似之处。如目标的制定、实现的过程，都和一个人的兴趣爱好和自身条件等相关，对目标和过程的选择没有绝对的好坏之分。俗话说，条条大路通罗马，不同的路有不同的风景，所以在旅游行程的选择上，没有哪条路是绝对好的，只有对某人某时比较合适的路。对个人的生涯发展来说，也是如此。对目的地信息的了解，可以让行程更有把握。无论对信息有多么细致的了解，也要有对风险和意外的心理准备。你能否如愿以偿地实现目标，在很大程度上取决于你是计划的推动者还是依赖别人或环境，后者常让人陷入抱怨而无所作为的境地。

一个系统的职业生涯规划，应当包括觉知与承诺、认识自己、认识工作世界、决策、行动、再评估/成长六个步骤（见图3-2）。

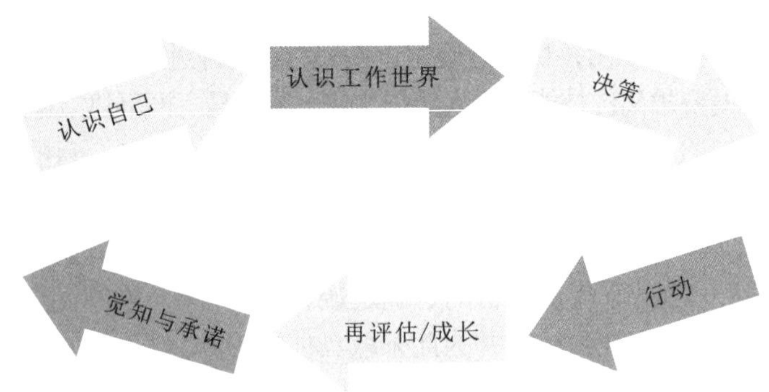


图3-2　系统职业生涯规划步骤图

**1. 觉知与承诺**

成功的职业生涯规划始于你对其必要性的觉知。你首先要意识到职业生涯规划对你自己的意义，并发自内心地想为自己赢得理想人生而主动付出努力。你得愿意花时间来规划自己的职业生涯。同时，也要提醒自己：生涯规划是一个过程，不可能立竿见影。在此基础上，对自己做出一个承诺，对自己制订的职业生涯规划负责到底。

**2. 认识自己（知己）**

自我实现的前提是知道“我是谁”。要回答这个问题，其实并不简单。很多初入大学的新生面对这个问题，都会感到有些困惑。在职业生涯规划中，自我探索主要从兴趣、性格、能力和价值观4个维度展开，即做什么能给你带来快乐，自己的性格适合做什么，目前的知识、技术、能力决定自己能做什么以及什么职业让你觉得有意义等。在职业生涯规划中可以采用量化方法进行自我探索，如霍兰德职业兴趣测评量表以及MBTI性格测试量表等一系列心理学领域的测量工具。通过多维度的自我探索，得出几个适合自己的职业群，再进行职业群的同类合并，得出的交集就是与自己比较匹配的最佳职业库。

**3. 认识工作世界（知彼）**

在自我探索的基础上所形成的职业库，还不能直接作为我们的目标职业方向。因为这完全是由个人主观探索出来的结果。在现实中，我们能否从事某一项职业，还受到外部客观环境条件的制约。职业世界探索包括对职业世界宏观发展趋势的把握、对职业的分类和内容、准入门槛、能力要求、福利待遇、教育培训等，就业创业相关政策，所学专业与职业的关联性等的了解。大学生可以通过网络搜索职业分类、收集招聘信息和就业政策，也可以采用生涯人物访谈、实习实训、社会实践等直接或间接的方式完成职业世界探索的任务，形成预期的职业库。

**4. 决策**

在现实生活中，我们时刻都在做选择。受个人特质、经验、客观条件等因素的影响，每个人的选择模式各不相同。为了在每个人的职业群中最大限度地做出理性、科学的职业选择，我们可以运用职业生涯规划理论中比较科学的决策模型来帮助自己做出选择。当然，单纯的选择不等同于决策。我们还需要在决定好目标职业的基础上，制定出实现职业目标的对策，如时间表和实施步骤等。

**5. 行动**

职业目标选择和实施对策制定之后，最重要的是采取行动、付诸实践。对大一新生而言，就是解决该如何适应专业课学习，提升思考分析能力、组织管理能力、人际交往能力等问题；对大学高年级学生而言，就是解决“我怎样做才能成功就业”的问题，包括努力提升就业能力、训练求职能力、参加专业实践等。

**6. 再评估 / 成长**

当行动过程中碰到瓶颈，发现实际情况与规划偏离时，就需要对原有的规划进行检验，包括对人职匹配的准确度、能力、社会支持条件、职业成就感、岗位要求、职位晋升可能等进行再评估。结果可能是继续原有的规划，也可能是发现原有规划存在不合理情况。这就需要对当前的自己和职业世界进行再探索，适时调整。由此可知，系统的职业生涯规划是一个不断循环的过程，没有一劳永逸的职业生涯规划。

## 第四节　职业生涯规划的基本理论

职业生涯规划的理论发展始于20世纪初。1909年，美国著名的职业指导先驱弗兰克·帕森斯（Frank Parsons）在《选择一个职业》（*Choosing a Vocation*）一书中，提出人们正确选择职业时应该遵循特质因素论（又称人职匹配论，Person-Vocation Theory），由此开辟了职业生涯规划的理论研究之路。此后的100多年来，在帕森斯的特质因素论基础上，一批心理学家、社会学家、就业指导专家从不同角度对个人职业生涯问题进行了深入系统的理论构建和实证研究，形成了有关职业选择、职业适应、生涯发展与生涯平衡、生涯决策等的一系列基本理论。职业指导、职业规划逐渐被整合形成职业生涯规划理论。

对于大学生来说，初步了解和掌握这些理论非常重要，它帮助我们掌握职业生涯发展的一般规律，帮助我们了解自我、了解职业、掌握生涯发展的阶段规律以及做出职业决策的方法和步骤。

## 一、职业选择理论

职业选择理论主要用于解决职业选择问题，其经典理论主要包括弗兰克·帕森斯的特质因素理论和约翰·霍兰德（John Holland）的职业兴趣理论。职业选择理论能够帮助学生更好地了解自我特质，为选择真正适合自己的职业做准备。

**1. 帕森斯的特质因素理论**

（1）主要观点

特质因素论是最早的职业选择理论。帕森斯认为，每个人的人格都是独特的，与不同人格特征相适应的职业类型也应各不相同，人们可以有选择职业的机会，职业选择的焦点就是实现人职匹配。其中，特质，即人格特征，包括个人的兴趣、能力倾向、价值观等。而"因素"则指某一职业成功必须具备的条件或资格。

（2）实施特质因素论的三步法

特质因素论具有很强的可操作性。该理论将职业选择分为三个步骤：个人特质分析、职业因素分析和人职匹配。通过这三个步骤，个人就可以选择一项既符合个人特性又有可能获得的职业群。

①了解求职者的特质。包括身体状况、性格与气质、能力倾向、兴趣爱好、价值观、缺陷不足等方面，可以通过心理测量工具进行量化测量，也可以通过调查访谈等方法获得求职者的家庭背景、职业经历等资料，并对所获得的资料进行综合评价。

②求职者了解各种职业的任职条件及资格等资料，可以通过对职业信息的搜索、分析得到。这些信息包括职业属性特征、求职的最低条件、就业机会等。

③人职匹配。实现个人与职业相匹配是特质因素论的最终目标。个人特性与职业要求之间配合得越紧密，职业成功的可能性越大。如教师这一职业需要有掌握教学规律且具备专业知识的择业者与之相匹配。

（3）理论评价

特质因素理论为人们的职业选择提供了最基本的原则，开启了职业生涯规划理论发展的先河。该理论的缺陷在于，这一理论对个人特质、人职匹配结果所持的静态观点否定了个人职业选择的动态性，与现代社会的职业变动规律不相吻合，也忽视了社会因素对职业设计的影响和制约作用。

**2. 霍兰德的职业兴趣理论**

（1）主要观点

霍兰德职业兴趣理论主要解决职业兴趣探索与职业选择类问题。美国著名的心理学家、职业指导专家约翰·霍兰德于 1959 年提出了职业兴趣理论。职业兴趣，指的是个体对不同类型的工作、活动的心理偏好程度。该理论重点阐述了兴趣类型与职业类型之间的匹配关系，认为某种类型的职业通常会吸引具有相同职业兴趣的一类人，而具有相同职业兴趣的人对生活事件的反应模式也相似。霍兰德突出强调了兴趣在职业活动中的动力作用，认为人和职业环境的类型匹配将会增加个体的工作满意度、职业稳定性和职业成就感。霍兰德以职业兴趣为基础，先后编制了职业偏好量表和自我导向搜寻表两种职业兴趣量表作为测查工具。

（2）霍兰德六种职业兴趣类型

霍兰德的职业兴趣类型可划分为实用型、研究型、艺术型、社会型、企业型和事务型六种，职业类型也相应有上述六种类型。

①实用型（realistic）：实用型人的特点是喜欢动手操作、操控工具设备，比较独立，情绪稳定，对事有耐心，直率，但不喜欢人际交往。对应的职业如技术性行业的工作人员、工程师等。

②研究型（investigative）：研究型人喜欢思考研究，爱追根究底，思想独立且好奇心强，内心自信，喜欢创新创造，人际关系上偏好让自己感到舒适即可。对应的职业如计算机程序员、科学领域工作人员等。

③艺术型（artistic）：艺术型人直觉敏锐，善于表达，创意唯美，爱自由表现，思想独立，情绪上往往比较自我。对应的职业如编辑、作家、工艺美术工作者等。

④社会型（social）：社会型人喜欢帮助教导他人，待人和善、亲近他人、比较关心他人的感受，人际关系上比较和谐。对应的职业如教师、护士、学校辅导员等。

⑤企业型（enterprising）：企业型人精力旺盛，喜欢影响他人、说服他人，具有冒险和竞争的精神，行动有计划，对经济敏感，在组织中通常成为影响他人者。对应的职业如管理、销售等。

⑥事务型（conventional）：事务型人做事谨慎规矩、精确高效，做事有条理、有耐心和细心，为人比较顺从、稳定可靠。对应的职业如职员、会计等。

（3）霍兰德职业兴趣六边形

霍兰德认为，大多数人并非只有一种性向。为了帮助描述这种情况，霍兰德将这六种性向分别放在一个正六边形的每个角上，见图 3-3。

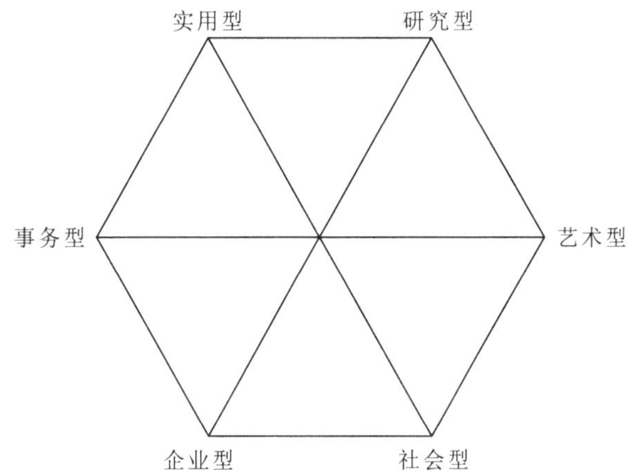


**图3-3　霍兰德职业兴趣六边形**

（4）理论评价

霍兰德的职业兴趣理论更强调对个体职业兴趣类型及与其匹配对应的职业类型进行归纳，被称为一种“类型学”的职业选择理论。霍兰德职业兴趣类型理论结构完整、清晰，便于操作。量表应用也十分广泛，具有很强的实用价值。该理论重视个人特质与工作世界的匹配，提供了明确的探索方向，有利于引导个体主动积极地进行生涯探索，引发了众多领域学者的关注和深入研究。但是，该理论仍然具有特质因素论的静态视角，将职业兴趣作为个人稳定的人格特质来看，忽略了个人成长和学习经验的重要性，因而受到批评。

## 二、工作适应理论

工作适应论主要用于解决职业发展的适应类问题，如大学生实习期间的职业适应问题、就业后的职场新人适应、晋升后的适应、组织变动后的员工适应问题等。比较著名的是明尼苏达大学职业评估中心（Vocational Assessment Clinic）的罗圭斯特与戴维斯（Lofquist & Dawis）提出的明尼苏达工作适应论（见图 3-4）。该理论最初是为了帮助在工作中面临更多障碍的残障人士，后经过不断修正，逐步发展至适用于一般人群。

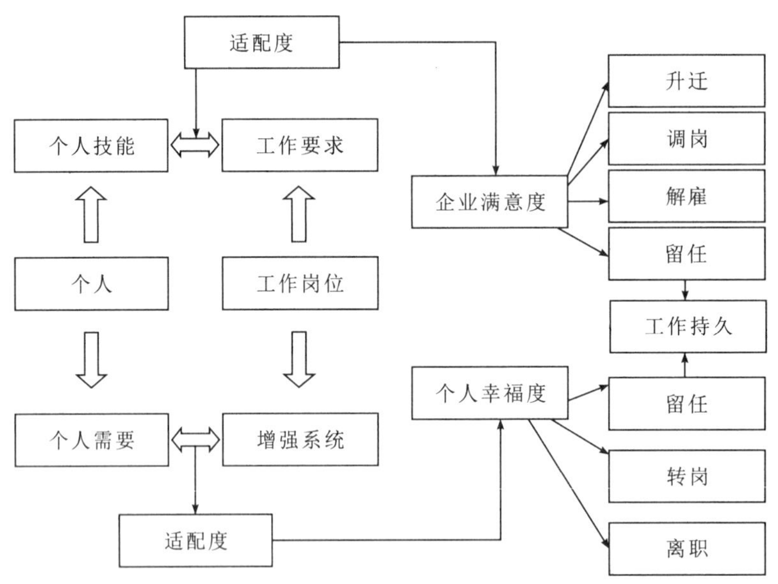


**图3-4 明尼苏达工作适应论模型**

### 1. 主要观点

明尼苏达工作适应论认为，个人与工作环境之间存在互动关系。人们一方面必须满足工作的要求，另一方面也从工作中获得满足，维持这一双向互动的过程就是工作适应。个人特质与工作环境之间的符合程度就是二者的适配度。个人与环境持续相互影响，就是互动（interaction），互动包括主动的改变和被动的改变。

明尼苏达工作适应论大体上有以下四方面假设：

（1）工作适应就是人与组织进行的一段持续的双向互动过程；

（2）人们在适应过程中需要不断地做出调整，以维持人与工作环境的符合程度；

（3）工作改变，个人也会改变，人与工作环境的符合程度处于一种动态平衡状态；

（4）个人与工作符合程度越高，工作满意度越高，在此工作领域中也较会持久留任。

**2. 理论模型**

（1）模型解读

①模型中的“个人技能”由以下三方面构成：

A. 专业知识或素养。如信息技术、化学、英语、体育教育等方面的知识或素养。

B. 可迁移技能。指的是更加通用、可迁移的一类基础能力，如沟通能力。

C. 自我管理能力。如独立、坚强、动机强、自信等。

②根据马斯洛需求层次理论，模型中的“个人需要”包括：

A. 生存需要。如物质需求。

B. 情感需要。如归属感、认同感、偏好。

C. 发展需要。如自我实现。

③模型中的“工作要求”可分为岗位职责、规章制度、组织文化三个方面。

④模型中的“增强系统”包括工资、福利、未来发展机会和隐性回报。

（2）模型解读要领

从适应问题解决的视角解读明尼苏达工作适应论这一理论模型，其口诀要领是以下四个步骤：

①“逆着走”找出个体当前的状态属于哪一个：升迁、调岗、解雇、留任、转岗、离职；

②分析“两条线”：分别是衡量组织满意度的成功线、衡量个人满意度的幸福线；

③落实“四个点”找出问题所在：工作要求是否明晰、个人技能是否匹配、增强系统是否了解、个人需要是否清晰；

④针对四个点上的问题得出相应的解决方案：了解要求、提升技能、澄清需要、主动争取增强系统、降低期待、商量调整工作任务。

（3）理论评价

第一，明尼苏达工作适应论提出了工作适应的概念，打破了特质因素论的静态局限，提出了动态、互动、开放的视角。第二，理论还增加了组织视角，为组织如何和员工互动提供了依据。第三，工作适应模型也清晰扼要，并开发了众多量表，方便实务操作。第四，该理论还为工作满意度的研究提供了完整的架构。明尼苏达工作适应论的局限在于理论涉及的内容丰富，但后续研究不多，特别是跨文化和性别议题的实证研究不足。此外，工作能力分析部分尚缺乏实用工具。

## 三、生涯发展与生涯平衡理论

职业生涯规划需要对个体的全部生涯进行整体把握，这一观点在职业生涯规划研究领域已经受到普遍认同。这一观点正是来源于生涯发展理论。该理论主要用于解决生涯发展阶段问题。生涯发展理论把人生分成不同的阶段，每个阶段都有每个阶段的发展任务，每一阶段是下一阶段的基础。因此，每个人在职业生涯中，既要立足当前，又要着眼长远。在国外，关于职业生涯发展的理论有很多，最有影响力的理论有苏珀的生涯发展理论、金斯伯格的职业发展理论。以下介绍苏珀的职业生涯发展理论。

**1. 主要观点**

在职业生涯规划和职业咨询发展史中，苏珀是继帕森斯之后又一位里程碑式的职业生涯规划大师。苏珀的生涯发展理论能应用于个人梳理发展历程或职场员工处理多角色冲突的问题。1953 年，苏珀在《美国心理学家》发表文章，提出“生涯”的概念，打破了特质因素论一统天下的局面，从全方位视角看待发展，除了关注个人的职业领域，还关注个人工作与生活的平衡问题、不同角色间的精力分配问题、不同阶段的发展任务和长期的发展策略。该理论强调发展的连续性和阶段性，使职业咨询的研究视角从职业（vocation）转向生涯（career），即从关心当前的职业选择与职业适应，拓展为关注整个人生的职业生涯规划，使职业咨询从就业指导走向生涯规划辅导。

**2. 生活广度（生涯发展阶段）**

苏珀认为，生涯发展是一个持续的历程，生涯发展过程可以被分为五个阶段：生涯成长阶段、生涯探索阶段、生涯建立阶段、生涯维持阶段、生涯衰退阶段；不同阶段生涯发展重点不同、发展任务各不相同（见表 3-1）。生涯发展的五个阶段构成了人的生活广度（life span）。

**表3-1　苏珀生涯发展阶段**

| 阶段 | 成长阶段（0～14 岁 儿童期） | 探索阶段（15～24 岁 青年期） | 建立阶段（25～44 岁 成年初期） | 维持阶段（45～64 岁 成年中期） | 衰退阶段（65 岁及以上 成年晚期） |
|---|---|---|---|---|---|
| 发展重点 | 能力、兴趣、态度及自我概念的发展 | 对自我和工作世界的探索和了解 | 从工作经验中考虑职业与自我的配合 | 以不同的方法调整工作，维持职业状况 | 减少工作，退休 |
| 发展任务 | 争取不同的经验，自我肯定，建立信心 | 结晶化（15～18 岁）（crystallization）<br>特定化（18～21 岁）（specification）<br>实践（21～24 岁）（implementation） | 稳定（stabilization）<br>巩固（consolidation） | 发展新技能 | 发展非职业性角色 |

**3. 生涯彩虹图**

生活空间指人在职业生涯发展历程的各个阶段中，个人所要扮演的各种角色和职位所组成的纵贯上下的生活空间。苏珀提出了一般性的六种不同角色：子女、学生、休闲者、公民、工作者、持家者。其中，个人对各个角色投入的时间和精力各不相同，在某一阶段投入的时间和精力较多的即为显著角色（career salience，又称生涯凸显）。

为了综合阐述五个生涯发展阶段与生涯角色彼此间的相互影响，苏珀创造性地描绘出一个多重角色生涯发展的综合图形——生涯彩虹图（见图 3-5），形象地展现了生涯发展的时空关系，更好地诠释了生涯的定义。在生涯彩虹图中，纵向层面由六个用不同颜色展示的角色组成，展示了个体纵贯上下的生活空间，它们相互影响交织，反映出个人在五大发展阶段中的某一阶段所扮演的各种角色分配情况。每个人的生涯彩虹图还受个人心理、生理和外部历史、社会经济因素的影响而存在差异。

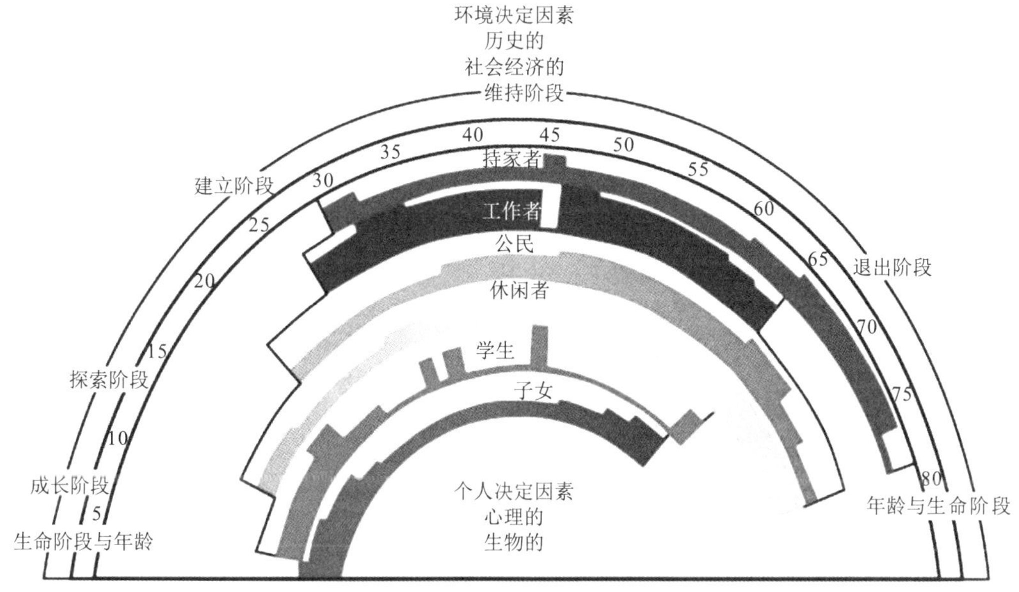


**图3-5 苏珀生涯彩虹图**

**4. 生涯模式**

苏珀提出男性生涯发展的四种模式分别为稳定型、传统型、不稳定型、多重尝试型。同时也指出，男女在生涯发展模式上会有差异，女性的生涯模式总体以这七种为主：稳定家庭主妇型、传统型、稳定职业妇女型、双轨生涯型、间断生涯型、不稳定型、多轨生涯型。这一部分内容已在前文阐述，此处不再赘述。

**5. 理论评价**

生涯发展理论成为特质因素论之后，最为重要的生涯理论突破。它构建了完整的生涯发展理论，是现今生涯辅导重要的理论基础。该理论横向的生活广度部分和纵向的生活空间部分交织成一个具体的生涯发展结构，能很好地促进个体进行自我了解和自我实现。但是，由于社会的快速变迁、终身学习观念的提出和人的平均寿命增加，生涯发展理论中关于中年期、老年期的角色与任务有待进一步研究。此外，生涯发展理论较忽略经济、社会因素对生涯发展方向的影响，且学习因素与职业发展历程的关系也须进一步深入研究。

## 四、职业生涯决策理论

职业生涯决策是指当一个人在面对职业、生涯等重大问题的抉择时，个人在多项选择之间权衡利弊，所做的选择尽量能够获得最大收益的过程。目前，职业生涯决策的理论中，最有影响力的是彼得森的认知信息加工理论和克朗伯兹提出的职业生涯决策的社会学习理论。

### 1. 认知信息加工理论

20 世纪 80 年代初期，美国佛罗里达州立大学以盖瑞・彼得森为首的一个研究团队结合认知心理学，试图建立认知信息加工模型，以应用于生涯辅导。1991 年，盖瑞・彼得森、詹姆斯・桑普森和罗伯特・里尔敦三人合著了《职业生涯开发和服务：一种认知的方法》。在书中，他们提出了一种新的思考职业生涯发展的方法并进行了论述，这就是认知信息加工（cognitive information processing，CIP）理论。

（1）理论假设

认知信息加工理论是基于"在生涯问题解决和决策制订过程中大脑如何接收、编码、储存和利用信息和知识"这一概念而形成的理论。该理论主要关注涉及解决职业生涯问题和做职业生涯决策的思维和记忆过程，强调职业生涯问题解决是一个认知的过程。该理论是建立在以下 8 种基本假设基础之上的。

①生涯选择基于我们如何认知信息和感受信息。

②生涯选择是一种问题解决活动。

③作为问题解决者，我们的能力既依赖于我们拥有的知识，也依赖于对认知的操纵。

④生涯问题的解决需要良好的记忆力。

⑤动机在生涯问题解决中起着重要作用。

⑥生涯发展包括知识结构的不断改变和发展。

⑦生涯认同在很大程度上依赖于"自我认知"的发展程度。

⑧生涯决策成熟与否取决于我们解决生涯问题的能力大小。

（2）基本观点

认知信息加工理论认为，生涯发展是关于一个人如何做出生涯决策以及在生涯决策过程中如何使用信息。做出生涯选择是一项解决问题的活动，有赖于我们想什么、如何想；而生涯质量有赖于我们是否很好地学习和掌握了做出生涯决策所需的技能。因此，通过改进认知信息加工技能，可以提高生涯管理的能力。以下金字塔模型（见图 3-6）构成了认知信息加工理论的基本框架。该模型共分为 3 层，最高层为执行管理领域，中间层为决策技能领域，塔底层为知识领域。

金字塔中的最高层称为元认知，也称为执行管理领域，是个人完成一项任务或达到一定目标而投身其中的记忆和思考，在认知心理学理论中，认知是指人们的思维方式

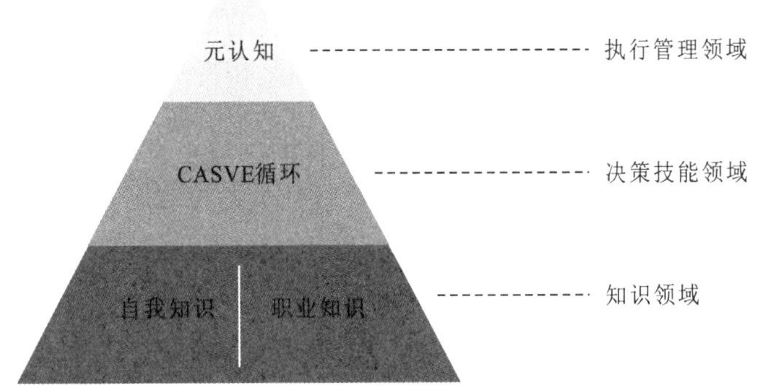


图3-6 认知信息加工金字塔模型

或者人们的头脑中是如何加工信息的。元认知的作用是对认知过程进行调节、监督和控制，它决定着个人如何思考生涯问题和做出决策，它包括自我言语、自我觉察、控制与监督。

执行管理领域相当于电脑的工作控制功能，操纵电脑按指令执行程序，对其下的两个领域进行监控和调节。

决策技能领域相当于电脑的应用软件，对所存储的信息进行加工处理，有了充分的信息并不代表一定能够做出有效的决策。一个有效决策过程一般包括五个步骤：沟通（communicate）、分析（analyze）、综合（synthesize）、评估（value）、执行（execute）。

而知识领域相当于电脑的数据文，知识领域包括了解自我（自我知识）和各种选择（职业知识）。了解自我一般需要四个方面，简称 VIPS，它们是：价值观（value）、兴趣（interest）、性格（personality）、能力（skill）。

从这个模型可以看到，任何一个层次出问题，都会影响职业生涯规划决策的质量。

（3）理论评价

认知信息加工理论是一种强调理性决策的方法论。该理论主要关注人们的认知，注重在问题解决和决策制定过程中的理性和逻辑性，而不是靠直觉。在进行职业生涯决策时，我们可以借助该方法，绘制自己的金字塔模型，帮助我们看清自己在三个领域所面临的困难，分析优势与不足，发挥自己的长处，弥补自己的短板，从而确定有效的职业生涯决策。

**2. 社会学习理论**

社会学习理论最早是由美国心理学家阿尔伯特·班杜拉（Albert Bandura）于1952年提出的。该理论着眼于观察学习和自我调节在引发人的行为中的作用，重视人的行为和环境之间的相互作用，强调个人独特的学习经验对其人格与行为的影响。

美国斯坦福大学教育和心理学教授克朗伯兹和同事吸收和借鉴了班杜拉的社会学习理论，将社会学习的观念应用到职业生涯辅导上，提出了职业生涯决策的社会学习理论。该理论研究在个人决策历程当中，社会、遗传与个人因素对于个体生涯决策的影响，强调学习的重要性、在变迁中学习、在机会中学习。在此基础上克朗伯兹提出了影响职业决策的四个因素，其后又提出了职业生涯决策的七个步骤。

（1）影响生涯决策的四个因素

克朗伯兹的社会学习理论认为个体职业生涯发展的根本选择是由内在因素和社会环境因素来共同决定的，包含四个主要因素：遗传因素和特殊能力、环境状况和事件、学习经验、工作取向的技能。这四个因素交互作用，对个体职业生涯规划产生影响，其中个人成长经历中独特的学习经验尤为重要。

（2）职业生涯决策的步骤

1977年，克朗伯兹运用社会学习理论对职业生涯决策技巧的作用进行研究，提出了进行职业生涯决策的七个步骤。

①界定问题：理清自己的需求及时间或个人限制，并制订出明确的目标。

②拟订一个行动计划：思考可能达成目标的行动方案，并规划达到目标的流程。

③澄清价值观：界定个人的选择标准，作为评定各项方案的依据。

④找出可能的选项：搜集资料，论证可行的方法。

⑤评价各种选择可能的结果：依据自己的标准，对各种可能的选择方案进行评价。

⑥系统地剔除选项：比较各种可能的选择，根据决策者的价值标准删除不合适的方案，选最合适的方案。

⑦开始行动：方案确定之后开始行动。

（3）职业生涯决策中遇到的困难

克朗伯兹的社会学习理论认为，人们在职业生涯决策过程中会遇到许多困难，这些困难可以归纳为以下五类。

①人们可能不会辨认现有的可以解决的问题。

②人们可能不努力做决策或解决问题，一切都顺其自然、随波逐流。

③由于个人本身的局限性，可能意识不到本来存在的好的决策，可能会放弃或消除一个潜在的令人满意的选择。

④人们可能会选择较差的决策。

⑤人们可能因为感到没有能力达成目标而痛苦焦虑。

（4）社会学习理论的评价及该理论在职业规划中的应用

社会学习理论强调个人独特的学习经验对生涯决策的影响。该理论着眼于终身发展的过程，而不是某一次决定；对特质因素论的经典范式做了突破，强调终身学习。随着新的观点和方法的提出，该理论还需要不断地完善。克朗伯兹的社会学习理论特别适合在学校中实践，提醒教育工作者在各种学习情景中提供给学生丰富的学习经验（包括对偶发事件采取正面的态度），这样才能有助于学生未来的生涯抉择。

以上是对职业规划基本理论的介绍。综合而言，职业选择理论侧重从静态的角度来探讨个人特质与职业之间的匹配问题，重视个人的需要、能力、兴趣、人格等内在因素。工作适应理论强调个人能力、个人需要与工作环境增强系统之间的配合与协调发展，很好地解释了个人对组织的满意度问题和组织对个人的满意度问题。生涯发展理论从动态的角度探讨个人职业生涯的成长历程，强调自我概念、自我职业决策能力的发展。职业生涯决策理论重视个人生涯发展的历程及抉择，重视决策过程中对个人价值观的了解和澄清，认为个人主观的价值评价其实才是最重要的决策。

# 第五节 职业生涯规划常见问题及误区

## 【课程导入】

李佳音在某综合性大学上大三，就读英语专业国际贸易方向。她的英语已经通过了专业四级，她的口语也不错，在一些国际性会议中担任过翻译。她喜欢写作，很喜欢用英语表达一些东西，热衷于英语角和社团的活动，也曾经在中学担任过英语广播的主持和校通讯社的记者。她喜欢旅游，因为可以到不同的地方，见识新鲜的人和事。她对人文、历史都很感兴趣，在学校也选修了不少这方面的课程。在大学，她先后加入了学校的报社、心理社团和红十字会，喜欢组织各种活动。不久前，她刚刚成功地为红十字会组织了一次造血干细胞的志愿捐献活动。她自认为是一个外向型性格的女孩子，自己的优点是有创意、喜欢帮助人。周围的人都认为她热情，很有亲和力，善良而富有同情心。

李佳音虽然成绩不错，但对自己的职业方向比较困惑。因为学英语和国际贸易的人都很多，自己也不见得有什么专业上的优势。将来到底是做翻译还是从事外贸，自己怎样才能在激烈的招聘竞争中胜出，这都是她考虑的问题。像周围所有的同学一样，她也在考虑自己到底是应该先工作还是先读研。这些问题都困扰着她。她觉得应该认真考虑自己适合做什么样的工作和未来的发展方向。于是，她选修了“大学生职业生涯规划”课。

从李佳音的案例中可以看到，她对自己的兴趣、能力甚至价值观都有一些了解。然而这些如何与未来的职业发展相联系，自己的兴趣和性格到底适合做什么工作，能力是否达到未来工作的要求，是否需要深造，这些都是她的困惑。李佳音的困惑可归结为“我要到哪里去”和“我该如何去那里”两个方面。在本书的后续章节中，我们将根据生涯规划的六个步骤帮助李佳音探讨她的困惑。

## 【案例分享】

1. 我是一个刚上大一的学生，虽然觉得生涯规划是应该学习和有用的，但毕竟我离找工作还很远，现在学习是否有点早了？

答：大一进行生涯规划并不过早。按照苏珀的生涯发展理论，大一应该是生涯规划的探索期。这个时期需要个人通过基于个人兴趣和特点的实践等活动，初步探索自己未来感兴趣的职业发展方向。因而对大一的学生而言，需要好好思考和规划自己应当如何度过大学四年，为未来获得理想工作做准备。通过生涯规划中的自我探索，大一学生可以更有计划、有目的地参加社会实践活动。大学与高中相比，自主选择和可能参加活动的机会丰富了很多。了解自己、知道自己需要和愿意培养的方向可以避免陷入选择的盲目当中，帮助自己更合理地安排学习、实践、休闲生活。虽然大一的时候还未涉及找工作，但是要参加丰富的活动、获得实践的机会，依然需要很多信息和获得机会的技巧。因此，生涯规划中的自我探索、决策、信息探索、如何求职等技巧对大一学生是有实际帮助的；更重要的是，当一个学生从大一时开始用生涯规划的思维来思考自己的现在与未来，到大三或大四面临毕业时将会更从容地为自己的未来做出选择。

2. 我是一个大四的学生，正忙于找工作，现在再探索什么工作适合自己是否太晚了？我真正关心的是如何才能找到一份好工作！

答：对于个人的生涯规划而言，任何时候开始都不会晚，不同阶段会有它的意义和用处。当毕业生面临找工作的压力时，常常会感到很焦虑，此时要静下心来做自我探索并不容易。有些学生觉得只要有个单位要就谢天谢地了，根本顾不上什么适不适合。所以，这时再进行生涯规划不妨先从最“实用”的部分开始。比如能力的探索，了解自己能干什么，常常可以让人心中有谱；定下神来，也可以帮助自己更好地制作简历和应对面试；毋庸置疑，工作世界的探索和简历制作、面试技巧也都是可以立即用上的技巧。但从生涯发展的长远视角来看，当你能够静下心来的时候，最好还是全面地进行生涯规划，因为毕竟毕业求职是职场的开始，脚下的路还很长。

3. 生涯规划是要有计划地安排自己的发展，但是人生可能照计划按部就班吗？

答：生涯规划可以说是个人的生涯发展的长期计划，但并不等于一个人做了这个规划，一辈子按着这个计划进行就成功了。因为无论个人还是环境都会发展、变化，没有人能保证五年前做的生涯规划完全符合当前自己的发展，每隔半年到一年的时间个人需要对自己的发展进行回顾和审视，看看自己的生涯规划是否需要有所调整。总之，生涯规划是发展的、动态的、一辈子的事情。并且生涯规划的意义并不仅仅在于制定一个长远的发展计划，它更多的是让人们懂得如何把握生涯，如何在尊重自己的基础上更好地发展自己，具体的方法是什么；生涯规划不是用一个计划去限制人生的发展，而是让人们在更加了解自己的基础上勇于探索，更大程度地实现自我。

**【课堂活动】**

## 撕纸活动：生涯量量看

活动流程：

1. 请准备一张 A4 纸，撕成 2 厘米宽的纸条，按一个方向折成 10 格。

| 10 | 20 | 30 | 40 | 50 | 60 | 70 | 80 | 90 | 100 |
|---|---|---|---|---|---|---|---|---|---|

2. 假如这是你个人的生命长度（从 0 ～ 100 岁），接下来我们来玩撕纸游戏：

a. 请问你期待活到几岁？（把这个岁数之后的撕掉）

b. 请问你现在几岁？（把你之前的岁数撕掉）

c. 请问你几岁退休？（把之后的撕掉）

d. 请问一天 24 小时，你会如何分配？（把工作以外的时间撕掉）

e. 比比看。(手里剩下的这部分，和退休之后的时间以及休闲时间的总和对比)

f. 想一想。(你要赚多少钱，存多少钱才能养活自己上述的日子，这还不包括给父母、子女、配偶的)

3. 请问你现在有什么感想？

## 【课后思考】

1. 评估一下自己在生涯规划方面的情况，考虑哪些部分是需要特别努力的。
2. 系统的职业生涯规划法包括哪六个步骤？
3. 根据苏珀的生涯彩虹图模型，结合自己的规划，画一画你自己的生涯彩虹图。

# 第四章 自我认知的内涵和方法

聪明的人只要能认识自己，便什么也不会失去。——尼采

人生最可怕的敌人：没有明确的目标和足够的认知。——罗曼·罗兰

最有希望的成功者，并不是才华最出众的人，而是那些有着清醒的自我认知和善于利用每一时机发掘开拓的人。——比尔·盖茨

要在自我净化上下功夫，通过过滤杂质、清除毒素、割除毒瘤，不断纯洁党的队伍，保证党的肌体健康。古人说："天下不能常治，有弊所当革也；犹人身不能常安，有疾所当治也。"治病救人，哪能不吃药，对那些顽症须下点猛药才行，对有病毒扩散风险的肿瘤还得动刀子。要在自我完善上下功夫，坚持补短板、强弱项、固根本，防源头、治苗头、打露头，堵塞制度漏洞，健全监督机制，提升党的长期执政能力。就像人一样，身子弱了就要补，免疫力下降就要加强。如果不管不顾，身体就会每况愈下，到问题严重的时候就追悔莫及，正所谓"蚁穴不填，终将溃堤"。要在自我革新上求突破，深刻把握时代发展大势，坚决破除一切不合时宜的思想观念和体制机制弊端，勇于推进理论创新、实践创新、制度创新、文化创新以及各方面创新，通过革故鼎新不断开辟未来。要在自我提高上下功夫，自觉向书本学习、向实践学习、向人民群众学习，加强党性锻炼和政治历练，不断提升政治境界、思想境界、道德境界，全面增强执政本领，建设一支忠诚干净担当的高素质专业化干部队伍。

——2019 年 6 月 24 日，习近平在十九届中央政治局第十五次集体学习时的讲话

自我认知是人们对自己的认知和理解，是认识自己、了解自己、接纳自己的过程。通过深入思考和反省，我们能够更清晰地认识自己的优点和不足，进而实现自我提升和成长。本章将介绍自我认知的内涵、过程、维度、方法和意义等方面，帮助大家理解自我认识在我们的成长和发展中的重要性。

## 第一节 自我认知的内涵

自我认知是指个体对自己的认知和理解，它是人类思维的重要组成部分。通过自我认知，我们能够了解自己的优势和劣势，认识自己的价值观和信念，并对自己的情绪和行为进行反思和调整。

**【案例分享】**

小刚，大一学生，来自农村，家里生活一直很苦，父母期盼他能够考上一所好大学，到大城市里生活和发展。他是个很孝顺很听话的孩子，知道自己是父母的希望。他以为只要考上了大学，父母就能开心起来，家里的境况也会很快好起来。因此，上大学成了他唯一的目标。临走时，妈妈对他说："到大学里要好好学习！不要贪玩把学业给荒废了！"进入大学后，老师和学长对他说，在大学里除了努力学习以外，还要学会如何适应这个社会以及如何与人相处。他慢慢意识到，如果还像以前一样死读书，那么将来就不能更好地适应社会。他开始寻找生活的目标，到底什么才是他应该追求的？从此平静的大学生活起了波澜。他发现自己没有办法再像以前那样专心学习了，更加没有从前的雄心壮志了。他这样描述："我看到一些同学，他们整天吃喝玩乐、泡网吧，却能顺利通过考试；我还看到一些社会上的有钱人，他们没什么文凭却能创办、领导公司或企业。有同学说，在大学里如果做不到三件事就枉来大学一趟：找女朋友、挂科、做兼职赚钱。从报纸杂志上，我知道这个世界上还有许多伟大的人物，他们能够抵抗各种诱惑和寂寞，在自己的专业领域勇往直前，最终取得举世瞩目的成就。他们都是令我羡慕的人，因为我觉得他们要么过得很开心要么过得很有成就感。"刚刚认识社会的他陷入了迷茫和困惑之中。"很多时候，"他说，"我明明想这样做，可实际上却那样做了。真不知自己怎么了。我越来越认识不清楚自己，更不知道自己的生活目标是什么。我感到内心的冲突和失衡，我是不是得了什么病？"

上述案例中，小刚存在的心理问题在一定程度上反映着大学生自我认同的烦恼。

## 一、自我认知的内容

自我认知是指个体对自己的认知和理解，包括对自身特点、价值观、情绪、能力、行为和思维模式的认知。以下是一些常见的自我认知内容：

（1）自我意识：指个体对自己存在和存在方式的认识。它包括对自己的身体、感觉、思维、情绪等方面的认知。

（2）自我价值：指个体对自己的价值和能力的认知。它包括对自己的自信程度、自尊心、自我肯定等方面的认知。

（3）自我认同：指个体对自己的身份和角色的认知。它包括对自己的性别、文化背景、职业等方面的认知。

（4）自我能力：指个体对自己的能力和潜力的认知。它包括对自己的智力、技能、才华等方面的认知。

（5）自我目标：指个体对自己想要达到的目标和追求的方向的认知。它包括对自己的理想、价值观、职业目标等方面的认知。

这些自我认知的内容相互交织，共同构成了个体对自己的整体认知和理解。个体的自我认知会影响个体的行为、情绪和心理健康等方面。

**【拓展阅读】**

### 伽利略：第一架望远镜

哥白尼是波兰杰出的天文学家，他经过 40 年的天文观测，提出了“日心说”的理论。他认为宇宙的中心是太阳，而不是地球。地球是一个普通的行星，它在自转的同时还环绕太阳公转。伽利略很早就相信哥白尼的“日心说”。

1608 年 6 月的一天，伽利略找来一段空管子，一头嵌了一片凸面镜，另一头嵌了一片凹面镜，做成了世界上第一个小天文望远镜。实验证明，它可以把原来的物体放大 3 倍。伽利略没有满足，他进一步改进，又做了一个。他带着这个望远镜跑到海边，只见茫茫大海波涛翻滚，看不见一条船。

可是，当他拿起望远镜往远处再看时，一条船正从远处向岸边驶来。实践证明，它可以放大 8 倍。伽利略不断地改进和制造着，最后，他的望远镜可以将原物放大 32 倍。

## 二、自我认知的过程

自我认知的过程是一个复杂而重要的心理过程，它直接影响着个人的成长、幸福感和社会互动。这一过程通常经历几个关键阶段，包括基础阶段、反思阶段、认知调整阶段和自我实现阶段。

**1. 基础阶段**

在这个阶段，个体开始意识到自己是一个独立的个体，与他人有所不同。孩子通过认识自己的名字、性别、家庭成员等来构建自我概念。这个阶段的自我认知主要是基于外部特征和身份认同。

**2. 反思阶段**

随着个体成长和更多地接触社会，他们逐渐进入反思阶段。在这个阶段，个体开始更深入地思考自己的行为、态度和价值观，有助于形成更丰富和深刻的自我认知。

**3. 认知调整阶段**

在认知调整阶段，个体开始对自己的认知进行调整和优化。他们可能会审视自己的认知模式并尝试改变不利于成长和发展的认知，逐渐接受自己的缺点和不足，并通过学习和成长来完善自我认知。

**4. 自我实现阶段**

当个体进入自我实现阶段时，他们通常已经建立起相对成熟和全面的自我认知。在这个阶段，个体清晰地认识到自己的潜力和天赋，并努力实现自己的目标和理想。

此外，实现自我正确认知需要采取一系列步骤，包括自我反思、接受自己、倾听他人意见、实践与尝试以及不断学习和成长。这个过程需要勇气和开放的心态，包括勇敢地面对自己的问题和不足，保持心态的积极性和开放性，以及找到自己的价值观和人生目标。

## 三、自我认知的维度

自我认知涉及多个维度，包括自我意识、自我知识、自我评价和自我调控等四个维度，这些维度相互作用，相互影响，共同构建了我们对自己的全面认知。通过深入理解和应用这些基本维度，我们可以提升自我认知能力，更好地认识自己、发挥自己的优势，并实现自己的成长和发展。自我认知的提升不仅对个人的成就和幸福有益，也对人际关系和社会互动产生积极影响。

**1. 自我意识维度**

自我意识是自我认知的核心维度之一。它指的是对自己存在的意识和认知。自我意识使我们能够意识到自己是一个独立的个体，具有自己的思想、感受和意图。通过自我意识，我们能够观察和理解自己的内心世界，认识自己的情绪和需求。自我意识对于我们的情绪调节、自我评价和自我反思非常重要，它帮助我们更好地认识自己，并与他人建立良好的关系。

**2. 自我知识维度**

自我知识是指对自己的认知和了解。它包括对自己的能力、兴趣、价值观和信念的认知。通过自我知识，我们能够了解自己的优势和劣势，认识自己的兴趣和激励因素。自我知识对于我们的职业发展、目标设定和决策制定具有重要意义。它帮助我们更好地发挥自己的优势，找到适合自己的职业和生活方式，并为自己的成长和成功制定合适的计划。

**3. 自我评价维度**

自我评价是对自己的评估和判断。它涉及对自己的能力、表现和价值的评价。通过自我评价，我们能够对自己的行为和决策进行反思和评估。自我评价对于我们的学习和成长至关重要，它帮助我们识别自己的弱点和改进的空间，并提高自己的能力和表现。同时，自我评价也需要客观和公正，避免过度自我批评或自我陶醉，以实现自我提升和进步。

**4. 自我调控维度**

自我调控是指对自己情绪和行为的管理和调整。它涉及对自己情绪的认知和调节，以及对自己行为的控制和调整。通过自我调控，我们能够管理自己的情绪，避免冲动和过度反应，并采取适当的行为来实现自己的目标。自我调控对于我们的情绪稳定、冲突解决和目标达成具有重要意义。它帮助我们更好地应对挑战和压力，提高自己的适应能力和抗压能力。

**【拓展阅读】**

**奥托·瓦拉赫：诺贝尔化学奖获得者**

瓦拉赫的成才过程极富传奇色彩。在他开始读中学时，父母为他选择的是一条文学之路，不料一个学期下来，老师为他写下这样的评语："瓦拉赫很用功，但过分拘泥，这样的人即使有着卓越的才能，也绝不可能在文学上发挥出来。"

此后，他改学油画。

可瓦拉赫既不善于构图，又不会调色，对艺术的理解力也不强，成绩在班上是倒数第一，学校的评语更是令人难以接受："你是绘画艺术方面不可造就之才。"面对如此"笨拙"的学生，绝大部分老师认为他已成才无望，只有化学老师认为他做事一丝不苟，具备做好化学实验应有的品质，建议他试学化学。

父母接受了化学老师的建议。这下，瓦拉赫智慧的火花一下被点燃了。文学艺术的"不可造就之才"一下子变成了公认的化学方面的"前程远大的高才生"，最终获得了诺贝尔化学奖。

（资料来源：百度百科，网址：https://baike.baidu.com/item/奥托·瓦拉赫）

# 第二节　自我认知的方法

## 一、自我认知的形式

自我认知的方法多种多样，涵盖了从内省到外部反馈多种方式。以下是一些主要的方法：

（1）反思法：通过反思自己的行为和思考方式，以及观察他人对自己的反应，来了解自己的个性特点和行为方式，发现自己的优点和缺点。可以尝试记录自己的思维模式、情绪以及行为反应，然后与他人的观察结果进行对比，从而加深对自己的认知。

（2）比较法：通过与他人比较，发现自己的优点和不足之处。同时，也可以通过与自己过去的经历进行比较，发现自己的成长和变化。

（3）自我评价法：通过自我评价，了解自己的价值观、兴趣爱好、能力水平等。这种方法需要一定的自我意识和自我反省能力。

（4）他人评价法：通过他人的评价了解自己。可以向身边的朋友、家人或同事询问对自己的评价和看法，接受他们的反馈和建议，以便了解自己在他人眼中的形象。可以通过问卷调查、面对面交流等方式收集反馈信息，然后反思和总结。需要注意的是，他人的评价并不一定完全准确，需要经过自己的反思和筛选。

（5）心理测试法：如果自我认知的需求较为深入和复杂，可以寻求心理学家或其他专业人士的帮助。他们可以通过一系列的评估工具和访谈，帮助个人更全面地了解自己，并制定相关的发展计划和策略。可以通过一些心理测试，如性格测试、价值观测试等，了解自己的内心世界。需要注意的是，心理测试只能提供参考意见，不能完全代表一个人的真实性格和价值观。

（6）行为记录法：通过记录自己的行为和表现，分析自己的优点和不足之处。这种方法需要一定的毅力和耐心，但可以帮助我们更好地了解自己的行为模式和习惯。

（7）经验总结法：通过总结自己的经验教训，发现自己的优点和不足之处。这种方法需要一定的实践经验和自我反省能力。

**【课堂活动】**

为了让同学们对自我有一个更好的认知，接下来我们进行一项热情测试。

热情测试（the passion test）由纽约时报畅销书作家 Janet Bray Attwood 基于过去几十年人生经验总结所创造。作为一套简单具体的工具，该测试可帮助个人深入挖掘内心深处的热情。这个测试是通过做问答题、比较权衡，最终自己得出结论。大家按照下列步骤进行小测试：

第一步：列热情清单

写下至少 10 条你能想到的，能让你的生活充满快乐、热情和满足感的最重要的事物：

当我的生活处在理想状态时，我____。

示例：

当我的生活处在理想状态时，我住在一个什么样的房子；

当我的生活处在理想状态时，我花很多时间和家人相处；

当我的生活处在理想状态时，我和一群志同道合、富有创意的同事工作。

写好清单后，晾它一会儿，过几个小时或第二天再进行第二步。

第二步：逐条对比，筛选出你的五大热情

回到清单，从第一条开始，用它和第二条对比，询问自己，如果处于理想状态，两者只能选其一，会选哪一个。然后逐条往下，直到对比完所有项目。选择的原则是自己不会失去任何东西。筛选出的最重要的五条即你的五大热情。

第三步：对五大热情逐一进行评分

五大热情筛选出来之后，对五大热情逐一进行评分，评分范围为0到10分，其中0分表示完全没有过这样的生活，10分表示完全过着这样的生活，你觉得目前你的生活状态有几分。评分低的往往是投入注意力最少的。想要活出你的热情，就要把注意力放在最重要的热情上面。

**【拓展阅读】**

## 自我认知测评工具

### 1. 盖洛普优势识别器测试

为了帮助人们发现自身优势，1998年，优势心理学之父唐纳德·克利夫顿博士与《盖洛普优势识别器2.0》的作者汤姆·拉思及盖洛普科学家团队研发了一个科学的优势测量工具——优势识别器，并将这个独一无二的测量工具纳入管理类畅销书《现在，发现你的优势》中。

2007年，基于对上百万份优势识别器测试结果的分析，盖洛普科学家团队改良并开发出全新版测试——优势识别器2.0。基于50多年的研究，这个测量工具已经帮助成百上千万人发现并发挥他们的天赋优势。

### 2. MBTI职业性格测试

MBTI职业性格测试是国际最为流行的职业人格评估工具，作为一种对个性的判断和分析模型，MBTI把性格分为4个维度，每个维度上包含相互对立的2种偏好：

“外向E—内向I”代表着各人不同的精力（energy）来源；“感觉S—直觉N”、“思考T—情感F”分别表示人们在进行感知（perception）和判断（judgement）时不同的用脑偏好；“判断J—感知P”针对人们的生活方式（lifestyle）而言，它表明我们如何适应外部环境——在我们适应外部环境的活动中，究竟是感知还是判断发挥了主导作用。

4个维度上特定偏好的组合就构成一种特定的性格，从而把不同个性的人区别开来。

### 3. DISC性格测评

DISC性格测验是国外企业广泛应用的一种人格测验，用于测查、评估人们的行为方式、人际关系、工作绩效、团队合作能力、领导风格等并帮助人们改善它们。

DISC个性测验着重从以下四个与管理绩效有关的人格特质对人进行描绘，即支配性（D）、影响性（I）、稳定性（S）和服从性（C），从而了解应试者的管理、领导素质以及情绪稳定性等。

### 4. 九型人格测试

一个人的基本人格类型是不会变的。尽管在现实生活中，因为一些事件，一个人的人格特征可能会有一些细微变化，但是基本的人格特征具有一定稳定性，是不会真正改变的。

九型人格把人格分为九类，每种类型都有其鲜明的特征。九型人格测评可以帮助我们更深入地了解自己的人格特征，真正认识自己，更好地接纳自己、完善自己。

九型人格测评今天已被演化成一种人际沟通的管理工具，广泛应用在企业管理的各个领域。

**5. 津巴多时间观念测试**

时间观是我们每个人对于时间和过程的一种无意识的个人态度。心理学家津巴多把时间划分为过去、现在和未来三个维度，每个维度又细分为两种时间观。

上述优势、热情及人格测试无所谓结果好坏，只是呈现人的多样性；没有优点和缺点，只有特点。但这个测试不同，它有确定的理想结果，有最佳的组合。

津巴多教授所建议的最佳组合为：强烈的积极过去，适度的未来导向，适度的享乐现在，弱的消极过去，弱的宿命现在。

最好的时间态度就是满足于现在，不满足于未来。统计结果显示，“未来导向”的人具有更好的习惯，做事深思熟虑，执行力强，有上进心的人希望自己成为这一类人，社会的中流砥柱也大多是这一类人。原来成功人士和人生赢家们，看待时间的方法从一开始就不一样。

（资料来源：百度网，网址：https：//www.baidu.com/s？ ie=UTF-8&wd=自我认知测评工具）

## 二、自我认知的意义

（1）帮助了解自己的个性和特点。通过自我认知，可以更好地了解自己是一个怎样的人，拥有怎样的性格特点和行为方式，从而更好地看待自己的优点和局限性。

（2）让人们更清楚自己的价值观和核心信念。自我认知可以帮助人们更好地了解自己的价值观和核心信念，从而在面对决策和选择时更加自信和准确，避免违背自己的内心和原则。

（3）促进个人的成长和发展。通过自我认知，可以发现和分析自己的优点和潜力，从而更好地发挥自己的优势，并有针对性地进行改进和提升。

（4）改善人际关系，增强沟通能力。自我认知可以帮助人们更好地了解自己的情绪和情感，以及如何与他人进行有效的交流和沟通，从而改善人际关系和提升自己的沟通能力。

# 第五章

# 职业兴趣探索

我和你没有什么差别。如果你一定要找一个差别，那可能就是我每天有机会做我最爱的工作。如果你要我给你忠告，这是我能给你的最好的忠告了。

——华伦·巴菲特

兴趣是影响人们工作满意度、职业稳定性和职业成就感的重要因素，因此，兴趣探索是职业生涯规划中进行自我探索的一个重要方面。本章重点强调，在进行生涯规划和职业选择时，将兴趣作为择业考虑因素的重要性，并重点介绍霍兰德职业兴趣理论，帮助大家掌握探索个人职业兴趣的方法途径。

## 第一节　兴趣的内涵

**【课程导入】**

案例一：小刘是一名汉语言文学专业大三的学生，他发现身边很多同学都有自己明确的爱好和追求，有的同学未来想成为人民教师，有的想成为媒体工作者，有的想继续深造，等等。看着大家各自朝着心中理想奋斗拼搏，小刘心里也很急，他想，我也去当人民教师吧，但是在参加实习实训的过程中又觉得教师行业并非心中所爱；他又觉得现在自媒体很火，有自己的专业背景加持，应该是条不错的路，但深入了解后发现自己并不喜欢……悄然间已是毕业季，看着身边同学陆续拿到心仪公司的录用书，小刘只好随便找了一家公司先解决就业问题。

案例二：小李是一名大四学生。当初高考后填报志愿的时候她听从了父母的意见，选择了计算机专业，上了大学之后发现自己根本不喜欢这个专业，上课完全听不下去，考试也老是挂科，但是又能怎么办呢？转专业吧，自己成绩不好，达不到转专业的条件，而且自己也不知道喜欢哪个专业。现在大四了，她面临多门主干课挂科，拿不到学位证的风险。她非常迷茫，不知道后面的路应该如何走，就算能顺利毕业，也不知道找什么样的工作。她感觉现在说什么都为时已晚，每天只能混日子，做什么都没有兴趣。

## 一、兴趣的定义

兴趣指的是无论我们能力高低，也无论外界评价如何，我们依然乐此不疲的事情。它是我们内心动力和快乐的最终来源，常常表现为一种自觉自愿、乐此不疲的精神状态。

## 二、兴趣的甄别

### 1. 兴趣与需要

需要是指人体组织系统中的一种缺乏、不平衡的状态。人为了求得个体和社会的生存和发展，对事物会有一定的要求，例如，食物、衣服、睡眠、劳动、交往等等。这些需求反映在个体头脑中，就形成了需要。当内在机体的不平衡状态呈现，那么，对内外环境就有诉求。例如，当人体饥饿就需要食物，当人体困倦就需要休息。当不平衡状态被补足、达到平衡后，这种需要就会变化或者消失。而兴趣不是，它是一种持久动力和热情，并不存在所谓的达到平衡就消失了。

### 2. 兴趣与技能

在生活中存在着能做得好，但是又不想做的情况。这就涉及兴趣与技能的差别。技能是人们通过后天学习和练习而获得的能力，通常表现为某种动作系统和动作方式。能够做得好是技能的呈现，它与兴趣不同。例如，你做了，当别人说你做得好，你就继续做，别人越说你做得好，你就做得越好，而当别人说你做得不好，你就不再做，这是技能。而兴趣是，无论别人说你做得好不好，你都会持续地做下去，它赋予你一种内在持久的动力。因此，技能要的是结果，而兴趣要的是过程。当然，可能你会由于某方面能力较强，在做这方面的事情时就会感到得心应手，因此增添了对这件事情的兴趣，从而形成良性循环。

### 3. 兴趣与爱好

爱好是人类在空闲时间喜欢做的休闲活动。它是一种人们在空闲时享受及乐于去做的活动，很多时候人们不是为赚钱而参与这些活动。在选择同一爱好的情况下，人们的兴趣点不尽相同。以逛街这个爱好为例：一群人爱好逛街，有的人逛街是喜欢观察人，有的人喜欢了解服饰潮流，而有的人喜欢购物的感觉。所以，看似大家在做同样一件事，但背后关注的点不同，这就是兴趣不同导致。

## 三、兴趣与职业生涯的关系

### 1. 兴趣与职业生涯发展

美国心理学家米哈利（Mihaly Csikszentmihalyi）经过30多年的研究发现，和人们通常想象的不同，人们的满足感、幸福感不是在人们很放松或者什么事也不做（比如看电视）的时候，而是当人们专心致志地从事某种活动，甚至忘我地完全沉浸在这种活动中的时候。在这种状态下，人们没有考虑到做这样事情可能带来的回报或者担心自己的表现如何，而是整个人都忘情地投入其中，享受从事这个活动本身带来的快乐，并且这种活动通常对人们的体力或智力有一定的挑战，同时人们也最大限度地使用自己的技能。

显然，如果怀着兴趣从事某种工作，在工作中容易有创造性、主动性，就容易能长时间地保持高效率而不感到疲劳，有助于才能的发挥；反之，如果一个人对某份工作缺乏兴趣，那这份工作在心理上便会成为一种负担，表现出在工作时比较被动，容易筋疲力尽，影响才能的发挥。因此，兴趣与工作满意度、职业稳定性和职业成就感之间都存在着明显的关联。

### 2. 兴趣与职业兴趣

兴趣可以划分为职业兴趣和非职业兴趣。兴趣体现的是一个人对某种事物、某种活动表现出的积极态度和心理倾向，那么职业兴趣就是一个人对某种专业或职业活动表现出的积极态度和心理倾向。或者说，当一个人选择职业时，充分考虑到自己的兴趣因素，选择了与个人兴趣相关的职业。不同的人有不同的职业兴趣，如果能够从事与自己的职业兴趣相符的职业，个体在工作中就能更加积极热情、全神贯注和富有创造力。职业兴趣是职业生涯选择的重要依据，可以提高工作效率，充分发挥才能，是保证职业稳定、职场成功的重要因素。但并不是所有的兴趣都应该在自己的职业中得到满足，也可以通过兼职，参加志愿活动、社团，培养业余爱好等多种方式来实现。关键在于在工作和生活之间协调与平衡，以及在工作与个人爱好之间适度统一。

虽然将兴趣划分为职业兴趣和非职业兴趣，但是几乎每一种兴趣都可以与某种职业联系起来。例如，逛街购物的兴趣可与采购或者着装指导联系；对宠物的兴趣与饲养人员和宠物医生联系；就连睡觉的兴趣，也可以与豪华床体验师和酒店试睡员挂钩。

**【案例分享】**

案例一：小刘高考取得了不错的成绩，并顺利被浙江大学化学反应工程专业录取，大四那年他还因为成绩优异被保送到清华大学直接攻读博士研究生。但是次年他却意外从清华大学申请退学，大家都很不解。随后他再次参加高考，又被清华大学建筑系录取，换了一种身份再次回到清华校园。事后在接受媒体采访时，他表示，当初自己高中毕业后对大学、对专业并没有一个清晰的认知，也不知道自己喜欢什么、对什么领域真正感兴趣；学了化学以后，他才发现那并不是自己真正感兴趣的专业，而要在自己不感兴趣的领域深耕学术研究，是一件痛苦的事情。

案例二：大一那年，一次偶然的机会，小梁在校园里有幸听到白岩松的演讲，他被白岩松严谨的思辨、真挚的情感和极富感染力的口才深深震撼。从那以后，成为一名演说家的梦想种子在小梁的内心生根发芽。尽管彼时他还是一名刚刚走出山区、怯懦自卑、其貌不扬，甚至连普通话都说不好的毛头小子。但是“想要”的力量何其伟大。小梁开始刻苦练习普通话发音、积累不同题材的演讲素材、抓住每一个公开表达的机会发表演说、参加学校大大小小的演讲比赛……大三的时候他终于能在学校的操场上举办一场有几百名观众的演说秀。毕业后，有卓越的表达能力加持，他顺利成为了一名人民教师，闲暇时间他开通了自己的自媒体账号来分享他的演说作品秀，得到众多网友的关注和喜爱。

## 第二节 霍兰德职业兴趣理论及其应用

**【课堂活动】**

### 航海兴趣岛

恭喜你！你获得了一次免费度假游的机会，有机会去下列六个岛屿中的一个。唯一的要求是你必须要在这个岛上待满至少六个月的时间。请不要考虑其他因素，仅凭自己的兴趣按一、二、三的顺序挑出你最想前往的三个岛屿。

1号岛屿：自然原始的岛屿。岛上自然生态保持得很好，有各种野生动物。居民以手工见长，自己种植花果蔬菜、修缮房屋、打造器物、制作工具，喜欢户外运动。

2号岛屿：适合深思冥想的岛屿。有多处天文馆、科技博览馆及图书馆。居民喜好观察、学习，崇尚和追求真知，常有机会和来自各地的哲学家、科学家、心理学家等交流心得。

3号岛屿：美丽浪漫的岛屿。到处是美术馆、音乐厅、街头雕塑和街边艺人，弥漫着浓厚的艺术文化气息。居民保留了舞蹈、音乐与绘画传统，许多文艺界的朋友都喜欢来这里找寻灵感。

4号岛屿：友善亲切的岛屿。居民性格温和、友善、乐于助人，人们重视互助合作，重视教育，关怀他人，社区均自成一个密切互动的服务网络，充满人文气息。

5号岛屿：显赫富庶的岛屿。居民善于企业经营和贸易，能言善道。经济高度发展，处处是高级饭店、俱乐部、高尔夫球场。来往者多是企业家、经理人、政治家、律师等。

6号岛屿：现代、井然的岛屿。岛上建筑十分现代化，是进步的都市形态，以完善的户政管理、地政管理、金融管理见长。岛民个性冷静保守，处事有条不紊，善于组织规划，细心高效。

请思考：

1. 你最想前往的三个岛屿是？依次写下来。

______________________________

2. 这三个岛屿吸引你的地方分别是什么？

______________________________

3. 分别总结三个岛屿的关键词。

______________________________

## 一、霍兰德职业兴趣类型

著名的职业指导专家霍兰德（Holland）经过多年的研究，于1959年提出了具有广泛社会影响的职业兴趣理论。他认为，多数人的职业兴趣可以归纳为六种类型（见表5-1）：实用型（realistic type，简称R）、研究型（investigative type，简称I）、艺术型（artistic type，简称A）、社会型（social type，简称S）、企业型（enterprising type，简称E）、事务型（conventional type，简称C）。

**表5-1　霍兰德职业兴趣类型**

| 类型 | 描述 | 重视/关键词 |
| --- | --- | --- |
| R型 | 情绪稳定、有耐性、坦诚直率，宁愿行动不喜多言，喜欢在讲求实际、需要动手的环境中从事明确固定的工作，依既定的规则，一步一步地制造完成有实际用途的物品。对机械与工具等事较有兴趣，生活上亦以实用为重，眼前的事重于对未来的想象，比较喜欢独自做事。喜欢从事机械、电子、土木建筑、农业等工作。 | 具体实际事物，诚实，有常识/动手、操作 |
| I型 | 善于观察、思考、分析与推理，喜欢用头脑依自己的步调来解决问题，并追根究底。不喜欢别人给他指引，工作时也不喜欢有很多规矩和时间压力。做事时，能提出新的想法和策略，但对实际解决问题的细节较无兴趣。不是很在乎别人的看法，喜欢和有相同兴趣或专业背景的人讨论，否则觉得还不如自己看书或思考。喜欢从事生物、化学、医药、数学、天文等相关工作。 | 知识，学习，成就，独立/追求真知 |
| A型 | 直觉敏锐、善于表达和创新。希望借文字、声音、色彩或形式来表达创造力和美的感受。喜欢独立作业，但不要被忽略，在无拘无束的环境下工作效率最高。生活的目的就是创造不平凡的事物，不喜欢管人和被人管。和朋友的关系比较随性。喜欢从事如音乐、写作、戏剧、绘画、设计、舞蹈等工作。 | 有创意的想法，自我表达，自由，美/表达、创新 |
| S型 | 对人和善，容易相处，关心自己和别人的感受，喜欢倾听和了解别人，也愿意付出时间和精力去解决别人的冲突，喜欢教导别人，并帮助他人成长。不爱竞争，喜欢大家一起做事，一起为团体尽力。交友广阔，关心别人胜于关心工作。喜欢从事教师、辅导、社会工作、医护等相关工作。 | 服务社会与他人，公平，理解，平等，理想/服务、奉献 |

续表

| 类型 | 描 述 | 重视 / 关键词 |
| --- | --- | --- |
| E 型 | 精力旺盛、生活紧凑、好冒险竞争，做事有计划并立刻行动。不愿花太多时间仔细研究，希望拥有权力去改善不合理的事。善用说服力和组织能力，希望自己的表现被他人肯定，并成为团体的焦点人物。不满足于现阶段的成就，也要求别人同样努力。喜欢管理、销售、司法、政治等工作。 | 经济和社会地位上的成功，忠诚，冒险精神，责任 / 影响、引领 |
| C 型 | 个性谨慎，做事讲求规矩和精确。喜欢在有清楚规范的环境下工作。做事按部就班、精打细算，给人的感觉是有效率、精确、仔细、可靠而有信用。他们的生活哲学是稳扎稳打，不喜欢改变或创新，也不喜欢冒险或领导。会选择和自己志趣相投的人成为好朋友。喜欢从事银行、金融、会计、秘书等相关工作。 | 准确，有条理，节俭，盈利 / 规则、高效 |

## 二、霍兰德职业兴趣六边形模型

霍兰德将职业兴趣分为六大类型，它们并非是并列的、有着明晰的边界的。他将这六种职业兴趣类型放在一个正六边形的每一角，提出以六边形来解释六大类型之间的关系。有以下三种关系（图 5-1）：

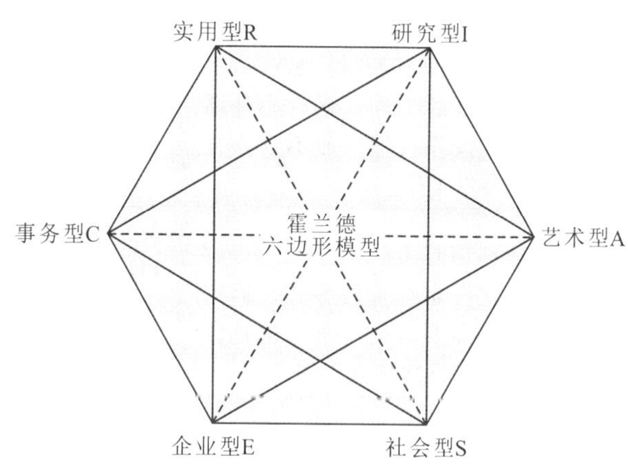


图5-1 霍兰德六边形模型

（1）相邻关系，即 RI、IR、IA、AI、AS、SA、SE、ES、EC、CE、RC 和 CR。属于这种关系的两种类型的个体之间共同点较多，如实用型 R 和研究型 I 的人就都比较倾向与事物打交道而不太偏好人际交往；艺术型 A 和社会型 S 都喜欢和善于表达，只是表达的出发点不同。

（2）相隔关系，即 RA、RE、IC、IS、AR、AE、SI、SC、EA、ER、CI 和 CS，属于这种关系的两种类型个体之间共同点较相邻关系少，但并不相对。

（3）相对关系，在六边形上处于对角位置的类型之间即为相对关系，即 RS、IE、AC、SR、EI 和 CA。相对关系的人格类型缺少一致性而具有相反的特质。例如，事务型 C 的人喜欢循规蹈矩，而艺术型 A 的人则追求自由和个性化。因此，一个人同时对处于相对关系的两种职业环境都兴趣很浓的情况较为少见。当然，一个人可能同时存在相对关系的两种兴趣类型，但是，不可能在同一事件的同一时间上表现出来。例如，你在家喜欢动手做东西（R），出门也喜欢和人聊天（S），但显然这不是在同一事件的同一时间上，不可能边爱安静边爱说话。

在六边形的模型中，任何两种类型之间的距离越近，其职业环境与人格特质的相似程度就越高。大多数人都并非只有一种兴趣类型（比如，一个人的兴趣倾向同时包含着社会型、企业型和研究型三种）。霍兰德认为，这些兴趣类型越相似，相容性越强，则一个人在选择职业时所面临的内在冲突和犹豫就会越少。

个人的兴趣往往是多方面的，很少只是集中在某一种类型上。大家可能或多或少地具备所有六种兴趣，只是偏好程度不同。因此，为了比较全面地描绘个人的职业兴趣，通常用最强的三种兴趣的字母代码来表示一个人的兴趣，这个代码就称为“霍兰德代码”（Holland code）。这三个字母间的顺序表示了兴趣的强弱程度不同。例如，霍兰德代码为RIA和IAR的人具有相似的兴趣，但他们对同一类型事物的兴趣强弱程度各有不同。

## 三、霍兰德职业兴趣类型与职业环境（见表5-2）

表5-2　霍兰德职业兴趣类型对应的职业倾向

| 类型 | 喜欢的活动 | 职业环境的要求 | 典型的职业 |
|---|---|---|---|
| R型 | 和事物打交道（工具、机械、设备），用手、工具、机器制造或修理东西。愿意从事实物性的工作，喜欢户外活动或操作机器，而不喜欢在办公室工作 | 能使用手工或机械技能对物体、工具、机器、动物等进行操作，与事物工作的能力比与人打交道的能力更为重要 | 制造业、渔业、野外生活管理业、技术贸易业、机械业、农业、技术林业、特种工程师和军事工作 |
| I型 | 处理信息（观点、理论），喜欢探索和理解事物，研究那些需要分析、思考的抽象问题。喜欢独立工作 | 具备分析研究问题、运用复杂和抽象的思考创造性地解决问题的能力，谨慎缜密，能运用智慧独立地工作，有一定的写作能力 | 实验室工作人员、生物学家、化学家、社会学家、工程设计师、物理学家和程序设计员 |
| A型 | 创造，喜欢自我表达，喜欢写作、音乐、艺术和戏剧 | 有创造力及对情感的表现能力，以非传统的方式来表现自己；相当自由、开放 | 作家、艺术家、音乐家、诗人、漫画家、演员、戏剧导演、作曲家、乐队指挥和室内装潢 |
| S型 | 帮助别人，喜欢与人合作，热情关心他人的幸福，愿意帮助别人解决困难 | 具备人际交往能力，有教导、医治、帮助他人等方面的技能，对他人表现出精神上的关爱，愿意担负社会责任 | 教师、社会工作者、牧师、心理咨询员、服务性行业人员 |
| E型 | 喜欢领导和支配别人，善于为了达到个人或组织的目的而去说服别人。希望成就一番事业 | 有说服他人或支配他人的能力，敢于承担风险，目标导向 | 商业管理、律师、政治运动领袖、营销人员、市场或销售经理、公关人员、采购员、投资商、电视制片人和保险代理 |
| C型 | 组织和处理数据，喜欢固定的、有秩序的工作或活动，希望确切地知道工作的要求和标准。愿意在一个大的机构中处于从属地位 | 具备文书技巧、组织能力和听取并遵从指示的能力，能够按时完成工作并达到严格的标准，有组织、有计划 | 会计师、银行出纳、簿记、行政助理、秘书、档案文书、税务专家和计算机操作员 |

人与职业环境的类型匹配是形成职业满意度和成就感的基础。任何人的任何兴趣都不是与生俱来的，而是以一定的素质为前提，在生活实践过程中逐步发生和发展起来的。如果一个人缺乏某种职业知识，或者根本不了解这种职业，那么他就不可能对这种职业感兴趣。因此，一个人只有了解广泛的职业知识，参加相关的职业活动，才可能真正显示和发现自己的职业兴趣所在。霍兰德认为，同一职业群体内的人有相似的人格特质，因此对情境和问题会有类似的反应，从而产生特定的职业氛围，即职业环境，它具有特定的价值观念、态度倾向和行为模式。因此，工作环境也可以分为六种类型，其名称及性质与兴趣类型一致，具体的职业也采用上述三个字母代码来描述（详见附录一）。

## 四、需要注意的问题

个人兴趣类型和职业环境之间的适配将增加个人的工作满意度、职业稳定性和职业成就感。人们通常倾向于选择与自己的兴趣类型相匹配的职业环境，但个体在进行职业选择时并非都能选择到与自己兴趣完全相对应的职业环境。例如，受到主客观条件（自己对专业的认知有限、父母的意见等）的限制选择了与自己兴趣截然不同的专业，影响到之后的就业方向。实际上，兴趣类型和职业的适配可以通过很多方式灵活实现。专业和职业不是简单的一一对应的关系，同一个专业其实可以有很多的职业可以从事。专业类型的不适配并不一定意味着职业类型的不适配。比如，一个希望当律师又想帮助弱势群体的大学生，她最高的兴趣类型可能是社会型 S，而法律专业常见的职业如律师的典型兴趣类型是企业型 E，是看似专业与兴趣不完全匹配的情况，但如果将来从事“青少年法律援助”之类的工作，则就可以满足她兴趣和专业的结合。

即使一个人从事与自己的兴趣类型不适配的工作，也没必要沮丧。具体的工作实际千变万化，很难用单一的类型来划分。完全的适配是一种理想的状态，在现实中，我们做不到百分百的适配，但是我们可以努力在一定程度上体现我们的兴趣，而其余部分可以在生活的其他方面来实现，如我们前面所提到的兼职、业余爱好等。

## 【课后思考】

1. 我好像没什么兴趣，不知道自己喜欢什么，怎么办？
2. 我的兴趣太多，喜欢的有很多，怎么选择？
3. 我的专业不是我喜欢的，如果专业没转成，该怎么办？

**【拓展阅读】**

## 霍兰德职业索引

霍兰德职业索引是未经本土化整理，因此在职业名称和职业对应的霍兰德代码上可能与中国国情有所偏差。在此介绍主要是为了拓展大家对于职业的思路，在使用时仅供参考，不必拘泥于职业的代码。

对照的方法如下：首先根据你的职业兴趣代号，在下列中找出相应的职业，若你的职业兴趣代号是RIA，那么牙科技术人员、陶工等是适合你兴趣的职业。其次寻找与你职业兴趣代号相近的职业，如你的职业兴趣代号是RIA，那么，其他由这三个字母组合成的编号（如IRA、IAR、ARI等）对应的职业，也较适合你的兴趣。

RIA：牙科技术员、陶工、建筑设计员、模型工、细木工、制作链条人员。

RIS：厨师、林务员、跳水员、潜水员、染色员、电器修理、眼镜制作、电工、纺织机器装配工、服务员、装玻璃工人、发电厂工人、焊接工。

RIE：建筑和桥梁工程、环境工程、航空工程、公路工程、电力工程、信号工程、电话工程、一般机械工程、自动工程、矿业工程、海洋工程、交通工程技术人员、制图员、家政经济人员、计量员、农民、农场工人、农业机械操作、清洁工、无线电修理、汽车修理、手表修理、管工、线路装配工、工具仓库管理员。

RIC：船上工作人员、接待员、杂志保管员、牙医助手、制帽工、磨坊工、石匠、机器制造、机车（火车头）制造、农业机器装配、汽车装配工、缝纫机装配工、钟表装配和检验、电动器具装配、鞋匠、锁匠、货物检验员、电梯维修工、托儿所所长、钢琴调音员、印刷工、建筑钢铁工作、卡车司机。

RAI：手工雕刻、玻璃雕刻、制作模型人员、家具木工、皮革品制作、手工绣花、手工钩针纺织、排字工作、印刷工作、图画雕刻、装订工。

RSE：消防员、交通巡警、警察、门卫、理发师、房间清洁工、屠夫、锻工、开凿工人、管道安装工、出租汽车驾驶员、货物搬运工、送报员、勘探员、娱乐场所的服务员、装卸机操作工、灭害虫者、电梯操作工、厨房助手。

RSI：纺织工、编织工、农业学校教师、某些职业课程教师（如艺术、商业、技术、工艺课程）、雨衣上胶工。

REC：抄水表员、保姆、实验室动物饲养员、动物管理员。

REI：轮船船长、航海领航员、大副、试管实验员。

RES：旅馆服务员、家畜饲养员、渔民、渔网修补工、水手长、收割机操作工、搬运行李工人、公园服务员、救生员、登山导游、火车工程技术员、建筑工人、铺轨工人。

RCI：测量员、勘测员、仪表操作者、农业工程技术、化学工程技师、民用工程技师、石油工程技师、资料室管理员、探矿工、煅烧工、烧窑工、矿工、保养工、磨床工、取样工、样品检验员、纺纱工、炮手、漂洗工、电焊工、锯木工、刨床工、制帽工、手工缝纫工、油漆工、染色工、按摩工、木匠、农民、建筑工人、电影放映员、勘测员助手。

RCS：公共汽车驾驶员、一等水手、游泳池服务员、裁缝、建筑工人、石匠、烟囱修建工、混凝土工、电话修理工、爆炸手、邮递员、矿工、裱糊工人、纺纱工。

RCE：打井工、吊车驾驶员、农场工人、邮件分类员、铲车司机、拖拉机司机。

IAS：普通经济学家、农场经济学家、财政经济学家、国际贸易经济学家、实验心理学家、工程心理学家、哲学家、内科医生、数学家。

IAR：人类学家、天文学家、化学家、物理学家、医学病理、动物标本剥制者、化石修复者、艺术品管理者。

ISE：营养学家、饮食顾问、火灾检查员、邮政服务检查员。

ISC：侦察员、电视播音室修理员、电视修理服务员、验尸室人员、编目录者、医学实验定技师、调查研究者。

ISR：水生生物学者、昆虫学者、微生物学家、配镜师、矫正视力者、细菌学家、牙科医生、骨科医生。

ISA：实验心理学家、普通心理学家、发展心理学家、教育心理学家、社会心理学家、临床心理学家、目标学家、皮肤病学家、精神病学家、妇产科医师、眼科医生、五官科医生、医学实验室技术专家、民航医务人员、护士。

IES：细菌学家、生理学家、化学专家、地质专家、地理物理学专家、纺织技术专家、医院药剂师、工业药剂师、药房营业员。

IEC：档案保管员、保险统计员。

ICR：质量检验技术员、地质学技师、工程师、法官、图书馆技术辅导员、计算机操作员、医院听诊员、家禽检查员。

IRA：地理学家、地质学家、声学物理学家、矿物学家、古生物学家、石油学家、地震学家、原子和分子物理学家、电学和磁学物理学家、气象学家、设计审核员、人口统计学家、数学统计学家、外科医生、城市规划家、气象员。

IRS：流体物理学家、物理海洋学家、等离子体物理学家、农业科学家、动物学家、食品科学家、园艺学家、植物学家、细菌学家、解剖学家、动物病理学家、作物病理学家、药物学家、生物化学家、生物物理学家、细胞生物学家、临床化学家、遗传学家、分子生物学家、质量控制工程师、地理学家、兽医、放射性治疗技师。

IRE：化验员、化学工程师、纺织工程师、食品技师、渔业技术专家、材料和测试工程师、电气工程师、土木工程师、航空工程师、行政官员、冶金专家、原子核工程师、陶瓷工程师、地质工程师、电力工程师、口腔科医生、牙科医生。

IRC：飞机领航员、飞行员、物理实验室技师、文献检查员、农业技术专家、动植物技术专家、生物技师、油管检查员、工商业规划者、矿藏安全检查员、纺织品检验员、照相机修理者、工程技术员、编计算程序者、工具设计者、仪器维修工。

CRI：簿记员、会计、记时员、铸造机操作工、打字员、按键操作工、复印机操作工。

CRS：仓库保管员、档案管理员、缝纫工、讲述员、收款人。

CRE：标价员、实验室工作者、广告管理员、自动打字机操作员、电动机装配工、缝纫机操作工。

CIS：记账员、服务员、报刊发行员、土地测量员、保险公司职员、会计师、估价员、邮政检查员、外贸检查员。

CIE：打字员、统计员、支票记录员、订货员、校对、办公室工作人员。

CIR：校对、工程职员、检修计划员、发扳员。

CSE：接待员、通讯员、电话接线员、售票员、旅馆服务员、私人职员、商学教师、旅游办事员。

CSR：货运代理商、铁路职员、交通检查员、办公室通信员、簿记员、出纳员、银行财务职员。

CSA：秘书、图书管理员、办公室办事员。

CER：邮递员、数据处理员、办公室办事员。

CEI：推销员、经济分析家。

CES：银行会计、记账员、法人秘书、速记员、法院报告人。

ECI：银行行长、审计员、信用管理员、地产管理员、商业管理员。

ECS：信用办事员、保险人员、各类进货员、海关服务经理、售货员、采购、会计。

ERI：建筑物管理员、工业工程师、农场管理员、护士长、农业经营管理人员。

ERS：仓库管理员、房屋管理员、货栈监督管理员。

ERC：邮政局局长、渔船船长、机械操作领班、木工领班、瓦工领班、驾驶员领班。

EIR：科学、技术等周期出版物的管理员。

EIC：专利代理人、专利鉴定人、运输服务检查员、安全检查员、废品收购人员。

EIS：警官、侦察员、交通检查员、安全咨询员、合同管理者、商人。

EAS：法官、律师、公证人。

EAR：展览室管理员、舞台管理员、播音员、训兽员。

ESC：理发师、裁判员、政府行政管理员、财政管理员、工程管理员、职业病防治、售货员、商业经理、办公室主任、人事负责人、调度员。

ESR：家具售货员、书店售货员、公共汽车的驾驶员、日用品售货员、护士长、自然科学和工程方面的行政领导。

ESI：博物馆管理员、图书馆管理员、古迹管理员、饮食业经理、地区安全服务管理员、技术服务咨询者、超级市场管理员、零售商品店店员、批发商、出租汽车服务站调度。

ESA：博物馆馆长、报刊管理员、音乐器材售货员、广告商售画营业员、导游、（轮船或班机上的）事务长、空乘、船员、法官、律师。

ASE：戏剧导演、舞蹈教师、广告撰稿人、报刊专栏作者、记者、演员、英语翻译。

ASI：音乐教师、乐器教师、美术教师、管弦乐指挥、合唱队指挥、歌星、演奏家、哲学家、作家、广告经理、时装模特。

AER：新闻摄影师、电视摄影师、艺术指导、录音指导、丑角演员、魔术师、木偶戏演员、骑士、跳水员。

AEI：音乐指挥、舞台指导、电影导演。

AES：流行歌手、舞蹈演员、电影导演、广播节目主持人、舞蹈教师、口技表演者、喜剧演员、模特。

AIS：画家、剧作家、编辑、评论家、时装艺术大师、新闻摄影师、演员、文学作者。

AIE：花匠、皮衣设计师、工业产品设计师、剪影艺术家、复制雕刻品大师。

AIR：建筑师、画家、摄影师、绘图员、环境美化工、雕刻家、包装设计师、陶器设计师、绣花工、漫画师。

SEC：社会活动家、退伍军人服务官员、工商会事务代表、教育咨询者、宿舍管理员、旅馆经理、饮食服务管理员。

SER：体育教练、游泳指导。

SEI：大学校长、学院院长、医院行政管理、历史学家、家政经济学家、职业学校教师、资料员。

SEA：娱乐活动管理员、国外服务办事员、社会服务助理、一般咨询者、宗教教育工作者。

SCE：部长助理、福利机构职员、生产协调人、环境卫生管理人员、戏院经理、餐馆经理、售票员。

SRI：外科医师助手、医院服务员。

SRE：体育教师、职业病治疗者、体育教练、专业运动员、房管员、儿童家庭教师、警察、引座员、传达员、保姆。

SRC：护理员、护理助理、医院勤杂工、理发师、学校儿童服务人员。

SIA：社会学家，心理咨询者，学校心理学家，政治科学家，大学或学院的系主任，大学或学院的教育学教师，大学农业教师，大学工程和建筑课程的教师，大学法律教师，大学数学、医学、物理、社会科学和生命科学的教师，研究生助教，成人教育教师。

SIE：营养学家、饮食学家、海关检查员、安全检查员、税务稽查员、校长。

SIC：描图员、兽医助手、诊所助理、体检检查员、监督缓刑犯的工作者、娱乐指导者、咨询人员、社会科学教师。

SIR：理疗员、救护队工作人员、手足病医生、职业病治疗助手。

第六章

# 职业性格探索

良好的个性胜于卓越的才智。——爱迪生

你的个性是你最强大的工具。用它来创造，用它来引领，用它来启发。

——西蒙·斯涅克

今年是新中国成立75周年，是五四运动105周年。广大青年要继承和发扬五四精神，坚定不移听党话、跟党走，争做有理想、敢担当、能吃苦、肯奋斗的新时代好青年，在推进强国建设、民族复兴伟业中展现青春作为、彰显青春风采、贡献青春力量，奋力书写为中国式现代化挺膺担当的青春篇章。

——习近平向全国广大青年致以节日祝贺和诚挚问候，新华社北京2024年5月3日电

青年在成长和奋斗中，会收获成功和喜悦，也会面临困难和压力。要正确对待一时的成败得失，处优而不养尊，受挫而不短志，使顺境逆境都成为人生的财富而不是人生的包袱。广大青年人人都是一块玉，要时常用真善美来雕琢自己，不断培养高洁的操行和纯朴的情感，努力使自己成为高尚的人。

——2017年5月3日，习近平在中国政法大学考察时的讲话

# 第一节 性格概述

保加利亚作家艾林·彼林笔下的童话《幸福是什么》深刻探讨了幸福的真谛。故事中，三位牧童因共同修筑一口井而得到智慧女神的赞许，并被问及何为幸福。十年后他们在井边相聚，发现已各自踏上不同的人生道路：一人成为医生，救死扶伤；一人致力于公益事业，帮助他人；另一人则勤勉耕田，养活家人。三人虽选择各异，却都找到了属于自己的幸福。

为什么他们在探索幸福是什么的答案时走上了不同的人生道路？原因在于每个人的性格、能力、兴趣和价值观以及个人机遇不同。其中，性格在职业生涯规划中会起到“稳压器”作用，能够保持个体与职业之间的协调、稳定。性格，可以决定你适合做什么？那么，说起一个人的性格，你会想到什么？内向、外向、安静、活泼、孤僻、开朗……本章将与你一起探讨性格的概念、结构、类型，性格与气质的关系，性格培养的重要性和方法。重点介绍性格与职业生涯的关系、MBTI 职业性格理论，认识并探索职业性格，让你更好地了解自己，提高自己的性格修养，从而确立适合自己的职业目标。

## 一、什么是性格

人们常说，“性格决定命运”。性格（character）是人对现实的稳定态度以及与之相适应的习惯化了的行为方式。从广义上讲，是行为方式、心理方式、情感方式的总和，集中反映了一个人的心理面貌。例如，一位大学生在各种场合都表现得热情、谦虚、严于律己、坚毅果敢、深谋远虑，这种对人、对己、对事、对外在环境的稳定态度和习惯化了的行为方式，就是这位大学生的性格特征。

性格受个体遗传、生理、家庭教养、文化、学习经验等因素的影响，在长期生活实践中逐渐形成，一旦形成，就具有独特性、一致性及相对稳定性。人的一生被某种性格类型支配，从而形成相对稳定的不同于其他人的独特行为方式。但它也不是绝对一成不变的，随着环境的变化和教育的影响，它还具有一定的可塑性，有助于人们更好地适应社会。另外，意识的自我调节对性格改变也具有重要影响。

**【课堂活动】**

### 我是什么性格

活动规则：

3 人组成一个小组。首先每一个人把自己的特质写下来；其次，小组其他成员写出另外两人的特质；最后，小组成员一起讨论小组中每一位成员与自己的看法有什么异同。

请试着用三句话来描述自己的特质，填写在下边空白处。

1. 我是____

2. 我是____

3. 我是____

我的朋友认为我是……举例说明……我的发现是……

**【拓展阅读】**

公元前 3 世纪，希腊学者提奥夫拉斯塔在《各种各样的人》一书中，把在不同人身上表现的“阿谀奉承”“吝啬”“贪婪”“粗野”“虚荣”“自私”等 30 种特征都用“性格”一词加以概括。若干年来，哲学家、文学家、心理学家等都对性格进行了不同的论述。性格已成为人和人之间个性差异的重要特征。

（资料来源：曲振国．大学生就业指导与职业生涯规划 [M]. 北京：清华大学出版社，2020.）

## 二、性格的类型

性格的类型是指一类人身上所共有的性格特征的独特结合。按一定原则和标准把性格加以分类，有助于了解一个人性格的主要特点和揭示性格的实质。由于性格结构的复杂性，在心理学的研究中至今还没有公认的性格类型划分的原则与标准。现将有代表性的观点加以介绍。

### 1. 机能类型说

依据知、情、意，把性格分为理智型、情绪型和意志型三种。理智型的人一般能够理智支配自己的行为，处事沉着冷静；情绪型的人日常行为受情绪影响较大，容易感情用事；意志型的人目标明确，遇事有较强的控制能力。

### 2. 向性说

依据个体的心理活动倾向性，性格可分为内向型（introvert）和外向型（extravert）两种。

外向型的人把精力专注于外在世界的人、经验和活动，并善于从中获得能量。这样的人通常会表现以下三个特点：一是，无忧无虑，随和、乐观，爱开玩笑，遇事不怯场，易怒也易平息，不假思索地行动；二是，容易适应环境的变化，更加关注外部世界所发生的事情，追求刺激敢于冒险，缺乏计划性和坚持性，往往凭兴趣办事；三是，善于交际，朋友多，喜欢与他人谈话，好为人师，也喜欢变化，反应快，善于适应变化并在变化过程中享受乐趣、激发潜能等。

内向型的人把精力专注于内在世界的意念、记忆和情绪等方面，并从中获得能量。这样的人通常会表现出以下几个特点：一是，善于思考，倾向于对内探索，三思而后行，遇事能够严格控制自己的感情和情绪，很少有攻击性行为；二是，性情安静、孤独、内省，容易产生自卑感，反应较慢，生活规律性强，偏好稳定，适应变化的能力较弱；三是，不善于人际交往，平时沉默寡言，除了亲密朋友外，对他人显得较为冷漠，这类人喜欢与别人保持一定的距离，甚至对书的兴趣远超过对人的社交需求。

一项调查显示，大学生在毕业求职过程中，外向型的人比内向型的人求职成功率会更高些，这是因为性格外向的人更善于展示自己的长处和优势，在求职过程中相对更容易获得用人单位的认可，而性格内向的人由于不善于展示自己，使得用人单位无法在短时间内通过感性印象了解他们，因此很难获得对方认可。当然，一旦真正走上工作岗位，性格内向的人可能会因为踏实、稳重而更容易受到单位领导的赞赏和重视。

**3. 独立—顺从说**

依据个体的独立性，性格可分为独立型、顺从型、反抗型三种。独立型的人遇事一般更有主见，不易受外部环境影响；顺从型的人一般遇事缺乏主见，缺乏自己的判断力，很容易受外部环境暗示和影响；反抗型的人一般遇事会有逆反心理，而且也易受环境影响，在行动上通常会选择对抗的方式。

**4. 斯普兰格性格类型说**

依据人类社会文化生活，德国心理学家斯普兰格（E. Spranger）把性格分为经济型、理论型、审美型、权力型、社会型和宗教型五种。不同的性格类型具有不同的价值观成分。

（1）经济型：这种人更加注重经济利益得失，其生活目的是追求利润和获得财富，如实业家、商人等。

（2）理论型：这种人善于思考、动脑，对外部世界表现出强烈的探索兴趣，能客观而冷静地观察事物，力图把握事物的本质，尊重科学规律，以追求真理为人生目的，如思想家、哲学家、科学家等。

（3）审美型：这种人更加注重追求美感，在工作和生活中富于想象力和创造力，以感受事物的美作为人生的价值标准，如画家、音乐家等。

（4）权力型：这种人对权力有很强的欲望，喜欢领导和支配别人，其全部的生活价值和最高的人生目标就在于享受权力，不断满足自己的权力欲望，得到某种权力和地位。

（5）社会型：这种人喜欢与人合作，能关心他人，也愿意帮助别人，服务社会，以服务他人和奉献社会作为人生追求的最高目标。

（6）宗教型：这种人信奉宗教，坚信神的存在，对宗教和自己的信仰很崇拜，并把信仰视为人生的最高价值。

对你性格类型的最终判定者，就是你自己。性格本身没有好坏之分，认识自己的性格类型，能够使我们更好做到“知己”，从而实现扬长避短；了解他人的性格类型，能够促进我们更好地与人相处，从而构建良好的人际关系。你可以通过性格类型来理解和原谅自己，但是不能以此作为逃避现实的借口。重要的是理解和完善，而非改变和对抗。

**【拓展阅读】**

## 丑小鸭的故事：认识自己、了解自己、认可自己

安徒生的童话里有一则家喻户晓的故事《丑小鸭》，说的是角色认知错位所引起的困惑，这是用来阐释某些现代人生活状态的一个很好的范例。

这只最后从蛋壳里爬出来的丑小鸭处处挨啄、受排挤、被讥笑，不仅在鸭群中如此，连在鸡群中也是这样，大家都要赶走这只可怜的丑小鸭，连自己的兄弟姐妹也对它生起气来，于是鸭妈妈也说："我希望你走远一些！"于是它闭起眼睛悲哀地逃，逃到一块住着许多野鸭的沼泽地，又逃到一间老婆婆和猫儿鸡儿住的农舍，结果还是一样地受歧视，嫌它不会"咪咪"叫，丑小鸭苦闷极了，自个儿在水中钻来钻去，秋天时冻得"嘎嘎"直叫。

一天傍晚，暮色低垂，一群美丽的天鹅从灌木林里飞出来，丑小鸭从未见过这么美丽的鸟，看着它们飞走了，既茫然又羡慕，心中油然涌出一种深深的爱，好像它从未爱过什么似的。

终于有一天，丑小鸭扇起翅膀飞进了一座大花园，在这里它又遇见了美丽的天鹅，丑小鸭突然忧郁地想："我要飞向它们，飞向这些高贵的鸟儿！即使被它们打死，也总比让那些欺负自己的鸭子咬、啄要好受得多。"于是它又飞回到水里，向美丽的天鹅游去。

"请你们把我弄死吧！"可怜的丑小鸭说，它低低地把头垂到水上，只等着一死，但是，当它在清澈的水中看到自己的倒影，再也不是一只粗笨的、深灰色的、又丑又令人讨厌的"鸭子"，而是一只漂亮的天鹅时，它忽然大彻大悟。

如果是只天鹅蛋，即使生活在鸭窝里，又有什么关系呢？

在经历了许多挣扎以后，丑小鸭苦尽甘来，在发现自己原来是一只天鹅的同时，它找到了尊严，也理解到自己为什么要经历这么多的磨炼。它不再为自己的角色错误感到迷惑，因为它知道自己是一只漂亮的天鹅了。

当许多大天鹅在它周围游泳，用嘴吻它时，曾经的丑小鸭感到非常幸福，它快乐地想："当我还是一只丑小鸭的时候，我做梦也没想到会有这么幸福的一天！"

这个故事告诉我们，要走出自我毁灭的幽暗迷宫，开启一个自我改造的闪亮新世界。从丑小鸭探索自己的身份开始，它就认定自己真的是很丑陋的，因为别人都这么说，孤单的丑小鸭因为受到其他鸭子的嘲笑、轻视和排斥，它只好到处寻找和它一样，而且会爱它的同类。这不也是我们所要寻找的吗？

在我们每个人的心里，对自己都有一个评价，这个评价会受我们生存的外在世界的影响，而且得到我们自己的认同。就像丑小鸭一样，当我们因受排斥而感到伤心、困惑的时候，我们会用各种可能的方法保护自己，希望有一天能找到家，找到一个能够了解我们并爱我们的人。

尼采说："人们经常对自我隐藏，在所有的宝藏中，我们自己总是最后才被挖掘出来的。"唯有通过彻底的自我认知，尤其是探索自己行为的动机，才能解开我们的疑惑，

当我们知道自己属于哪一个种群，知道自己的性格特点，知道我们自己需要什么样的环境、什么样的伙伴，知道我们将来适合做什么，知道我们最后要达到什么样的目的，那么我们的生活、理想就不再是凭空的幻想，不再漫无边际，而是站在事实的基础之上，那样我们所有的选择才会有的放矢。

我们穷其一生的时间，都是在寻找自己、发现自己。无论我们是否意识到，我们每个人都在进行这样的人生历程。只是有的人，终其一生，对自己的了解还是一知半解。能够在最早的时间里了解自己的人是幸福的，他们的人生将要比晚了解自己的人少很多挣扎。我们的兴趣、爱好，也许会随着时间的推移发生变化，但是我们的性格却是很难改变的。我们会随着年龄的增长变得更加理性、成熟，但是我们的本性是不会改变的。只有当我们了解了自己的性格类型、明白了自己的价值取向，才可以获得真正的满足和幸福。

（资料有改动，来源：汤海滨，王克进. 职业规划——理论、测评与分析[M]. 北京：清华大学出版社，2017.）

## 三、性格与职业生涯

职业心理学研究表明，性格影响着一个人对于职业的适应性。个人性格与职业之间的适配和对应是职业满意度、职业稳定性、职业归属感与职业成就感的基础。在职业生涯发展的过程中，性格比能力更重要。能力不足可以通过学习培训提高，但性格与职业或岗位不合，改变起来就太困难了。性格与职业选择错位的人身处职场中，往往无法感受到工作的快乐，将日益承受越来越大的压力。

性格与职业心态、职业选择、职业成就紧密联系，接下来让我们一一去了解。

**1. 性格与职业心态**

人的一生，就像一次旅行，沿途有数不尽的艰难险阻、陡崖绝壁、坎坷泥泞，但也有看不完的水光山色、春花秋月、名胜古迹。在职场中我们不难发现，很多人眼中尽是险阻与泥泞，心中布满了悲观和恐惧；但某些人却能看到“另一面”：春花秋月、名胜古迹，内心充满了感恩和安宁。

有这样一则小故事：

三个盖房子的工人，他们现在正各自盖一间房子。

第一个工人干着干着就不耐烦了，“反正又不是我住的，费那么大的劲干吗？”于是他加快速度，草草完工，房子看起来摇摇欲坠。

第二个工人干了一会儿也感到枯燥了，“但我既然收了别人的工钱，就有责任把房子盖好”，于是，他继续认真地干活，一丝不苟地完成了工作，房子看起来十分结实。

第三个工人干着干着变得快乐起来，“盖房子真是一件美妙的事情，如果在房前种一些花草，房后再弄一个园圃，一家人其乐融融地住进来。啊，一切太美好了！”于是他忍不住吹起了欢快的口哨，以更大的热情来干活，并在房子上加了不少自己的创意，属于看起来美观大方。

三年之后，第一个工人失业了，没人敢再聘请他，第二个工人仍然认认真真地干着老本行，一切没有变化，而第三个工人却成了全市出名的建筑大师，他设计的房子风格独特、美轮美奂，受到了人们的欢迎。

这三个盖房子的人就是对工作抱三种态度的人。敷衍或消极地对待工作，成绩永远不可能出色，只有对工作充满热情并从中获得快乐，事情才会向更好的方向发展。

总之，你内心乐观和怀抱希望的性格是可以通过你的职业心态反映出来的，而职业心态又会在无形中助你提升“职业成绩”。

**【拓展阅读】**

### 人格特质、认知能力与大学生就业选择

具有开放、积极人格特质的人，在就业选择上表现得更主动，具体表现为更倾向于选择高薪酬的工作。当前中国正处于一个高速发展的时代，对于创新人才的需求更为迫切，由于其对企业收入的边际贡献更为显著，找工作较为容易。由于开放、积极的人格特质代表个体具有创造力、创新精神和好奇心，拥有该特质的人员更愿意选择去工作；而严谨性体现了个体的成就感与努力程度，神经质反映了个体的情绪稳定性以及乐观、自信和抗压能力，具有严谨性和神经质人格特质的人员更偏向于继续学习深造。

#### 2. 性格与职业选择

不同与自身性格相匹配职业对从业者的性格要求各异，因此，人们在择业时应选择与自身性格相匹配的职业。招聘单位一般也会选择具有合适性格的人。对一个人来说，性格可能有好坏之分；对于世界上成千上万的职位来说，每个职位需要的性格不同，性格也就不存在好坏之分。因此，要么选择一份与自身性格相匹配的职业，要么主动调整性格以适应心仪的职业要求。

当然，在职业与性格的匹配中，没有绝对的适合与不适合，有的只是相对的适应性。我们提倡根据性格选择适合的职业，也支持为了社会的需要从事与自己性格不相匹配的工作，并通过努力学习和实践培养自己的相应性格，弥补性格上的不足之处。下面的故事，希望能带给你一些思考。

这是一部电影，它的名字是《黑天鹅》，其主人公是这样一个人：

她是那么的美丽和圣洁，就像天使一样，无论如何也无法把她和魔鬼联想到一起。可是，身为一个芭蕾舞演员，在她的生命中，与生命同样重要的是舞台。当她得到了一个主演的机会时，她是无比兴奋的。一方面，她要比以前更加刻苦地练习，这是对肢体的超越；另一方面，她要一人饰两个角色（白天鹅和黑天鹅，即天使和魔鬼的化身），她要在自己的动作中展现出“天使”的“圣洁”与“魔鬼”的“邪恶”，这是对性格的挑战。

每个人都看得出来，“白天鹅”这个角色就好像为她准备的一样，她的舞蹈诠释的不是别人，而是她心中的美好与纯洁。在“黑天鹅”这个角色中，她的肢体动作是到位的，但是却无法让人感受到那种摄人心魄的“黑色能量”，似乎，她总是缺少点力量、狠劲、控制力，缺少“邪恶”的魅力。事实上，她缺少的也许是对这个世界的深刻的认

识、对生活的丰满的觉知吧！

最后，她的演出获得了巨大的成功，但是，成功的代价是永远地告别了世界，告别了生活，告别了自己的肉体。也许你无法理解她的执着，为什么为了艺术而放弃了自己宝贵的生命，这值得吗？在艺术面前，她是伟大的，她超越的不仅是自己单纯的性格，更是超越了自己的艺术灵魂。然而，站在一个普通人的角度来看，她过去一直单一练习舞蹈的生活造就了一个纯洁的她，但也束缚了她尝试和拓展自身性格的机会。也许，一个人最大的幸福是能够普通平凡地生活在这个世界上。唯有体验了人世间的一切，再次站在艺术的面前，才能够看到更加丰盈的自己，同时，也才能够创造、演绎出更加动人的角色！

### 3. 性格与职业成就

在 2011 年《感动中国》的舞台上，闪现了这样一句话："两弹一星"元勋、著名核物理学家朱光亚于 2011 年 2 月 26 日 10 时 30 分因病在北京逝世，享年 87 岁。

事迹：

从 20 世纪 50 年代末开始，朱光亚在核领域奉献了大半辈子，直至 2005 年退休。"祖国的父老们对我们寄存了无限的希望，我们还有什么犹豫的呢？"听到新中国成立的消息后，还在密执安大学读书的朱光亚组织起草了《给留美同学的一封公开信》，然后毅然选择回国，先进入北大教书，后转到核武器研究所。

1964 年，我国自行研制的第一颗原子弹成功爆炸，朱光亚望着腾空跃起的蘑菇云，禁不住潸然泪下。当晚，作风严谨的他竟然喝得酩酊大醉。三年后，朱光亚与同事们又将中国带入了氢弹时代。

重要的核试验，朱光亚都会亲临现场指导，不解决问题不罢休。对需要撰写或修改的文件，朱光亚力求字斟句酌，深入浅出，连一个外文字母、一个标点符号都保证准确无误。

颁奖词：

"他一生就做了一件事，但却是新中国血脉中激烈奔涌的最雄壮力量。细推物理即是乐，不用浮名绊此生。遥远苍穹，他是最亮的星。"

朱光亚之子朱明远说："爱因斯坦曾经说过，很多人认为一个伟大科学家的成就是靠才智，他们错了，是靠人格！"

很多年前，有一位学大提琴的年轻人向 20 世纪最伟大的大提琴家卡萨尔斯讨教：我怎样才能成为一名优秀的大提琴家？卡萨尔斯面对雄心勃勃的年轻人，意味深长地回答：先成为优秀而大写的人，然后成为一名优秀而大写的音乐人，再然后就会成为一名优秀的大提琴家。

看来，一个人的职业成就这座大厦到底能盖多高，关键要看一个人最根本的"地基"——人格 / 性格。

**【拓展阅读】**

**每种性格都成才**

19世纪末，一个男孩降生于布拉格一个贫穷的犹太家庭。随着男孩一天天长大，人们发现他虽生为男儿身，却没有半点男子气概。他的性格内向、敏感、多虑，防范和躲避的心理在他心中根深蒂固。

男孩的父亲竭力想把他培养成一个男子汉，希望他具有刚毅勇敢的性格。在父亲严厉的管教下，男孩的性格不但没有变得刚烈勇敢，反而更加懦弱自卑，以至于生活中的每一个细节、每一件小事对他来说都是不大不小的灾难。他常独自躲在角落里，小心翼翼地猜度着会有怎样的伤害落到他的身上。

父亲对儿子彻底失望了，能够让他去当兵、去冲锋陷阵吗？不可能，部队还没有开始选拔，他也许就已经当逃兵了。让他去从政？依靠他的智慧、勇气和决断力，要从各种纷杂势力的矛盾冲突中寻找出一种平衡妥当的解决方法，那更是可望而不可即的幻想。他也不可能做律师，内向、懦弱的性格怎么可能面对法庭上紧张激烈的法庭辩论。内向、懦弱的性格，也许是人生的悲剧，即使想要改变，也改变不了。

这个男孩后来成为一位闻名世界的文学家，他就是捷克的作家卡夫卡。为什么会这样？原因就在于卡夫卡找到了适合自己性格的职业。性格内向、懦弱的人往往有着丰富的内心世界，能敏锐地感受到一般人感受不到的东西。他们也许是外部世界的懦夫，却是精神世界的国王。在自己营造的艺术王国中，在这个精神家园里，卡夫卡的懦弱、悲观、消极等性格弱点，反倒使他对世界、生活、人生、命运有了更尖锐、敏感、深刻的认识。他以自己在生活中受到的压抑、苦闷为题材，开创了文学史上一个全新的艺术流派，给我们留下了《变形记》《城堡》《审判》《美国》等不朽的文学巨著。

（资料有改动，来源：曲振国. 大学生就业指导与职业生涯规划 [M]. 北京：清华大学出版社，2020.）

# 第二节　职业性格

## 一、职业性格的概念

职业性格是指一个人在长期特定的职业生活中形成的，与职业相适应的稳定心理特征。这种特质系统既包含对职业活动的认知倾向，也涵盖情感态度与行为模式的内在统一。

以医生或教师职业为例，从业者通常需要具备严谨负责的工作态度、同理心与亲和力，以及自律自信的人格特质。这些特质构成了职业性格的核心要素，直接关系到从业者的专业胜任力。临床诊疗中的精准判断、课堂教学中的启发性引导，本质上都是职业性格外化为专业行为的具体体现。

不同职业对从业者性格特质存在特定要求：科研工作者需要具备专注力与批判性思维能力，法律从业者强调逻辑与公正意识，艺术创作者则依赖敏锐的审美感知。完善的职业性格不仅能提升工作绩效，更能通过特质与岗位的深度契合，在压力调节、团队协作、创新突破等维度形成优势积累，为职业发展创造可持续的竞争优势。

## 二、职业性格的类型

### 【案例分享】

某家公司的老板准备向自己最相信的A、B、C三人委以重任，让他们分别负责公司的业务推广、财务管理、策划与后勤工作。但究竟该怎么分配呢？这位老板想出了一个主意：他安排了一次只有他自己和三个人参加的会议，假装是商谈公司的发展计划，在开会当中故意制造了一起假火警。结果，A见状便起身说：“走，咱们赶快离开，然后再想办法。”B一言不发，马上冲到屋角去拿灭火器寻找火源。C却坐着不动说：“这里很安全，绝对不可能失火。”

同样的场景，三人的反应却不同。A主张先离开危险区，说明他沉着老练，能使自己始终立于不败之地，表现出性格谨慎、稳重的特点；B显然是比较勇敢、果断且敢于冒险，表现了他性格中大胆、富于进取的一面；C对公司的安全设施早已了如指掌，并充满信心，甚至可以说是才智过人，可能早已看穿了这个假局。

经过这一事件，老板决定，让A去负责财务管理，B负责业务推广，C负责策划与后勤工作。结果证明，这三个人的性格特征符合这三种工作的要求，他们都在各自的岗位上为公司做出了巨大的贡献。

◎点评

这则案例充分表现了性格与职业的关系，企业可以根据员工的性格安排不同的工作，同时员工也可以选择适合自己性格的职业，以便更好地发挥自身优势。

从上面的这则案例我们可以知道，人的不同性格，对于企业来说，关系到每个工作岗位及其业绩；对于员工个人来说，关系到自己的事业成功与否。

性格影响着一个人对职业的适应性，一定的性格适合从事一定的职业，不同的职业对人有不同的性格要求。根据我国的实际情况，将职业性格及其适应的职业分为9种基本类型（见表6-1）。

表6-1 性格类型与职业匹配

| 序号 | 类型 | 特征 | 职业匹配 |
|---|---|---|---|
| 1 | 变化型 | 在新的和意外的活动或工作情境中感到愉快，喜欢有变化的和多样化的工作，善于转移注意力 | 记者、推销员、演员 |
| 2 | 重复型 | 适合连续从事同样的工作，按固定的计划或进度办事，喜欢重复的、有规律的、有标准的工种 | 纺织工、机床工、印刷工、电影放映员 |
| 3 | 服从型 | 愿意配合别人或按别人指示办事，而不愿意自己独立做出决策，担负责任 | 办公室职员、秘书、翻译 |
| 4 | 独立型 | 喜欢计划自己的活动和指导别人活动或对未来的事情做出决定，在独立负责的工作情境中感到愉快 | 管理人员、律师、警察、侦察员 |
| 5 | 协作型 | 在与人协同工作时感到愉快，善于引导别人，并想得到同事们的喜欢 | 社会工作者、咨询人员 |
| 6 | 劝服型 | 通过谈话或写作等使别人同意自己的观点，对别人的反应有较强的判断力，并善于影响别人的态度和观点 | 辅导员、行政人员、宣传工作者、作家 |
| 7 | 机智型 | 在紧张和危险的情况下能自我控制沉着应对，发生意外和差错时不慌不忙出色地完成任务 | 驾驶员、飞行员、公安员、消防员、救生员 |
| 8 | 自我表现型 | 喜欢表现自己的爱好和个性，根据自己的感情做出选择，能通过自己的工作来表现自己的思想 | 演员、诗人、音乐家、画家 |
| 9 | 严谨型 | 注重工作过程中各个环节细节的精确性。愿意按一套规划和步骤工作，尽可能做得完美，倾向于严格、努力地工作以看到自己出色完成工作的效果 | 会计、出纳员、统计员、校对员、图书档案管理员、打字员 |

9种职业性格只是粗略的分类，在实际工作中，不同职业所需的性格特质既存在交叉性，又具有混合性。

## 三、如何了解自己的性格类型?

性格是影响个体行为的最重要的心理特征之一。尽管性格的分类标准至今还未统一，但我们除了进行非正式的评估，还可以借助一些测试工具来了解自己的性格类型。常用的测评工具有迈尔斯—布里格斯人格类型量表（MBTI）和卡特尔16种个性因素问卷（16PFQ）、大五人格测试等。这里主要介绍MBTI以帮助我们了解自己的性格类型。

MBTI是基于荣格心理类型理论，经由布里格斯母女系统化开发，并经过70余年实证研究完善的一款心理测评工具。该量表通过迫选式自我报告，系统评估个体在信息加工（感知）、决策判断（判断）及能量导向（态度）三大维度上的先天偏好，最终形成16种人格类型图谱。作为非预测性描述工具，其价值在于揭示个体思维模式与行为特征的底层逻辑。

通过量化人格特质的差异化表现，MBTI 为多领域提供实践框架：在个体层面助力自我认知深化，解析学习风格与职业适配度，优化时间管理与压力应对策略；在组织层面支撑人才选育体系构建，促进团队沟通效能与管理培训升级；在社会服务层面则应用于婚恋咨询、学业规划及跨文化适应等场景，成为理解人际差异的通用语言。

研究数据显示，特定人格群体呈现显著的职业分布倾向。例如 ISTJ 型在审计领域占比超 40%，ENFP 型在教育培训行业集中度达 35%。尽管 MBTI 不具备职业成功预测功能，但掌握类型特征可帮助个体预判沟通障碍、工作模式冲突等潜在问题。值得注意的是，该工具更适用于揭示个体差异化发展路径，而非作为职业选择的绝对标准。

**1. MBTI 四个维度**

MBTI 的理论认为人们在心理活动的四个维度上有与生俱来的偏好。

（1）外向—内向（extraversion-introversion）

外向（E）偏好以外部世界为主要导向，倾向于将其感知与判断集中在外部的人和事上；内向（I）偏好以内部世界为主要导向，倾向于将感知与判断集中在内心的概念和想法上。

（2）实感—直觉（sensing-intuition）

一部分人依赖实感（S）偏好，运用五种感官获取信息并观察世界；另外一部分人依赖直觉（N）偏好，习惯于把握事物的意义关联和（或）可能性。

（3）理性—感性（thinking-feeling）

一部分人可能主要依赖理性（T）偏好，基于事情的逻辑结果做出客观判断；另一部分人可能主要依赖感性（F）偏好，基于个人或社会的价值观做出决策。

（4）趋定—顺变（judging-perceiving）

一部分人可能主要依赖趋定（J）偏好，倾向于使用“定”的方式（系统、结构计划等）来应对外部世界；另一部分可能主要依赖顺变（P）偏好，倾向于使用“动”的方式（灵活、弹性、开放等）来应对外部世界。

根据 MBTI 理论，四个维度能得出 16 种可能的偏好组合，每种类型都有自己的四字母“性格类型密码”，这些组合被称为“心理类型”，由代表偏好的四个字母表示，如 ESTJ、INFP 等。类型之间没有优劣之分，各自拥有其独特价值。正确使用 MBTI 工具，可以帮助我们洞悉隐藏在自己内心深处稳定而影响深远的“本我”，对于我们的工作和生活有着重要意义！

MBTI 性格分类评估只是认为我们会倾向于某种特定的行为方式，但并不是说我们的行为会局限于两种倾向中的某一个。

我们认为，人们会同时具备某一维度两个方向的性格特点，但我们与生俱来会去偏好和倾向于其中一个方向。比如，右撇子天生喜欢用右手，而实际上他们也能使用左手，甚至有可能运用得非常熟练，但这并不影响人们称他们为“右撇子”。同样，即使一个人更倾向于内向，但这并不妨碍他表现出外向性的行为——它仅仅意味着一个天生内向的人需要耗费更多的精力才能表现出外向。

**2. MBTI 四个维度的解读**

（1）第一维度：外向—内向

①力比多（libido）的倾向

力比多是由弗洛伊德提出的精神分析术语，指人类生而具有的驱使个体寻求快感的心理能量，主要是性本能的能量。个体力比多的活动倾向于外部环境，就是外倾性的人（精气神更多指向外部环境）；个体力比多的活动倾向于自己，就是内倾性的人。

外倾型（外向型）的人，重视外在世界，爱社交、活跃、开朗、自信、勇于进取、对周围一切事物都很感兴趣，容易适应环境的变化。内倾型（内向型）的人，重视主观世界，好沉思、善内省，常常沉浸在自我欣赏和陶醉之中，孤僻、缺乏自信、易害羞、冷漠、寡言，较难适应环境的变化。

②获得及发泄心理能量的方向

外倾型的人会因外界需要而精力充沛，或者因他人的鼓舞而充满活力，他们倾向于探索外部的世界。内倾型的人从思想经验、自我意识等内部世界获得心理能量，他们相对保守、文静，能够很好地控制自己的情感。

③个体与外界相互作用的程度

个体的注意较多地指向于外部的客观环境或内部概念建构与思想观念，反映了其心理活动的动力特征。

外倾型表现为主体的注意力和精力指向于客体，即在外部世界中获得支持并依赖于外在环境中发生的信息，这是一种从主体到客体的兴趣向外的转移。外倾型个体需要通过经历来了解世界，所以他们更喜欢大量的活动，并偏好于通过谈话的方式来思考，在语言的交流中对信息予以加工。

内倾型表现为主体的注意力和精力指向于内部的精神世界，其心理能量通过内部的思想、情绪等而获得。内倾型个体在内部世界中获得支持并看重发生的事件的概念、意义等，因此他们的许多活动是精神性的，他们倾向于在头脑内安静地思考以加工信息。

外倾型个体经常先行动后思考，而内倾型个体经常耽于思考而缺乏行动。

（2）第二维度：感觉—直觉

①个体在收集信息时注意力的指向

感觉型：倾向于通过各种感官去注意现实的、直接的、实际的、可观察的事件。

直觉型：倾向于对事件将来的各种可能性和事件背后隐含的意义及符号和理论感兴趣。

感觉型个体依赖可衡量、有依据的事实，关注具体现实。他们信任感官获取的客观信息，并重视实践经验，更倾向于关注当下实际发生的事物。

直觉型的个体倾向于自然地去辨认和寻找一切事物的含义，他们重视想象力，更注重将来，从事努力改变事物而不是维持它们的现状。直觉型的个体看到一个环境就想知道它的含义和结果可能如何。

感觉型的个体被视为较具有实际意识，而直觉型个体被视为较有改革意识。感觉—直觉维度在问题解决过程中有重要作用。

②个体接受信息的方式

面对信息，注意力的中心不同，依赖的信息通道也不同。感觉型的人关注的是事实本身，注重细节。直觉型的人注重的是基于事实的含义、关系和结论。

感觉型的人信赖五官听到、看到、闻到、感觉到、尝到的实实在在、有形有据的事实和信息。直觉型的人注重“第六感觉”，注重“弦外之音”，直觉型的人的许多结论在感觉型的人眼里，也许是飘忽的，不实在的。感觉型的人注重细节的结果是擅长记忆大量事实与材料，他们有时候像本“词典”，能清晰地讲出大量的数据、人名、概念乃至定义，常使其他人感到吃惊。

直觉型的人更擅长解释事实，捕捉零星的信息，分析事情的发展趋向。感觉型的人对待任务，习惯于按照规则、手册办事。直觉型的人，习惯尝试，跟着感觉走，他不习惯仔细地看完一大本说明书再动手。感觉型的人更多关注“这是什么？”，直觉型的人更多关注“这可能是什么？”。

（3）第三维度：思考—情感

①做决定或下结论的方式

思考型：客观的逻辑推理。

情感型：主观的情感和价值。

思考型的个体通过对情境所作出的客观的、非个人的逻辑分析来做决定，他们注重因果关系并寻求事实的客观尺度，因此较少受个人感情的影响。情感型的个体期望自己的情感与他人保持一致，他们做决定的基石是何者对他们自己和他人是重要的，其理性趋定的依据是个人的价值观。

②做决定或下结论的主要依据

思考型的人比较注重依据客观事实的分析，一以贯之、一视同仁地贯彻规章制度，不太习惯根据人情因素变通，哪怕做出的决定并不令人舒服。情感型的人常从自我的价值观念出发，变通地贯彻规章制度，做出一些自己认定是对的决策，比较关注决策可能给他人带来的情绪体验，人情味较浓。

（4）第四维度：趋定—顺变

①个体完成任务而采取的行动方式

趋定：随时对任务完成的程度做出趋定。

顺变：随时感知和觉察新的变化。

趋定型个体倾向于以一种有序的、有计划的方式对其任务加以控制，他们期望看到问题被解决，习惯于并喜欢做决定。顺变型个体偏好于顺变经验，他们努力使任务保持开放，让其自然变化，以便出现更好的可能。

②喜好的生活方式

趋定型的人，喜欢井然有序的生活，做事目的性比较强，追求果断、条理的生活方式。

顺变型的人，喜欢随意、灵活的生活，不断关注新的信息，喜欢变化，追求更加开放的生活。

### 3. 16 种 MBTI 类型

（1）快速记忆 MBTI 的 4 个维度，16 种类型（见图 6-1）

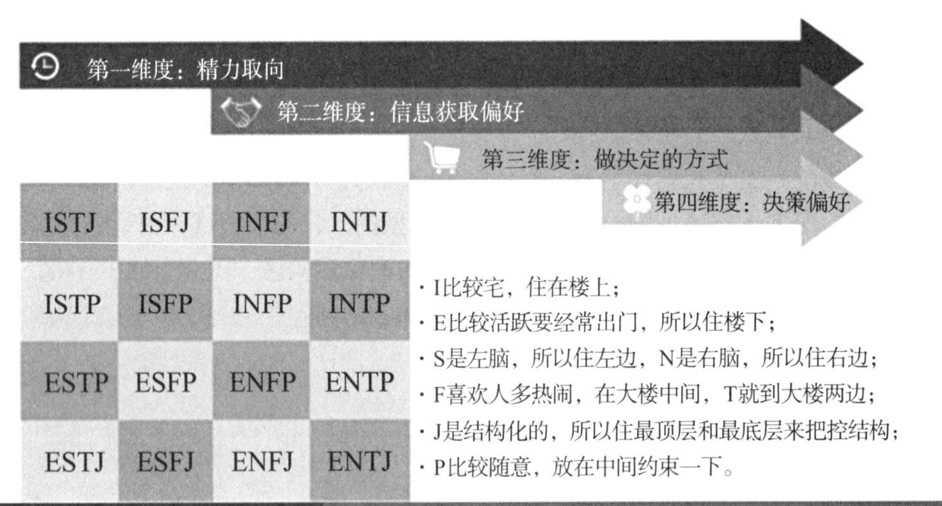


图6-1　MBTI的维度大厦

（2）MBTI 维度的两两结合产生的影响（见图 6-2 至图 6-5）

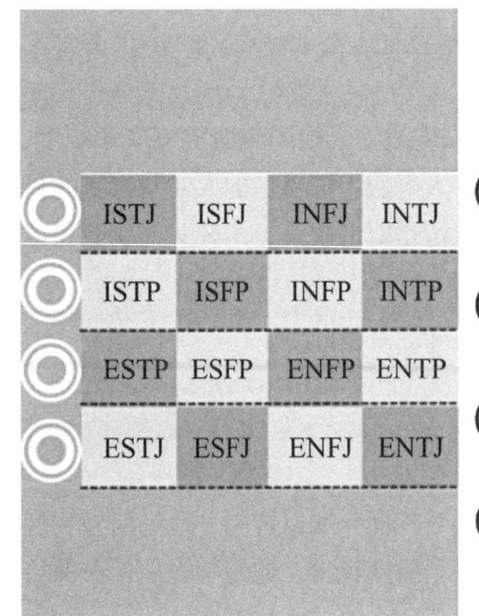


**精力取向与生活方式组合**

体现了应对变化的不同表现

IJ当机立断的内向型：面对可能可来的变化时，他们会以内心的认知（数据或大局）去评估建议。如果变化是“恰当”的，他们会迅速地执行，如果变化不“恰当”他们会积极地成为毫不妥协的反对者。——最坚决

IP顺应环境的内向型：面对可能要来的变化时，他们会感到好奇，并寻求资料，然后以内心的判断（价值观或逻辑原则）去评估建议。他们在搜集资料时虽然看来好像会顺应环境，但是只遵守自己的时间表，只有在决定之后才采取行动。——判断交叠感性

EP顺应环境的外向型：面对可能要来的变化时，他们会咨询人脉网络，跟别人谈论，找出每个人的想法。如果变化能够容纳他们的创意和行动，他们会集齐资源，尝试促使所有人倾力推行变化——擅统筹

EJ当机立断的外向型：面对可能要来的变化时，他们会运用自己的判断（逻辑原则或价值观）去提出疑问。如果他们的疑问得到解答，他们会迅速地策划、组织和推行变化——被说服

图6-2　精力取向与生活方式组合

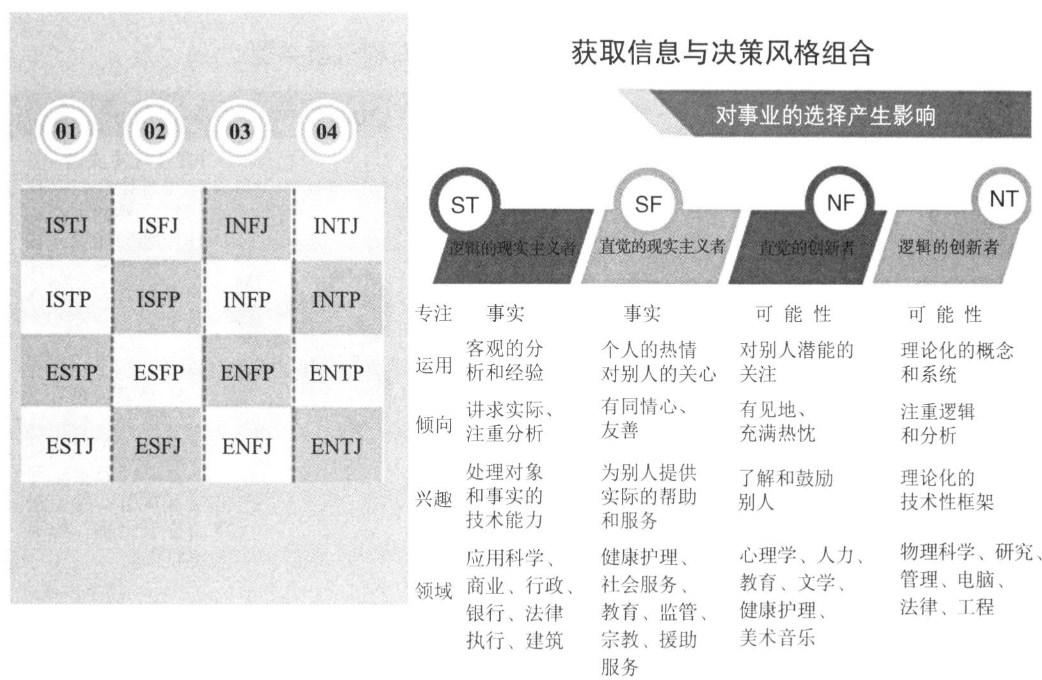


图6–3 获取信息与决策风格组合

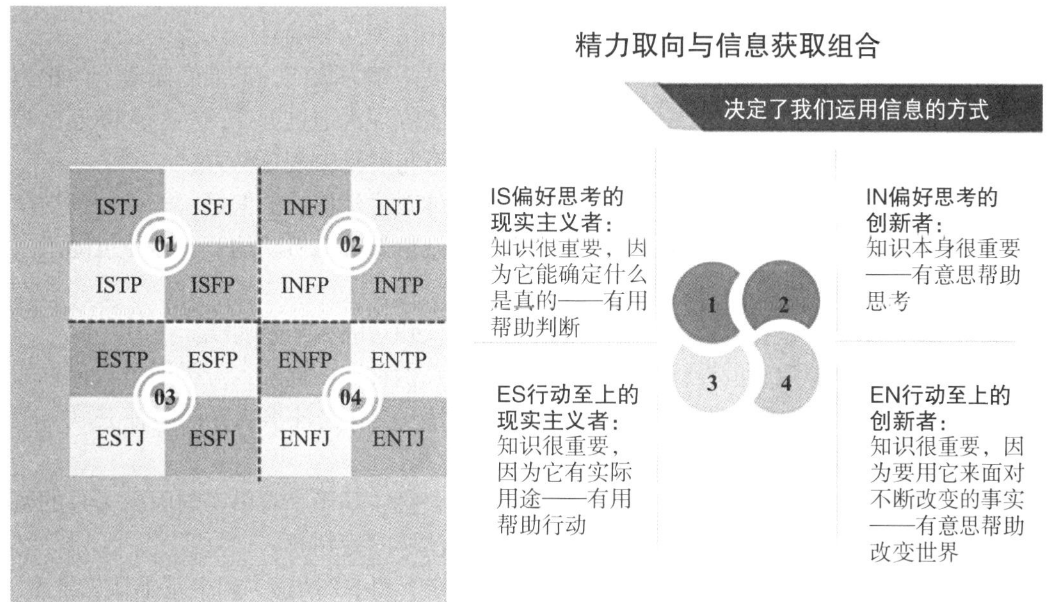


图6–4 精力取向与信息获取组合

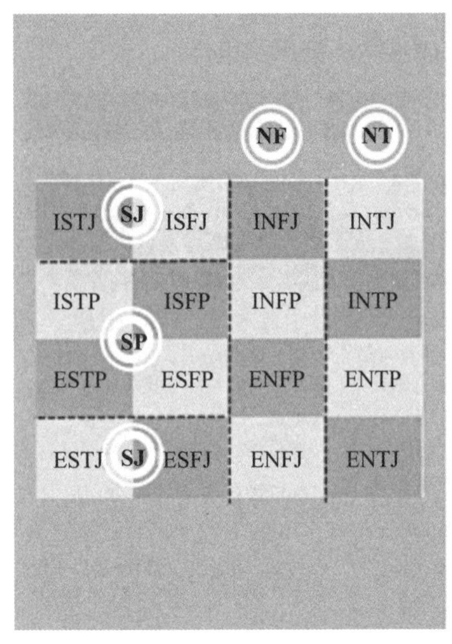


MBTI四种气质类型

和气质提升的方式

NF理想主义者：看重同理心和有意义的人际关系，通常很有热忱，希望世界变得更美好，致力于发展和帮助他人，常常思考人生的目标

NT理性主义者：注重理论性，寻找理解世界和事物运作原理的途径，相信逻辑和原因，注重办事能力和深入的知识

SP技术人员：注重行动力，渴望即兴发挥，乐观，经常处在变化中，寻找冒险的体验，渴望自由

SJ监督人员：注重责任心和预见性，很谨慎爱操心，尊重流程和规范，希望建立安全感，稳定性

图6-5　MBTI的四种气质类型

4. MBTI 类型互动理论

这四个字母组成的性格类型并不是每一个字母所代表这些含义的简单相加，而是它们本身是一种动态的组合，这四个字母之间会相互作用相互影响。

MBTI 一共给大家介绍了四个维度。第一个维度是精力取向，该维度描述个体精力恢复与获取途径，以及对外部事件的关注程度。前者表现为通过社交互动、人际连接等外部事件获取能量；后者更倾向于从内心世界的思考与感受中恢复精力。

第四个维度叫生活方式的取向。该维度反映个体对生活模式的偏好：一种倾向规律严谨的生活方式，强调计划性与目标导向；另一种则偏好灵活机动的节奏，注重随机应变与开放选择。

中间的两个维度是我们人最基本的两大功能：认知功能和判断功能。

认知功能指个体建立世界认知的核心机制。存在两种典型模式：一类通过具象感知（如植物形态、物质属性等具体实体）形成认知；另一类更关注事物间的潜在关联与整体规律，擅长提炼象征意义与系统框架。

判断功能是信息处理后的反应机制，包含两种路径：基于客观事实与因果关系的逻辑分析型决策，以及依据情感共鸣与社会共识的价值导向型判断。

这两大功能对应 S（实感）、N（直觉）、T（思维）和 F（情感）四个基础认知维度。虽然四种功能均存在于认知体系中，但存在使用偏好差异：外显功能（主导功能 / 辅助功能）属于高频核心能力；内隐功能（第三功能 / 第四功能）需特定情境激活，如同惯用右手者仍具备左手操作潜能。如表 6-2 所示：

表6-2　MBTI类型互动

| 类型 | $IS_iT_eJ$ | $IS_iF_eJ$ | $IN_iF_eJ$ | $IN_iT_eJ$ |
|---|---|---|---|---|
| 第一位（主导） | 内倾实感（Si） | 内倾实感（Si） | 内倾直觉（Ni） | 内倾直觉（Ni） |
| 第二位（辅助） | 外倾思考（Te） | 外倾情感（Fe） | 外倾情感（Fe） | 外倾思考（Te） |
| 第三位 | 情感（F） | 思考（T） | 思考（T） | 情感（F） |
| 第四位（最弱） | 外倾直觉（Ne） | 外倾直觉（Ne） | 外倾实感（Se） | 外倾实感（Se） |
| 类型 | $IS_eT_iP$ | $IS_eF_iP$ | $IN_eF_iP$ | $IN_eT_iP$ |
| 第一位（主导） | 内倾思考（Ti） | 内倾情感（Fi） | 内倾情感（Fi） | 内倾思考（Ti） |
| 第二位（辅助） | 外倾实感（Se） | 外倾实感（Se） | 外倾直觉（Ne） | 外倾直觉（Ne） |
| 第三位 | 直觉（N） | 直觉（N） | 实感（S） | 实感（S） |
| 第四位（最弱） | 外倾情感（Fe） | 外倾思考（Te） | 外倾思考（Te） | 外倾情感（Fe） |
| 类型 | $ES_eT_iP$ | $ES_eF_iP$ | $EN_eF_iP$ | $EN_eT_iP$ |
| 第一位（主导） | 外倾实感（Se） | 外倾实感（Se） | 外倾直觉（Ne） | 外倾直觉（Ne） |
| 第二位（辅助） | 内倾思考（Ti） | 内倾情感（Fi） | 内倾情感（Fi） | 内倾思考（Ti） |
| 第三位 | 情感（F） | 思考（T） | 思考（T） | 情感（F） |
| 第四位（最弱） | 内倾直觉（Ni） | 内倾直觉（Ni） | 内倾实感（Si） | 内倾实感（Si） |
| 类型 | $ES_iT_eJ$ | $ES_iF_eJ$ | $EN_iF_eJ$ | $EN_iT_eJ$ |
| 第一位（主导） | 外倾思考（Te） | 外倾情感（Fe） | 外倾情感（Fe） | 外倾思考（Te） |
| 第二位（辅助） | 内倾实感（Si） | 内倾实感（Si） | 内倾直觉（Ni） | 内倾直觉（Ni） |
| 第三位 | 直觉（N） | 直觉（N） | 实感（S） | 实感（S） |
| 第四位（最弱） | 内倾情感（Fi） | 内倾思考（Ti） | 内倾思考（Ti） | 内倾情感（Fi） |

这个理论表明其实所有的功能都会运用到。没选这个倾向但并不代表不会有这个功能，就像左右手写字一样，选择用右手写字因为那是最舒适的方式，但不代表不会用左手。一旦右手被绑住了左手照样写，只不过没有那么好看，没有那么自然，还没有那么舒服而已。

**5. MBTI 提供了每一个人一生中的性格发展模式**

（1）前半生致力于把精力用于主导功能和辅助功能上去，发展自我和与环境、他人进行交往的有效方法。

（2）中年阶段会带来混乱和机会，过去做人做事的方法所带来的满足感少了许多，并对自己的特点开始怀疑。

（3）后半阶段，是较多地运用自己以前没有留意的部分，这些改变也提供了机会促进性格整合，全面发展和个性的成熟。

从 MBTI 的角度讲到生涯，其实生涯是一个动态的过程，生涯的各个环节，可以参考自身的性格特点，把更多的精力投放在能力发展上，而不是分散在对抗内心的不舒适感上。未来选择的职业有多少用了主导功能，有多少用了第四功能，可以更直观地看出来然后做出选择。只要是想清楚了之后做出的选择其实都是好的，哪怕选了第四功能的职业，在应对这些不舒适感的时候，也有心理准备，抗压能力也会相对增强。

## 四、MBTI 性格类型与职业匹配

MBTI 人格类型通过认知功能排序揭示个体独特的思维导航系统，职业兴趣往往与主导 / 辅助功能形成的核心动力深度契合。从分析决策到人际互动，工作环境偏好映射着各类型对信息处理与价值实现的底层需求，为职业适配提供人格维度的解码密钥。表 6-3 提供了 16 种 MBTI 类型的功能顺序、可能的职业兴趣和工作环境偏好。

**表6-3　16种MBTI类型的功能顺序、可能的职业兴趣和工作环境偏好**

| 类型 | 功能顺序 | 可能的职业兴趣 | 工作环境偏好 |
|---|---|---|---|
| ISTJ | 感觉 | 会计 / 办公室管理人员 | 注重事实和结果 |
|  | 思维 | 工程师 | 提供安全、结构和顺序 |
|  | 情感 | 警察工作 / 法律工作 | 能保持稳定情绪 |
|  | 直觉 | 生产、建筑、保健 | 努力、任务取向，为了工作不被中断而喜欢独处 |
| ISTP | 思维 | 科研 | 注重迅速解决问题 |
|  | 感觉 | 机械和修理 | 目标和行动取向 |
|  | 直觉 | 农业 | 不受规律限制 |
|  | 情感 | 工程师和科技人员 | 着眼于现在的经历 |
| ESTP | 感觉 | 市场销售 | 注重第一手的经验 |
|  | 思维 | 工程师和技术人员 | 灵活、注重结果 |
|  | 情感 | 信用调查 | 工作具有灵活性 |
|  | 直觉 | 健康技术、建筑 / 生产、娱乐 | 及时满足需要、技术取向 |
| ESTJ | 思维 | 商业管理 | 注重正确、高效地做事 |
|  | 感觉 | 银行、金融 | 任务取向，注重组织、结构 |
|  | 直觉 | 建筑 / 生产 | 提供稳定性和可预知性 |
|  | 情感 | 教育、技术、服务 | 实现可行的目标 |
| ISFJ | 感觉 | 保健专业 | 看重有条理的任务 |
|  | 情感 | 教学 / 图书馆工作 | 注重安全和隐私 |
|  | 思维 | 办公室管理 | 结构清晰、有效率，一致、平静、安静 |
|  | 直觉 | 个人服务、文书管理 | 服务取向 |

续表

| 类型 | 功能顺序 | 可能的职业兴趣 | 工作环境偏好 |
|---|---|---|---|
| ISFP | 情感 | 机械和维修 | 善于合作、喜爱自己的工作 |
| | 感觉 | 工厂操作 | 允许有私人空间 |
| | 直觉 | 饮食服务 | 灵活、具有审美能力 |
| | 思维 | 办公室工作、家务工作 | 谦恭有礼、以人为本 |
| ESFP | 感觉 | 保健服务 | 注重现实 |
| | 情感 | 销售工作 / 设计 | 行动取向、活泼、精力充沛 |
| | 思维 | 交通工作、管理工作 | 适应性强、和谐 |
| | 直觉 | 机械操作、办公室工作 | 以人为本、舒适的工作环境 |
| ESFJ | 情感 | 保健服务 | 喜欢帮助他人 |
| | 感觉 | 接待员 | 目标明确的人和组织 |
| | 直觉 | 销售 | 有组织的，气氛好的 |
| | 思维 | 看护孩子、家务工作 | 善于欣赏的，有良心的，喜欢按事实办事 |
| INFJ | 直觉 | 宗教工作 | 关注人类的思想和心理健康 |
| | 情感 | 教学图书馆工作 | 具有创造性 |
| | 思维 | 媒体专家 | 协调、安静、有组织的 |
| | 感觉 | 社会服务、研究 | 具有情感、喜欢有反省时间和空间 |
| INFP | 情感 | 咨询 | 关注他人的价值 |
| | 直觉 | 教学、文学、艺术 | 合作的氛围 |
| | 感觉 | 心理学、写作、新闻工作者 | 灵活、安静、不官僚 |
| | 思维 | 戏剧、科学 | 允许有思考的时间和空间 |
| ENFP | 直觉 | 教学、咨询 | 关注人类的潜能 |
| | 情感 | 宗教工作 | 丰富多彩、积极参与的 |
| | 思维 | 广告销售、艺术、戏剧 | 活泼的、不受限制的 |
| | 感觉 | 音乐 | 提供变化和挑战、思想取向 |
| ENFJ | 情感 | 人力资源开发与招聘、市场拓展 | 能发挥自身创造力的 |
| | 直觉 | 公共关系、客户服务 | 能对别人产生积极影响的 |
| | 感觉 | 文科、艺术类教学 | 灵活的、不受限制的 |
| | 思维 | 咨询、策划、培训 | 目标取向，规矩和限制少的 |
| INTJ | 直觉 | 艺术家、演艺人员 | 支持的，社会化的，和谐的 |
| | 思维 | 咨询、教学、保健 | 鼓励自我表达 |
| | 情感 | 销售 | 愿意为帮助他人而做出改变 |
| | 感觉 | 宗教工作 | 以人为本，井井有条 |

续表

| 类型 | 功能顺序 | 可能的职业兴趣 | 工作环境偏好 |
| --- | --- | --- | --- |
| INTP | 思维 | 工程师 | 有效率的，以任务为重的 |
| | 直觉 | 科学 | 注意实现长远规划 |
| | 情感 | 计算机程序、心理学、法律 | 支持创造性和独立，人员是有效率的，多产的 |
| | 感觉 | 社会服务 | 允许独自一个人和思考 |
| ENTP | 思维 | 摄影、艺术 | 喜欢解决复杂的问题 |
| | 直觉 | 市场营销 | 灵活的，喜欢挑战的，不官僚 |
| | 情感 | 计算机分析、娱乐 | 喜欢冒险 |
| | 感觉 | 零售、促销 | 求新取向 |
| ENTJ | 思维 | 操作和系统分析 | 喜欢解决复杂问题的 |
| | 直觉 | 管理 | 结果取向，独立的 |
| | 感觉 | 市场营销<br>人事关系 | 有效率的系统和人<br>挑战性的，结构性的顽强的人员 |
| | 情感 | 销售经理 | 目标取向，果断 |

## 【课后思考】

1. 简述性格与职业之间的关系。
2. 根据 MBTI 职业性格理论，简要介绍自己的性格特征。

## 第七章

# 职业技能探索

长江后浪推前浪，青出于蓝而胜于蓝，未来是属于年青人的。在中华民族伟大复兴的进程中，你们生逢其时，何其幸也。再过 30 年，到本世纪中叶实现第二个百年奋斗目标的时候，你们正好是国家的骨干和栋梁，大家要志存高远、脚踏实地，学好知识，打好基础，增长才干，将来为中华民族伟大复兴贡献自己的智慧和力量。

——2019 年 7 月 16 日，习近平在内蒙古大学考察时强调

能力，决定你能够做什么，能否做得好。能力作为一个人职业发展的重要“燃料”，是兴趣“发动机”和“引擎”运转的基础，它是个体在职业生涯发展中最核心的竞争力，能够推动个体在职场中不断向前发展，并使其立于不败之地。有什么样的能力，如何证明能力，是每一个人在职业生涯中都要面对的问题。本章与你一起探讨能力的概念、分类，能力与技能，能力与自我效能感的关系，能力与职业生涯的关系，自我职业能力的探索以及能力培养的方法。从而能够在职业规划中重视对个人技能的澄清，在实践中不断探索思考，并有意识地培养自己所需要的技能。

# 第一节　能力概述

**【课程导入】**

吴雅萍的困惑是她不知道自己究竟擅长什么，能做什么。对于找工作，她没什么信心，因为她压根儿就不清楚该怎么找，也不觉得自己能有什么优势或长处会被用人单位看上。再说，如果有幸能找到一份工作，她也不知道自己是否能够胜任。

杨超在一所重点大学上学，所学专业是热门专业。他痛感自己人际交往技能差，又难以改变。和同学比起来，他的动手能力和英语交流能力都很弱。对此，他感到自卑，对自己的前途缺乏自信。

杨慧是英语专业的一名学生。她感到现在会英语的人太多了，自己仅仅掌握这一门工具也许不会有太大的竞争力。还有，将来从事的工作如果只与语言相关，那大概只有如翻译、教师等职业可供选择，择业面很窄。如果将来从事的工作与语言的关系不是很大，那就需要具备一些其他的技能，可是她不知道需要一些什么样的技能才能帮助自己找到一份心仪的工作。

匡胜对自己在专业方面的能力不是很自信，也不打算以后从事与本专业相关的工作。但对非本专业的领域，他又没有足够的信心能做得比专业出身的人更好。况且，如果浪费四年的专业学习，他也时常感到可惜，甚至很有挫折感。对于前途，他感到很茫然。

## 一、能力的定义

从心理学角度定义，能力（ability）是一种心理特征，是个体掌握和应用知识技能，顺利实现某种活动的心理条件，它既包括已表现出来的实际能力和已达到的某种熟练程度，又包括尚未表现出来的心理能量，即潜在能力，通过学习和训练后可能发展起来的能力与可能达到的某种熟练程度。从教育学角度定义，任何一种活动都要求参与者具有一定的能力，能力总是和人完成一定的实践相联系，是完成一项任务或目标所体现出来的综合素质。能力表现在所从事的各种活动中，并在活动中得到发展。如一个具备绘画能力的人，只有在绘画活动中才能施展自己的能力：一个管理能力的人，也只有在领导一个企业或其他活动中才能显示出来。

总之，能力是人们顺利完成某项实践活动的行为和个性心理特征，其内在表现就是完成此实践活动的行为和个性心理特征，外在表现就是完成此实践活动的效率和质量。一个人从事的活动越多样，能力发展就越全面，从事的活动越复杂，能力发展水平就越高。能力的产生和发展和人类的社会生活是分不开的，人的较复杂、较高级的能力，是随着社会的进步、人类实践的需要而逐步发展起来的。

## 二、能力的类型

当一个人的能力和工作的要求相匹配时，最容易发挥自己的潜能，并且获得一种满足感。相反，当一个人去做自己力所不及的工作时，就会感到焦虑，甚至产生挫败感，而当一个人能力超出工作要求太多时，又容易感到工作缺乏挑战，比较乏味。因此，在选择职业时，我们同样要寻求个人能力与职业技能要求的适配。我们需要清楚能力有哪些分类，从而清楚自己具备什么样的能力、职业又要求什么样的能力。人的能力是各种各样的，一般可以分为以下几种。

**1. 按能力的构造，可分为一般能力与特殊能力**

（1）一般能力（通用的能力）：也称为智力，是从事一切活动所需的能力的综合，如包括观察力、记忆力、想象力、创造力、抽象概括能力、言语表达能力等。其中抽象概括能力是一般能力（智力）的核心，创造力是最高表现。如记忆力，从事任何活动都需要，所以是一般能力。

（2）特殊能力（专门性的能力）：是指从事某种专业活动所需的能力的综合，如数学能力、文学能力、艺术表演能力、管理能力、绘画能力等。它是顺利完成某一项专业活动的心理条件。如绘画能力，只有涉及绘画的活动中才使用，所以是特殊能力。

一般能力和特殊能力相互联系构成辩证统一的有机整体。一方面，特殊能力的发展以一般能力的发展为前提。另一方面，在特殊能力得到发展的同时，也发展了一般能力。

**2. 按能力所涉及的领域，可分为认知能力、操作能力和社会交往能力**

（1）认知能力：是指通过人脑对外界信息进行加工储存的能力，这是完成活动中最基本、最主要的心理条件，感知觉、思维想象都属于认知能力。

（2）操作能力：是指通过机体的动作完成各种活动的能力。如体育活动能力、艺术表演能力、实验操作能力、劳动能力，等等。

（3）社交能力：是指人们在社会交往活动中所表现出来的能力，它是人们参加社会集体生活、与周围人保持协调关系中最为重要的心理条件。

**3. 根据从事活动时创造性程度的高低，可分为模仿能力和创造能力**

（1）模仿能力：是指人们通过观察别人的行为或活动，以相同的方式做出反应的能力，例如模仿秀。

（2）创造能力：指按照预先设定的目标，利用一切已有的信息，创造出新颖、独特、具有个人或社会价值产品的能力，例如鸟巢设计师设计鸟巢。

这两种能力有着密切的关系。模仿能力是创造能力的前提和基础。人们常常是先模仿，然后再进行创造的，两种能力无好坏之分，创造力要以模仿能力为基础，写论文要模仿也要创造。

## 三、自我效能感

与能力相关的还有一个重要概念，就是自我效能感（self-efficacy）。自我效能感被定义为个体对自己是否有能力完成某一行为所进行的推测与判断，是个体对自己在具体活动中的能力方面所持有的信念。这一概念由美国著名心理学家阿尔伯特·班杜拉于20世纪70年代提出，并在他的著作《思想和行为的社会基础》中进一步阐述。班杜拉认为，自我效能感是人们对自身能否利用所拥有的技能去完成某项工作行为的自信程度。

研究发现，在实际生活和工作中，对个人行为起决定作用的往往不是个人实际能力的高低，而是个人的自我效能感。比如，一份关于男女薪酬差异的调查指出：男女两性在薪酬上的差异部分来自于女性的数学水平普遍低于男性，通常薪酬高的职业会要求具备较高的数学能力。而女性在数学学习上的弱势并非由于女性天生不擅长学习数学，更主要的原因是相对男性而言，女性对自身学习数学的能力缺乏信心而倾向于在该科目上花更少的时间。

自我效能感可以影响职业道路的选择和职业表现。当一个人相信自己有足够的能力在某个行业中取得成功时，他会更有动力去追求这个职业，并更认真对待工作。例如当一个人相信自己有足够的技能来成为一名优秀的程序员时，他会更有动力去学习和开发软件。当他遇到挑战和困难时，他会相信自己有能力克服它们。相反，当一个人认为自己没有能力在某个行业中表现出色时，他可能会放弃这个行业或失去对自己工作的热情。

当一个人有高的自我效能感时，他会更愿意尝试新事物，处理挑战和追求自己的梦想。而当一个人缺乏自我效能感时，他可能会感到自卑和无助。因此，培养自我效能感对于个体的发展和成功是非常重要的。

**【案例分享】**

### 插土豆

你能用一根吸管一下插穿一个土豆吗？你是否会在心里对自己说：我的力气太小了，要力气大的人才穿得过去。或者：我是女生，恐怕只有男生才能做到。如果我告诉你每个人都能插得过去，你愿意试试吗？如果你看到一个与你同性别并且体格差不多的人成功地戳穿了土豆，你是否会更有信心一些？

其实，整个过程中，你的心理活动或多或少地反映了你的自我效能感，即：你对自己能力的信心会在极大程度上影响你的行为。再想想：在平时的生活中，你在各种事情上的自信程度是否真实地反映你的相关能力？最好与周围熟悉你的人讨论一下，别人往往能看到你自己没有意识到的不一致之处。当你了解到在某些事情上或许不是你的能力不够，而是自己的自我效能感较低时，你是否愿意作一个决定：改变对于自身能力的信念，让它更符合实际的情形？试试看，在新的信念的基础上去生活和工作。

### 四、能力与职业生涯的关系

能力是一个人能否进入职业领域的先决条件，是能否胜任工作岗位的主观条件。不管从事什么职业都要有一定的能力作保证。不同职业对人的能力有不同的要求，能力和职业发展有着密切的关系。

一方面，能力是获得职业的基本前提和基本条件，是胜任任何一个职业、有效完成任何工作的重要条件，专门（特殊）职业能力是从事、胜任特殊职业的必要条件。因此能力是职业适应性首要的和基本的制约因素，能力制约着人们活动的领域与职业选择的范围，在选择职业时要寻求个人能力与职业要求相匹配。当一个人的能力和工作的要求相匹配时，最容易发挥自己的潜能，并获得满足感和成就感；当一个人从事能力所不及的工作时，最容易感到自卑和焦虑，甚至出现失败感和挫折感；当一个人的工作能力超出工作要求太多时，又容易感到无聊和疲倦。因此，我们需要清楚自己具备什么样的能力、职业要求什么样的能力。

另一方面，能力是职业发展、事业成功的重要因素。能力与个人的职业满意度、工作适应性以及职业稳定性具有直接的相关关系，职业能力也是个人发展和创造的基础，职业能力越强，越能给人带来好的工作绩效，进一步产生职业成就感。心理学家罗圭斯特与戴维斯（Lofquist & Dawis）在对个体的工作适应问题进行多年研究以后，提出了明尼苏达工作适应论。他们认为：当工作环境能够满足个人的需求时，个人会感到“内在满意”；而当个人能够满足工作的要求时，个人能够达到“外在满意”（即令自己的雇主、同事感到满意）。

而在对“内在满意”和“外在满意”这两个指标的衡量当中，能力都占有很重要的地位。罗圭斯特与戴维斯认为：“外在满意”主要可以通过衡量个人职业技能与工作的技能要求之间的配合程度来进行评估；而在“内在满意”方面，则主要通过衡量个人价值观与企业文化及奖惩制度之间的适配性来评估。当个人能够同时达到内在和外在满意时，个人与环境之间的关系就比较协调，个人的工作满意度会比较高，在该工作领域也能持久发展。

## 第二节 能力与技能

**【课堂活动】**

夸夸我自己：请在5分钟内尽可能多地写下自己所拥有的能力。与你的同伴分享，看看谁写得多，大家写的一样吗？有什么不同？

______________________________________________

______________________________________________

汇总大家所写的能力，可以将他们分类吗？可以分为几类？

______________________________________________

______________________________________________

## 一、能力的分类

能力不仅包含了一个人现在已经达到的水平技能，而且包含了一个人所具有的潜力（能力倾向）。能力倾向（aptitude）是指上天赋予每个人的特殊才能（即天赋），如音乐、运动能力等，它是与生俱来的，不过也有可能因未被开发而荒废，因此，这是一种潜能。技能（skill）是人们通过后天学习和练习而获得的能力，通常表现为某种动作系统和动作方式。个人的能力水平往往是能力倾向和技能两方面的结果，能力与技能息息相关，技能可以说是能力的具体化和深化（见图 7-1）。

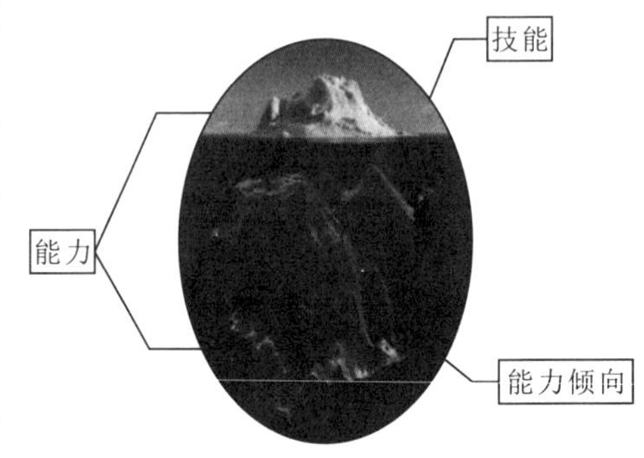


**图7-1 能力、技能与能力倾向三者之间的关系**

## 二、能力倾向的分类——多元智力论

关于人的天赋，传统智力观对智力概念的认识比较狭窄，局限于语言能力和数理逻辑能力方面作为整体的标准，也就是人们常说的 IQ。美国哈佛大学教授、著名心理学家加德纳在 1983 年出版的《人类心智的结构：多元智力理论》（*Frames of Mind: The Theory of Multiple Intelligences*）一书中提出了新的智力定义，即“智力是在某种社会或文化环境的价值标准下，个体用以解决自己遇到的真正的难题或生产及创造出有效产品所需要的能力”。据此，加德纳提出了关于智力及其性质和结构的新理论——多元智力理论，加德纳认为，智力的基本性质是多元的，不是一种能力而是一组能力，其基本结构也是多元的，各种能力不是以整合的形式存在，而是以相对独立的形式存在。加德纳最初提出人类拥有七种智力，后来又增加了两种智力，共九种智力。主要包括：

（1）语言智力（linguistic intelligence），是指有效地运用口头语言或书写文字的能力。主持人、记者、律师、教师、文学擅长者、推销员等都具有突出的语言智能。

（2）逻辑—数学智力（logical-mathematical intelligence），是指有效地运用复杂数学运算，进行计算、量化、思考命题和假设的能力。科学家、工程师、统计人员、财会人员、电脑软件研发人员等都具有很强的逻辑智能。

（3）空间智力（spatial intelligence），是指准确地感知视觉空间，并利用所知觉到的三维空间的方式进行思维的能力。航海家、飞行员辨别方向的能力比较强，画家、摄影师、建筑设计人员空间表达能力比较强。

（4）身体—动觉智力（bodily-kinesthetic intelligence），是指善于运用整个身体

来表达想法和感觉，能巧妙地操纵物体和调整身体的技能，包括特殊的身体技巧，如平衡、协调、敏捷、力量、弹性和速度以及由触觉所引起的能力。运动员、影视演员、舞蹈演员、外科医生、机械师、手艺人等都具备这方面的智能。

（5）音乐智力（music intelligence），是指敏锐地感知、辨别和表达音调、节奏、旋律和音色的能力。作曲家、歌唱家、指挥家、调琴师、音乐欣赏水平较高的音乐智力等。

（6）自我认知智力（intrapersonal intelligence），是指能够建构正确的自我知觉（有自知之明），并据此计划和引导自己人生的能力。心理学家、哲学家和作家就有高度的自省智能。

（7）人际关系智力（interpersonal intelligence），是指能够有效地理解别人和与别人交往的能力。销售员、社工、教师等具有较好的人际关系智力。

（8）自然观察智力（naturalist intelligence），是指能够观察自然界中的各种形态，对物体进行辨认和分类，能够洞察自然或人造系统（制品）的能力。生物学家、社会学家、地质学家、农民等具有很高的自然观察能力。

（9）存在智力（existential intelligence），指陈述、思考有关生与死、身体与心理世界的最终命运等的倾向性。陈述、思考的具体问题如人为何要到地球上来，在人类出现之前地球是怎样的，在另外的星球上生命是怎样的，以及动物之间是否能相互理解，等等。这种智力类型的人通常是对生命哲学有深刻思考的思想家。

从加德纳关于智力结构的认识，可以看出：一是智力结构是多元的；二是智力结构是不断发展的；三是人类的智力结构是人对自身的认识，是不可穷尽的。多元智能理论认为几乎每个人都是聪明的，每个人都同时拥有这九种智力，但它们在每个人身上以不同的方式、不同的程度组合使得每个人的智力各具特点。例如，钱学森、屠呦呦、袁隆平这些在各自领域作出杰出贡献的著名人物之间很难比较谁更聪明。他们各自在不同的领域，以不同的表现方式，将自己天生的聪明才智发挥到了极致，只是聪明的范畴和性质呈现出差异。每个人都是独特的，正如中国古人所言，“天生我材必有用”，如果个人能将自己独特的天赋充分发挥出来，那么每个人都可以是出色的。

## 三、技能的分类

技能是经过后天学习和练习培养而形成的能力，如阅读能力、人际交往能力、表达能力等。在个人成长的过程中，从什么也不会做的小婴儿到一个自理生活，能够看、听、说、行走、阅读、写字的普通成年人，其实我们每个人都学会了无数的技能。辛迪・梵和理查德・鲍尔斯（Sidney Fine & Richard Bolles）将技能分为三种类型：专业知识技能、可迁移技能和自我管理技能。

### 1. 专业知识技能

专业知识技能是指那些需要经过有意识的、专门的学习和记忆才能掌握的知识或能力，也就是我们个人所学习的科目、所懂得的知识，知识技能一般用名词来表示。这些技能常常与我们的专业学习或工作内容直接相关，并且不可迁移。例如外语、中国历史、电脑编程、化学元素周期表、心理学专业知识、职业生涯规划和就业指导专业知识及建筑专业知识等都是具体的专业知识技能。

专业知识技能的获得，除了在校期间通过正式的专业教育之外，接受系统的业余辅导、自学相关的课程，参加专业会议，讲座、研讨会，通过资格认证考试，还有业余爱好、娱乐休闲、社团活动、家庭职责、岗前培训和在职教育，这些方式和途径都可以帮助人们获取专业知识技能。

此外，技能的组合也尤为重要。具有不同知识技能的“复合型人才”在人才市场上更具竞争力，也更有可能将工作完成好。例如精通平面设计的人又掌握心理学专业知识，在广告设计工作中运用消费心理学知识，使设计出的作品更能令客户满意，也更有可能吸引消费者购买。因此，不论你现在学习的专业是不是你所喜爱的。或是你将来要从事的，你从中获得的专业知识在某个时候就有可能派上用场。甚至一些并非你所学专业的看上去似乎并不那么起眼的知识，都有可能使你在面试的时候显得与众不同、比他人略胜一筹。

**【课堂活动】**

## 写一写你有哪些知识技能？

对下面的经历进行分析，尽可能全面地列出你所掌握的知识技能，再从中分别挑选出你自己感觉比较精通的和你在工作中应用或希望应用的知识技能，最后排列出对你来说最重要的五项知识技能。

在学校课程中学到的：如数学、化学、英语等；

______________________________

______________________________

在兼职和暑期工作中学到的：如 Excel 的使用，电脑制图等；

______________________________

______________________________

从课外培训、兴趣班、辅导班学到的：如绘画等；

______________________________

______________________________

从爱好、娱乐休闲、家庭职责中学到的：如摄影等；

______________________________

______________________________

从志愿者工作、社团活动中学到的：如剪辑、海报的制作等；

______________________________

______________________________

在盘点了自己现有的知识技能以后，把你的思绪转向未来，想想有哪些知识技能你目前还不具备、但希望自己拥有。可以通过一些什么样的途径来获得这些知识。我尚不具备但希望拥有的知识技能：

________________________________________

________________________________________

**【延伸资料】**

## 专业知识技能词汇表

专业知识技能的涵盖范围非常广泛，不同领域和行业都有其特定的专业知识和技能要求，列出所有的内容性技能是不可能的，但这个清单可以激发你的记忆和思考。

美学　过敏性反应　非洲、非洲人　游乐园　会计　管理　农业
解剖学　声学　疾病　青春期　麻醉药　杂技　收养
飞机　动物　航空学　酒精中毒　古董　丙烯酸树脂　人类学
制陶术　工程学　地理　开胃食品　庆典　发动机　构造
仪器　椅子　娱乐　老年病学　学徒　支票簿　设备
魔力　仲裁　化学药品　道德　玻璃　建筑　教堂
目标　马戏团　高尔夫球　数学　城市　织物　政府
艺术、艺术史　泥土　家庭　机构　炮兵　气候
农用机械　图表　衣服　时尚　谷物　天文学
学院　发酵　语法　运动　制图学　颜色　肥料
原子　喜剧小组　拍卖　委员会议　纤维　成长　听众
沟通　手工艺品　小说　枪支　音频设备　公司　电影
头发　航空学　金融　儿童养育　计算机　抛光剂　和谐
财务记录　细菌　混凝土　信仰　修建
火灾，消防　听力　行为　化妆品　自行车　急救
帮助　女装　远足　工艺品　钓鱼　历史　生物学
犯罪　健康　爱好　食品供应　小鸟　庄稼　调味
马匹　毯子　顾客　飞行　园艺　蓝图　风俗
地板　医院　奶制品　船只　插花　旅馆　簿记
数据　花　书　决策　液体　房子　植物学
装饰　过失行为　食物　人性　花束　错失　打猎
刹车　外交　水力学　砖　食物　外语　卫生
钻孔机　桥　森林　思想　预算　疾病　叉车
建筑　戏剧　水果　文盲　建筑材料　火炉　插图
干砌墙材料　室内装饰　意象　生意　染料　家具
移民　橱柜　地震　皮毛　心理疗法　党派，社会
所得税　地毯　同情　计量表　保险　雇主　宝石
兴趣　水泥　公开演说　能量　投资　地理学　灌溉
饭食　室外　印刷机　事件　机械学　大纲　机械

新闻业　珠宝　医学器械　熔炉　监狱　药物　行李
问题　正义　会议　包装　产品　狗窝
怀孕养育　灯　公尺　公园　宣传　土地
方法　公众意见　风景　公制　病人　语言　细菌
形式　出版　花边　矿物质　工资体系　木偶　洗衣房
钱　谜语　法律　电影　割草机　绩效　棉被
动机　期刊　收音机　草坪　摩托车　人格　铁路
领导　马达　移动设备　前景　范围　学习　说服
房地产　皮革制品　博物馆　药物　娱乐　立法　音乐
图书馆　哲学　冷藏　乐器　摄影　宗教　灯光
神话　身体残疾　宗教书籍　读写能力　麻醉剂名字　物理学
报告　文学　图画　饭馆　平板印刷　记叙文
管道安装　恢复　油产品　国内事件　地方　退休
牲畜　计划　节奏　场所　自然　步枪　位置
导航　人类需求　灰浆　河流　机车　塑料　道路
逻辑学　新来者　盘子　岩石　长寿　报纸
民意测验　游戏　角色　润滑油　小说　钳子
屋顶　行李　数字　管道设备　房间　木材　托儿所
诗歌　根　机器零件　营养　路线　机器　障碍
政治程序　惯例　魔术　办公设备　铁锈亮光剂　橡皮
磁性　办公室　工作　政治组织　管理　安全　地图
戏剧　盐　市场学

**2. 可迁移技能**

可迁移技能是指你所能做的事，可以在生活的方方面面，特别是工作之外得到发展并且可以应用于不同的工作，可迁移技能可以在工作内外、工作之间通用，也称为通用技能，一般用动词来表示，如教学、组织、管理、协调、说服、设计、安装、帮助、计算、考察、分析、搜索、决策、维修等。可迁移技能可通过观察学习、模仿体会、归纳总结、业余爱好、娱乐休闲、培训实践、专业训练、社团活动、家庭职责等途径获得。

专业知识技能的运用都是在可迁移技能基础之上的。如一个人要运用动物学这个专业的知识技能，是通过“教授”动物学，还是在保护动物协会帮助“照料”小动物，还是当宠物医生“治疗”宠物，这些加引号的都是可迁移技能。

与知识技能相比，可迁移技能无所谓更新换代，而且无论你的需求和工作环境有什么样的变化，它们都可以得到应用。随着我们工作经验和生活阅历的增加，可迁移技能还会得到不断地发展。它适用于各种职业、能够适应岗位的变换，是个人最能持续运用和最能够依靠的技能。

**【延伸资料】**

**可迁移技能词汇表**

| | | | | | | |
|---|---|---|---|---|---|---|
| 达到 | 照顾 | 巩固 | 指导 | 执行 | 运送 | 建设 |
| 洞悉 | 适应 | 制图 | 联系 | 发现 | 管理 | 选择 |
| 控制 | 拆除 | 做广告 | 分类 | 烹调 | 展示 | 劝告 |
| 打扫 | 协调 | 证明 | 开玩笑 | 攀登 | 复制 | 草拟 |
| 分析 | 训练 | 纠正 | 绘制 | 预测 | 收集 | 符合 |
| 训练 | 申请 | 上色 | 咨询 | 驾驶 | 评价 | 交流 |
| 计数 | 编辑 | 安排 | 比较 | 创造 | 授予 | 装配 |
| 比赛 | 培养 | 鼓励 | 声称 | 编辑 | 决定 | 忍耐 |
| 评估 | 完成 | 定义 | 加强 | 协助 | 构成 | 代表 |
| 提高 | 参加 | 领会 | 运送 | 娱乐 | 审核 | 计算 |
| 证明 | 建立 | 权衡 | 集中 | 设计 | 估计 | 议价 |
| 概念化 | 详述 | 评估 | 美化 | 调和 | 探测 | 膨胀 |
| 预算 | 面对 | 发展 | 解释 | 购买 | 联结 | 发明 |
| 探索 | 计算 | 保存 | 诊断 | 表达 | | |

### 3. 自我管理技能

自我管理技能常被用来描述或说明人所具有的特征和品质，一般用形容词来表示，如认真、负责、积极、主动、耐心、严谨等。它涉及个体在不同的环境下如何管理自己，是否能够保持对工作的热情，是否能够在压力下保持镇定，是否做事认真自律，是否勇于创新，这类技能可以从非工作领域迁移到工作领域，用来帮助一个人更好地适应环境，也被称为“适应性技能”。

自我管理技能无论是与生俱来还是后天习得，都需要练习。它们可以从榜样的认同、观念的多元、自我认知的提高、意志力的培养，以及丰富的精神生活、业余爱好、娱乐休闲、社团活动、家庭职责等渠道形成。它是个人最有价值的“资产”，也是影响职业生涯成功与否的关键。

**【延伸资料】**

**自我管理技能词汇表**

| | |
|---|---|
| 学术性强的—勤学的，博学的 | 机敏的—警戒的，警惕的，警觉的 |
| 精确的—准确的，正确的 | 野心勃勃的—有抱负的，毅然决然的 |
| 活跃的—活泼的，精力充沛的 | 好分析的—逻辑的，批判的 |
| 适合的—灵活的，适应的 | 感谢的—感激的，感恩的 |

续表

| | |
|---|---|
| 精通的—娴熟的，内行的，熟练的 | 能说会道的—善于表达的，擅长词令的 |
| 胆大的—勇敢的，冒险的 | 艺术的—美学的，优美的 |
| 攻击性强的—强有力的，好斗的 | 随和的—放松的，随意的 |
| 坚持己见的—强调的，坚持的 | 有效的—多产的，有说服力的 |
| 健壮的—强壮的，肌肉发达的 | 有效率的—省力的，省时的 |
| 留心（细节）的—观察敏锐的 | 雄辩的—鼓舞人心的，精神饱满的 |
| 吸引人的—漂亮的，英俊的 | 有感情的—感动的，多愁善感的 |
| 平衡的—公平的，公正的，无私的 | 同情的—理解的，关心的 |
| 心胸开阔的—宽容的，开明的 | 着重的—强调的，有力的，有把握的 |
| 有条理的—有效率的，勤勉的 | 精力充沛的—活泼的，活跃的，有生气的 |
| 平静的—沉着的，不动摇的，镇定的 | 进取的—冒险的，努力的 |
| 正直的—直率的，坦率的，真诚的 | 热情的—热切的，热烈的，兴奋的 |
| 有能力的—有竞争力的，内行的，技艺精湛的 | 博学的—消息灵通的，有文化修养的 |
| 仔细的—谨慎的，小心的 | 慷慨的—乐善好施的，仁慈的 |
| 喜悦的—高兴的，快乐的，欢快的 | 讲道德的—体面的，有德行的，道德 |
| 清楚的—明白的，明确的，确切的 | 富于表现力的—生动的，有力的 |
| 聪明的—伶俐的，敏锐的，敏捷的 | 公平的—无私的，无偏见的 |
| 有能力的—熟练的，高效的 | 有远见的—明智的，有预见的 |
| 竞争的—好斗的，努力奋争的 | 流行的—时髦的，走俏的，现行的 |
| 有信心的—自信的，有把握的 | 坚定的—不动摇的，稳定的，不屈不挠的 |
| 志趣相投的—愉快的，融洽的 | 灵活的—适应性强的，易调教的 |
| 认真的—可靠的，负责的 | 有力的—强大的，强壮的 |
| 考虑周到的—体贴的，亲切的 | 合礼仪的—适当的，有礼貌的，冷静的 |
| 前后一致的—稳定的，有规律的，恒定不变的 | 朴素的—节俭的，节省的，节约的 |
| 常规的—传统的，认可的 | 大方的—慷慨的，无私的，乐善好施的 |
| 合作的—同意的，一致的 | 亲切的—真诚的，友好的，和蔼的 |
| 有勇气的—勇敢的，无畏的，英勇的 | 温和的—好心的，温柔的，有同情心的 |
| 周到的—有礼貌的，彬彬有礼的，尊敬的 | 乐群的—爱交际的，友好的 |
| 有创造性的—新颖的，有创意的 | 吃苦耐劳的—坚强的，坚忍不拔的 |
| 好奇的—好问的，爱探究的 | 健康的—精力充沛的，强壮的，健壮的 |
| 果断的—坚决的，坚定的，明确的 | 有帮助的—建设性的，有用的 |
| 慎重的—小心的，审慎的 | 诚实的—真诚的，坦率的 |
| 微妙的—机智的，敏感的 | 有希望的—乐观的，鼓舞人心的 |
| 民主的—平等的，公平的，平衡的 | 幽默的—诙谐的，滑稽的，可笑的 |
| 感情外露的—富于表情的，易动感情的 | 富有想象力的—有创造性的，有创意的 |
| 可靠的—令人信任的，可信赖的 | 独立的—自立的，自由的 |
| 坚决的—坚定的，果敢的 | 勤奋的—努力的，忙碌的 |
| 灵巧的—灵活的，敏捷的，机敏的 | 有知识的—学者气质的，大脑的 |

续表

| 婉转得体的—机智的，文雅的，精明的 | 智慧的—聪明的，见识广的，敏锐的 |
|---|---|
| 谨慎的—小心的，精明的 | 特意的—有目的的，故意的 |
| 独特的—唯一的，个性化的 | 明智的—聪明的，有判断力的，冷静的 |
| 有文化的—博学的，诗意的，好学的 | 逻辑性强的—理智的，有条理的 |
| 拘谨的—矜持的，客气的 | 忠诚的—真诚的，忠实的，坚定的 |
| 负责的—充分考虑的，成熟的，可靠的 | 有条理的—系统的，整洁的，精确的 |
| 反应灵敏的—活泼的，能接纳的 | 小心翼翼的—精确的，完美主义的 |
| 自发的—首创的，足智多谋的 | 谦虚的—谦逊的，简朴的，朴素的 |
| 敏感的—易受影响的，敏锐的 | 有益于成长的—有帮助的，支持的 |
| 严肃的—冷静的，认真的，坚决的 | 观察敏锐的—专注的，留心的，警觉的 |
| 精明的—机敏的，爱算计的，机警的 | 头脑开放的—接纳的，客观的 |
| 真诚的—诚恳的，可信的，诚挚的 | 有秩序的—整洁的，训练有素的，整齐的 |
| 好交际的—随和的，亲切的 | 独创的—创造性的，罕有的 |
| 自发的—冲动的，本能的 | 随和的—友好的，好交际的，温暖的 |
| 稳定的—坚固的，稳固的，可靠的 | 充满热情的—狂喜的，强烈的，热心的 |
| 高大结实的—强有力的，强健的，肌肉发达的 | 成功的—有成就的，证据确凿的 |
| 耐心的—坚定不移的，毫无怨言的 | 同情的—仁慈的，温暖的，善良的 |
| 平和的—宁静的，平静的，安静的 | 有策略的—考虑周详的，慎重的 |
| 敏锐的—有洞察力的，有辨识力的 | 顽强的—坚持的，坚定的 |
| 坚持的—持久的，持续的 | 理论性强的—抽象的，学术的 |
| 有说服力的—令人信服的，有影响力的 | 完全的—彻底的，全部的 |
| 爱玩耍的—有趣的，快乐的 | 深思熟虑的—沉思的，慎重的 |
| 泰然自若的—自制的，镇静的 | 宽容的—仁慈的，宽大的 |
| 礼貌的—尊敬的，文明的，恰当的 | 坚强的—不动摇的，坚定的 |
| 积极的—有远见的，坚定的 | 值得信赖的—可靠的，可信赖的 |
| 实用的—有用的，实际的 | 真诚的—诚实的，实际的，精确的 |
| 精确的—详细的，明确的，准确的 | 善解人意的—了解的，理解的 |
| 多产的—硕果累累的，丰富的 | 保护的—警戒的，防御的 |
| 文雅的—文明的，有修养的 | 智慧的—明智的，仔细的，聪明的 |
| 爱说话的—爱发表意见的，善于表达的 | 准时的—守时的，稳定的，及时的 |
| 有目的的—下定决心的，有意的 | 多才多艺的—多技能的，手巧的 |
| 快速的—敏捷的，迅速的，灵活的，轻快的 | 精力旺盛的—朝气蓬勃的，充满活力的 |
| 安静的—无声的，沉默的，宁静的 | 有德行的—好的，道德的，模范的 |
| 容光焕发的—明亮的，热情洋溢的，光彩夺目的 | 活泼的—活跃的，快活的 |
| 理性的—健全的，合理的，符合逻辑的 | 志愿的—自由的，非强迫的 |
| 现实的—自然的，真实的 | 温暖的—充满爱意的，慈爱的，友善的 |
| 合理的—合逻辑的，有根据的 | 迷人的—有魅力的，令人、愉快的 |
| 沉思的—爱思考的，深思熟虑的 | 热心的—热情的，热切的，热烈的 |

**【课堂活动】**

**我愿意与……样的人共事**

请列出你愿意与之共事的人的特质，并在小组中进行讨论，看看大家最重视的特质都有哪些。

______________________________________________

______________________________________________

请思考：我是这样的人吗？符合大家所描述的理想同事吗？我的个性特征会怎样影响到我的生涯发展？

______________________________________________

______________________________________________

你通常以什么样的态度从事工作或学习？你是怎样与人交往的？与你的同学或朋友相比较，你有何与之不同的特点？根据你对自己的了解，试着写下描述自己的形容词，写得越多越好。

______________________________________________

______________________________________________

**4. 三种技能之间的关系**

专业知识技能不可或缺，它是获得可迁移技能和自我管理技能的基础，但它的重要性常常被求职者夸大，以至于许多大学生在校期间十分重视专业知识的学习，在校内学习很多的课程、在校外参加各种培训班，并积极考级考证，获得奖学金和各种荣誉证书，所有这些努力，只为了证明自己的专业知识技能，却忽视了可迁移技能和自我管理技能的培养。

实际上，专业知识技能早已不是用人单位选人用人的唯一标准，用人单位需要的是能够胜任该职位的人，不少外企在校园招聘时甚至都已不再区分学生的专业背景。可迁移技能在许多工作中都会用到，可以随着你的需求和工作环境的变化而适用，因此开始成为用人单位最看重的部分。随着我们工作经验和生活阅历的增加，可迁移技能还会得到不断的发展。

与此同时，一个人是如何使用自己的专业知识，以什么样的态度从事工作的，甚至比工作内容本身更为重要。正是这样一些品质和态度，将优秀的求职者与许多其他具有相同知识技能的候选人区别开来，最终得到一份工作，并能够适应新的环境和规则，在工作中取得成就，从而获得升职加薪的机会。而人们被解雇或离职的原因，更多是因为缺乏自我管理技能，如缺乏团队精神，敬业精神和服务意识，眼高手低，不认真不踏实不诚信，沟通能力、学习能力、创新能力、抗压能力差等，而不是缺乏专业知识技能和可迁移技能。

这就是为什么许多大学生在找工作时往往陷入专业对不对口的困惑，在进入职场之后，也经常出现校园里的优秀学生不如成绩一般的学生发展得好的情况，专业知识技能固然重要，最终使人获得工作机会，适应工作，并拥有更好的职业发展的，更多的是可迁移技能和自我管理技能。在大学生从校园走向社会之前，培养良好的自我管理技能，学会如何为人处世，是至关重要的。

**【课后思考】**

**他人眼中的我**

通过他人对自己的反馈是了解自己的一个很好的方式。向你身边的亲朋好询问一下：如果让他们用三到五个词来形容你，他们会说什么？你可以通过面谈、打电话、发短信或电子邮件等多种方式来完成这个练习。请询问至少 10 个人。

______________________________________________

______________________________________________

在得到他人的反馈后，看一看他们对你的描述中，有哪些是你知道的，哪些是你以前没有想到过的。他们所说的符合你对自己的评价吗？哪些方面是你长处？哪些地方你需要改进？

______________________________________________

______________________________________________

# 第三节　职业技能探索

## 一、发现自己的成就与技能

### 1. 用 STAR 法来编写成就故事

请回忆生活中令你有成就感的具体事件，这些成就事件可以是工作或学习上的，也可以是课外活动或家庭生活中发生。它们不必是惊天动地的大事，只要符合以下两条标准，就可以被视为“成就”：①你喜欢做这件事时体验到的感受；②你为完成它所带来的结果感到自豪。如果同时你还获得了他人的认可和表扬那就更好了。将以上事件用 STAR 法进行撰写，完成成就故事撰写后对其进行分析，看看你在其中运用了哪些技能。

STAR 法则是一种广泛应用于求职面试、团队管理、沟通技巧和问题解决等领域的行为描述和评估方法。包括以下要素：

（1）情境（situation），描述当时的形势，包括你面临的障碍、限制或困难；

（2）任务（task），描述面临的任务/目标，包括你想达到的目标、需要完成的事情；

（3）行动（action），描述采取的行动/态度，包括你的具体行动步骤，你是如何一步步克服障碍、达成目标的；

（4）结果（result），描述取得的结果，包括你取得了什么成就。

**【案例分享】**

**制作PPT并在课堂上演示讲解课程内容**

这学期，作为师范生的必要培训内容之一，我们的教学技能培训课要求我们在学期当中必须自选题目，并用PPT进行一次演示讲解。在此之前，我没有学过如何制作PPT。我请同宿舍的一位同学用了大约20分钟的时间教我PowerPoint软件的基本使用方法，我又自己在学校的电脑机房琢磨了一下，并向机房的管理人员请教了几个问题。选定了我要讲的题目以后，我上网搜索了相关的资料和图片，然后制作了十分钟课程的辅助教学PPT。在课堂讲解演示中，由于我制作的PPT图片精美、文字与内容搭配得宜，我获得了95分的高分，并得到了老师和同学的称赞。

技能分析：

制作PPT课件并演示讲解所涉及的技能：⑴快速学习；⑵善于利用人际资源；⑶寻求帮助；⑷清晰地沟通；⑸搜索信息；⑹图片文字的处理、编辑和组织；⑺面对新情况，表现出灵活性和很强的适应性；⑻敢于迎接挑战；⑼积极主动；⑽耐心；⑾关注细节；⑿克服压力；⒀PPT的制作方法。

其中，前六项都是可迁移技能，中间六项是自我管理技能，最后一项是知识技能。

**2. 可衡量的业绩**

回顾一下自己过往的历史，有些什么样的业绩是可以量化的？除了一些常见的如“期末考试全年级总评第三”或“连续三年获得一等奖学金”以外，还有没有一些其他的事情是可以用数字来说明自己的成果的？如“作为校学生会文艺部长，成功组织了为数300人的大型表演活动”，“在兼职×化妆品牌销售期间，提高了当月部门的销售额达10%”，等等。这样的一些数据可以非常具体翔实地说明个人取得的成绩，能给人以更深刻的印象。

我所取得过的可衡量的业绩：

______________________________________________

______________________________________________

**3. 技能词汇表**

从上文所列的技能词汇表（可自行添加）中挑出你认为符合自己情况的词，然后思考：为什么会这样描述自己，有哪些实际生活和工作的例子可以用来证明你的结论。

我最重要的五项专业知识技能（名词）

①______________________________________________

②______
③______
④______
⑤______

（2）我最重要的五项可迁移技能（动词）

①______
②______
③______
④______
⑤______

（3）我最重要的五项自我管理技能（形容词）

①______
②______
③______
④______
⑤______

技能词汇表的一个好处是词汇比较丰富，可以启发思路，让个人更全面地看到自己所有的技能。对自我技能进行探索的目的，就是要帮助个体认识到自己在以往的岁月中其实已经掌握了相当多的技能，从而能够对自己有更好的定位，做到“扬长避短”。

## 二、了解职业对技能的要求

### 1. 参考网站

根据当下的招聘网站（如 BOSS 直聘、智联招聘、前程无忧等，）发布的职位信息，可了解工作内容、对学历、经验以及技能的详细要求，是很好的求职参考资源。同时也可根据专业职业网站学职平台，对职业包括职业技能进行全面的了解（https：//xz.chsi.com.cn/occupation/index.action）。

### 2. 生涯人物访谈

向实际从事某一职业的人了解该职业的技能要求。通常，用这种方法可以比较详细，具体地了解特定职业不为常人所知的要求，可以有效地帮助个人在进入某一行业前做好职业方面的技能准备。值得注意的是生涯人物访谈需要通过与 2 ～ 3 位职场人士（在本领域工作 3 年以上），从而获得关于行业、职业和公司“内部”信息的职业探索活动。

我从“生涯人物访谈”所收集到的有关职业技能要求的信息有：

______

______

______

**【案例分享】**

一位文秘专业的大学生进行了生涯人物访谈后写道："文秘根据市场需求被划分为文员和秘书两个层面：文员的要求较基本，也较低，往往只要求一定的学历和电脑运用能力，以及办公室办公用品的操作能力，岗位的流动性较大。而秘书除了具备文员的基本条件外，还须具备较高的学历，较高的外语水平，较强的综合接待，处理事务的能力，同时还要协助上司完成一定的管理工作。除此之外，是否持有秘书岗位资格证书，也是企业选择员工时重点考虑的因素。高级秘书或涉外文秘对综合能力和专业能力的要求就更高了。不同性质的秘书要求的必需技能不尽相同，但语言、交际、礼仪、写作、调查研究及实用书法等基本技能、具体分析和解决实际问题的能力，以及自学能力是最根本的。对于商务秘书而言，除了上述几点以外还应具备一定的英语读写能力和对话能力，能进行商贸英语对话，并能用英语撰写书信、单据等常用应用文。"

从上面的文字可以看出，这位同学在经过生涯人物访谈后对于自己大学期间需要重点培养和发展哪些技能有了更清晰的认识。

## 三、职业技能的培养

了解职业的技能要求具有重要的意义，因为技能是多种多样的，技能的发展和培养又需要相当的时间，而人的时间和精力是有限的，在大学生活中要将有限的时间花费在一些什么样的活动上，这在很大程度上取决于我们希望达到的职业生涯目标和它所要求的技能。只有当我们明确了目标职业需要一些什么样的技能时，我们才能够提早准备，明确自己需要重点发展哪些技能，并通过校内外的各种课程和实践活动来培养这些技能，从而有计划、有针对性地过好大学生活，只有这样，在求职应聘时才能够做到有信心、有实力。

对大学生来说，重要的是要能够从技能的角度去看待职业和自己，并且在简历和面试中列明出自己与工作相关的技能。可以说，大学时代的学习绝不能是局限于书本知识和应试的学习，而必须是培养和发展各方面技能的广义的"学习"。

### 1. 职业技能的影响因素

技能的形成与发展依赖于多种因素的交互作用，基本上包括以下两个方面。

（1）遗传因素

遗传因素对能力的影响主要表现在个人潜能上。潜能是个人技能发展的重要影响因素。但是，潜能不等于技能本身，具有相同身体素质的人，可能发展多种不同的技能；而良好的潜能如果没有良好的培养、训练，技能也可能得不到应有的发展，可见，不可否定遗传的作用也不可夸大遗传的作用。每个人都有一定的遗传优势和不足，你可以发现你的优势并好好地利用它。同时发现自己的不足，通过努力去克服或者通过其他方式补偿改变。

（2）后天培养

每个人从遗传因素中所获得的潜在能力都各不相同，且这种潜能开发到何种程度大概率取决于后天环境和培养。发展技能还要重视早期环境的作用，探索环境是能力发展的重要条件，父母在婴幼儿时期采用的教养方式会决定孩子一生的主要性格特征，进而影响孩子能力的发展。学校教育对能力形成和发展所起的作用是系统性的，学生通过系统地接受教育，能力也会得到不断的发展。

我国古代思想家王充指出“施用累能”，即指能力是在使用中积累的，人的各种能力是在社会实践活动中最终形成和发展起来的。个人直接经验的积累，在人的能力发展中有着不可替代的重要作用。离开了实践活动，即使有良好的素质、环境和教育，能力也难以形成和发展起来。

其实我们每个人都已经在现实生活中，个人的能力水平往往是遗传因素和后天培养两方面的结果。例如，刘翔取得跨栏比赛的奥运会冠军，这中间既有他先天良好的个人身体素质的原因，也离不开他后天勤奋刻苦的技能训练。但同时，我们要注意不要将两者混为一谈。比如，我们常常会听到某人说“我这方面的能力不行”，那么，是真的不具备这方面的天赋，还是由于缺乏机会培养和练习。事实上，很多能力如人际交往能力等，主要有赖于后天的练习。许多人际交往技能不佳的人，往往是由于其在青少年时期家庭教育不当，只注重学习成绩而不注重其他技能的培养造成的。在成年以后，他们可以通过听讲座、看书、向人请教乃至心理咨询等方式提高自己在这些方面的技能。正如中国古语所讲的，“勤能补拙”，先天的不足可以通过后天的努力得到弥补。比如邓亚萍，虽然作为乒乓球运动员的先天条件并不好，但通过后天的刻苦训练还是取得了惊人的成就。其实，每个人都有无限的学习、成长的能力，但许多人成年以后就开始固步自封了，我们如果像孩子一样勇于、勤于学习，并且不怕失败和挫折，那么很多技能是可以通过练习而获得的。就像《卖油翁》中所讲的：“无他，唯手熟尔。”

**2. 职业能力的培养方法**

（1）学好专业课程，夯实专业知识基础

虽然专业知识≠专业技能，现实生活中很多毕业生从事着与自己专业不甚相关的职业，淡化专业的就业趋势越来越明显，但这并不意味着大学生就可以不学习或不努力学习专业知识。专业知识的学习和掌握在就业中仍占有重要的地位：①成绩的好坏仍是专业型用人单位选择的重要标准；②当前社会需要的是复合型的人才，毕业生在专业知识的基础上拥有合理的知识结构，无疑会在就业市场中赢得更多的就业机会。大学四年里面所学的课程还是最系统，最规范的获取专业知识的手段扎实学好所学专业中的核心课程，是未来在某一专业领域自由驰骋的第一步。

（2）注重通识知识的积累

通识知识的学习能够培养大学生适应社会的能力、组织管理能力、沟通协调能力、创新能力等人际交往能力。担任学生干部、参加社团活动、参与各类竞赛是大学生拓宽知识面、积累通识知识、锻炼各方面能力的三个主要渠道。

担任学生干部，从团委学生会干部，到班级班委，再到宿舍舍长，通过组织活动、召开班会、上传下达、汇总统计等任务，任何一个职位都可以是你发挥自身才干，为同学服务的机会。

理性选择学生社团，成为社团骨干，在选择社团时，可以根据自己专业和爱好选择专业性学生社团，包括专业学术型、科技创新型两类。在社团里，可以将所学专业知识付诸实践，结交到志同道合的朋友，还能丰富校园生活，培养兴趣爱好，拓宽求知领域，扩大交友范围。

纸上得来终觉浅，觉知此事要躬行。参加各类大学生学科竞赛是培养锻炼专业技能的一种非常有效的方式，学生可根据所学专业选择参加某一种或几种学科竞赛。通过比赛，能够帮助你在某项专业技能方面得到提升，还可以锻炼到自己的创新精神、协作精神和实践能力，是培养个人能力的绝好契机。

（3）重视实践能力的提升

大学的学习是多方位的，学习课堂的知识仅仅是大学学习的一部分。随着市场经济的不断发展和完善，社会竞争日益激烈，全社会对“人才”的评价标准已经从注重文凭向注重实际操作能力进行微妙的转变。学生可以适时地参加一些课外的专业技能培训、听一听行业专家的专业知识讲座，拓宽自己的专业视野。此外，个人的兼职、勤工俭学，学校组织的寒暑假社会实践、专业实习等也是大学生培养锻炼自己专业技能的有效途径。

（4）根据职业发展目标，选择性参加资格认证考试。

当前大学校园盛行“考证热”，各行各业都有相应的职业资格证书，这些证书是对专业学习成果的认可。但大学生报考时应理性选择，不要盲目跟风。可以根据自己的职业规划发展，有选择性参加对以后就业有用的考试。如国际贸易单证员证书考试，其考试内容包括国际贸易实务和单证操作实务，以及外经贸英语函电两部分，这些都具有很强的实践性。

总之，作为大学生既要有掌握书本知识和社会知识的内化知识能力，又要有将所学的知识运用于实际的外化知识能力，通过掌握书本知识来提升自己，利用大学一切可利用的资源，提高自身修养与素质，努力实现全面发展，为职业生涯奠定坚实基础。

第八章

# 职业价值观探索

对一个国家而言，有什么样的价值观就会建设什么样的社会；对一个人而言，有什么样的价值观就会有什么样的人生。

——习近平关于核心价值观的论述，中国共产党新闻网

青年的价值取向决定了未来整个社会的价值取向，而青年又处在价值观形成和确立的时期，抓好这一时期的价值观养成十分重要。这就像穿衣服扣扣子一样，如果第一粒扣子扣错了，剩余的扣子都会扣错。人生的扣子从一开始就要扣好。

——2014 年 5 月 4 日，习近平在北京大学师生座谈会上强调

# 第一节　价值观与职业价值观

**【课程导入】**

小张是一名即将毕业的大学生，虽然学习成绩优异，却在职业选择上陷入了困惑与迷茫。他对高薪的金融行业感兴趣，但他也希望能找到一份有社会意义的工作。他的导师建议他先明确自己的价值观，再做职业选择。通过一系列的自我探索，小张发现，他最看重的是工作的社会影响力，而非薪酬。最终，他选择了一家非营利组织，致力于教育事业的发展。

## 一、价值观定义

价值观是指个人对什么是重要的、什么是有意义的、什么是正确的信念和态度的整体认知。它是人们在生活中判断事物好坏、选择行为方向的根本标准。价值观的形成和发展受家庭、教育、文化、社会环境等多种因素的影响。权威研究指出，价值观是个体在社会化过程中通过家庭、学校、同伴和文化环境等多重影响所内化的信念系统。

### 1. 价值观的基本概念

价值观是个体对周围世界的基本信仰和态度，它影响着人们的行为选择和生活方式。根据近年来的研究，价值观被定义为个体对特定模式或目标状态的持久信念，并通过影响个体的态度和行为，成为指导人们生活和工作的核心原则。中国传统文化中，价值观的影响尤为深远。《论语》中提到“君子喻于义，小人喻于利”，说明了在古代社会中，个人价值观不仅影响个人的行为方式，还关系到社会的道德风尚。

### 2. 价值观的形成和发展

从小到大，个人的价值观在家庭教育、学校教育和社会交往中逐渐形成，并在成长过程中不断发展和变化。生态系统理论指出，家庭、学校、同伴群体和更广泛的社会文化环境共同作用，影响个体价值观的形成和发展。家庭是价值观形成的最初环境，父母的言行举止和教育方式对儿童的价值观有着深远的影响。比如，古代孟母三迁的故事，就是为了给孟子提供良好的学习环境，从而影响他的价值观形成。随着个体进入学校和社会，教师的教育、同伴的影响和社会文化的熏陶进一步塑造和发展了个体的价值观。

### 3. 价值观在个人生活中的重要性

价值观不仅影响个人的生活态度和行为方式，还在个人的职业选择和发展中起着关键作用。职业发展理论指出，职业选择是个体自我概念的表达，而自我概念中包含了个人的价值观。一个人的价值观决定了他在职业生涯中的目标和追求。例如，有些人重视经济回报，他们可能会选择高薪职业；而有些人则重视社会贡献，他们可能会选择教育、医疗或公益事业。中国历史上，有很多学者选择以天下为己任，如范仲淹，他的“先天下之忧而忧，后天下之乐而乐”便是其价值观的体现。

价值观还影响个人的职业满意度和职业成就。研究表明，当个体的职业选择与其核心价值观相一致时，个体在工作中的满意度和投入度更高，职业成就感也更强。相反，当职业与个人价值观冲突时，个体可能会感到不满和压力，甚至出现职业倦怠和离职倾向。

总之，价值观是影响个体生活和职业发展的核心因素。通过了解和明确自己的价值观，个体可以更好地进行职业生涯规划，选择适合自己的职业道路，实现个人的职业目标和人生价值。

## 二、职业价值观的定义

职业价值观是指个体在职业活动中所追求的目标和意义，是人们对职业生涯中重要事物的看法和信念。它包括对工作内容、工作环境、职业发展、薪酬待遇等方面的期待和重视程度。职业价值观不仅是个人在职业生涯中行为和决策的重要依据，也是影响其职业选择和职业发展的关键因素。

### 1. 职业价值观的基本概念

职业价值观是指个体在职业生涯中对工作和职业的基本态度和信念，它决定了个体在职业选择和职业发展中的行为方式和决策。正如美国心理学家埃德加·谢恩（Edgar Schein）所言：“职业价值观是个人在工作中所追求的核心信念和目标，它们深刻影响着职业生涯的方向和成就。”职业价值观包括对工作本身的热爱、对职业成就的渴望、对工作环境的要求、对职业发展的期望以及对薪酬待遇的重视等多个方面。

### 2. 职业价值观与一般价值观的区别与联系

虽然职业价值观是一般价值观在职业领域的具体体现，但它们之间存在一定的区别。一般价值观是指个体在所有生活领域中的基本信仰，如诚实、责任、合作等，它们影响着个体的整体生活态度和行为。而职业价值观则是指个体在职业生涯中的特定信仰，更多地涉及职业选择、职业发展和工作满意度等方面。例如，一个人在日常生活中可能非常重视家庭和个人时间，但在职业价值观中，他可能更加注重职业成就和事业发展。马斯洛的需求层次理论中提到，“人类的需求是多层次的，职业价值观是满足个人高层次需求的重要途径”。

### 3. 职业价值观的多样性

每个人的职业价值观都是独特的，它取决于个体的背景、经历和个人特质。职业价值观的多样性体现了人们对职业生涯的不同追求和期待。例如，有些人重视物质回报，追求高薪酬和稳定的职业，而另一些人则可能更重视工作的社会影响和个人成就。马克思在其著作《资本论》中提道：“人的职业选择和职业行为不仅受物质利益驱动，还深受价值观和社会意义的影响。”这种多样性也表现在不同的职业和行业中。例如，医疗行业的从业者可能更加重视职业的社会意义和帮助他人的价值，而金融行业的从业者则可能更加关注职业的物质回报和职业发展的机会。正如美国职业指导专家霍兰德所提出的职业兴趣理论所言："人们选择职业不仅基于其技能和能力，更基于其价值观和兴趣。"

职业价值观的多样性不仅影响个人的职业选择和发展，也对组织管理和职业教育提出了新的挑战和要求。理解和尊重员工的职业价值观，提供多样化的发展路径和激励机制，是现代企业管理的重要任务。对于个人来说，明确自己的职业价值观，选择与之匹配的职业和工作环境，是实现职业成功和个人幸福的重要前提。

**【课堂活动】**

1. 价值观自我评估问卷：学生填写一份详细的价值观自我评估问卷，通过一系列设计精良的问题，帮助学生深入了解自己的核心价值观。这些问题可能包括：

"什么样的工作环境让你感到最舒适？"

"在工作中，你认为什么是最重要的，薪酬、发展空间还是工作内容？"

"你最喜欢的成功范例是谁，为什么？"

小组讨论：分享个人价值观并讨论其对职业选择的影响。

讨论引导问题：

"你的核心价值观是什么？为什么它们对你重要？"

"这些价值观如何影响你对职业的选择？"

"你认为在选择职业时，价值观与现实之间如何平衡？"

2. 案例分享：每组选择一个真实或虚构的职业选择案例，分析其中的价值观因素。例如，可以讨论一个工程师决定转型为教师的案例，探讨他在职业转型中的价值观变化。

3. 全班总结：各小组代表汇报讨论结果，教师进行总结点评，强调价值观在职业选择中的重要性。

## 三、职业价值观的影响因素

职业价值观的形成和发展受到多种因素的影响，包括家庭、教育、社会环境、个人经历和工作经验等。这些因素在不同的时期和不同的环境中共同作用，塑造了个人的职业价值观。

### 1. 家庭对职业价值观的影响

家庭是个人价值观形成的最初环境，父母的职业观念和价值观直接影响着孩子的职业价值观。从小在家庭中接受的教育和耳濡目染的职业态度，会在潜移默化中对孩子产生深远的影响。例如，父母对工作的态度、对职业成功的定义以及对职业道德的看法，都会在孩子的心中打下烙印。研究表明，父母对工作的重视程度和职业选择上的偏好，会显著影响孩子未来的职业选择和对工作的态度。

### 2. 教育对职业价值观的影响

学校教育在个人职业价值观的形成中起着重要作用。教育不仅传授知识，还培养学生的职业素养和职业观念。在学校，学生通过课程学习、老师的指导以及同学之间的互动，逐渐形成对职业的初步认识和态度。比如，学校的职业指导课程、实习机会和职业发展讲座等，都会对学生的职业价值观产生影响。此外，学校教育中的隐性课程，例如老师的言行举止、校风校纪等，也会对学生的职业观念起到潜移默化的作用。

**3. 社会环境对职业价值观的影响**

社会环境中的职业文化和职业道德对个人职业价值观的形成有重要影响。不同的社会环境可能会塑造出不同的职业价值观。例如，工业化社会和信息化社会对于职业的定义和重视程度有所不同，从而影响人们对职业成功的认知。此外，社会中的流行文化、媒体宣传和社会舆论也会影响个人对职业的看法和态度。比如，某些职业在特定时期被社会高度认可和推崇，会导致人们对这些职业产生向往和追求。

**4. 个人经历和工作经验对职业价值观的影响**

个人在成长过程中积累的各种经历和工作经验，是形成职业价值观的重要因素。这些经历和经验帮助个人明确自己在职业生涯中看重的是什么。例如，一个人在职场中经历过挫折和挑战，可能会更加重视职业的稳定性和安全感；而有过成功创业经历的人，可能会更注重职业的创新性和自由度。个人的职业价值观往往是在不断的工作实践和自我反思中逐渐明确和稳定下来的。

职业价值观的形成和发展是一个复杂的过程，受到家庭、教育、社会环境、个人经历和工作经验等多种因素的综合影响。这些因素相互作用，共同塑造了个人对职业的看法和态度。在了解这些影响因素的基础上，个人可以更好地理解自己的职业价值观，从而在职业生涯中做出更加明智和适合自己的选择。

## 第二节 职业价值观的作用

**【课程导入】**

职业价值观在职业生涯中的作用不可忽视。职业价值观是指个人在职业生涯中所看重的价值和标准，包括对工作本身、工作环境、职业目标和职业道德的看法和期望。它不仅影响个人的职业选择和职业行为，还对职业发展的各个方面起着重要作用。

美国著名心理学家马斯洛提出的需求层次理论揭示了人类需求的层次结构，从基础的生理需求到最高层次的自我实现需求。在这个理论中，高层次需求如自我实现和尊重需求，与职业价值观密切相关。职业价值观在满足这些高层次需求的过程中发挥着关键作用。

指导职业选择：职业价值观是个人职业选择的重要指南。人们往往根据自己的价值观来选择职业，以期在工作中实现自我价值。例如，一个重视社会贡献和帮助他人的人，可能会选择医疗、教育或社会工作等职业，而那些追求高薪和物质回报的人，则可能倾向于选择金融、商业等领域的工作。

增强工作动机：职业价值观能够增强个人的工作动机，使人在工作中更有动力和热情。职业价值观与个人的内在需求相契合时，能够激发出更大的工作热情和创造力，使人们在面对困难和挑战时，能够保持积极的态度和坚定的信念。

提升职业满意度：当个人的职业价值观与其所从事的职业相符时，职业满意度会显著提高。职业价值观能够帮助个人找到职业中的意义和成就感，从而提升工作满意度和幸福感。相反，如果职业价值观与工作环境不符，则可能导致职业倦怠和工作不满。

促进职业发展：职业价值观在职业发展过程中起着重要的推动作用。清晰的职业价值观可以帮助个人设定职业目标，制订职业发展规划，并在实现职业目标的过程中提供指引和动力。职业价值观还能够帮助个人在职业生涯中做出重要决策，如是否转行、是否继续深造等。

了解和明确自己的职业价值观，有助于个人在职业生涯中做出更加明智和适合自己的决策，从而实现自我价值和职业理想。接下来，我们将详细探讨职业价值观在职业生涯中的具体作用。

## 一、职业选择中的导向作用

职业价值观在职业选择中起着导向作用，它帮助个体在众多职业选项中找到最符合自己价值观的职业，从而实现职业与个人价值观的匹配。这种匹配不仅能够提高职业满意度和工作动机，还能促进个体在职业生涯中获得更高的成就，实现自我价值。为了更好地理解职业价值观在职业选择中的导向作用，我们可以从以下几个方面进行深入探讨。

### 1. 分析自身价值观

职业价值观是个体在职业生涯中所重视的原则和标准，是个人对职业的基本信念和态度。职业价值观的分析是职业选择的首要步骤，通过自我评估和职业测评，个体可以明确自己的职业价值观。这些价值观包括但不限于：

（1）经济回报：对高薪和物质奖励的重视。

（2）社会贡献：对职业能否对社会产生积极影响的关注。

（3）个人成长：对职业能否提供自我提升和学习机会的重视。

（4）工作环境：对工作氛围、人际关系和工作条件的关注。

（5）职业稳定性：对工作稳定性和安全感的重视。

通过职业价值观测评，个体可以清晰地认识到自己在职业生涯中最看重的因素。例如，哈佛大学心理学教授霍兰德提出的职业兴趣理论，通过六种职业类型（实用型、研究型、艺术型、社会型、企业型、事务型）帮助个体了解自己的职业兴趣和价值观，从而指导职业选择。

### 2. 匹配职业特征

了解自身的职业价值观后，下一步就是匹配职业特征。每一种职业都有其独有的特征和要求，包括工作内容、工作环境、职业发展前景等。选择与自身价值观相符的职业，可以通过以下几个步骤实现：

（1）收集信息：通过职业指导课程、职业规划书籍、职业博览会和网络资源，收集各类职业的信息，了解其特征和要求。

（2）职业访谈：通过与在职人员交流，了解实际工作中的细节和挑战，获取第一手资料。

（3）实习和体验：通过实习、兼职或志愿者工作，亲身体验不同职业，进一步验证职业选择的适合性。

例如，如果一个人的职业价值观重视社会贡献和帮助他人，那么他可能会倾向于选择医疗、教育、社会工作等职业。相反，如果一个人重视经济回报和职业发展机会，那么他可能会更倾向于选择金融、商业或科技行业。

**3. 职业价值观导向作用的理论支持**

职业价值观在职业选择中的导向作用，不仅在实际操作中得到了验证，还得到了多种理论的支持。除了前文提到的霍兰德职业兴趣理论，其他理论如马斯洛的需求层次理论和苏珀的职业发展理论，也为理解职业价值观的导向作用提供了理论基础。

马斯洛的需求层次理论强调了自我实现需求的重要性，即个体通过职业实现自我价值和潜能的过程。而超级的职业发展理论则指出，职业发展是一个动态过程，个体的职业选择和职业发展受到职业兴趣、职业价值观和职业成熟度等因素的共同影响。这些理论共同表明，职业价值观在职业选择中起到了重要的导向作用，能够帮助个体找到最适合自己的职业路径。

（1）自我实现：是指个体实现自身潜能，达到自身能力的最充分发挥。在职业生涯中，这种需求体现在对工作的热爱和追求，通过工作实现自我价值。比如，一位艺术家通过创作表达自己的思想和情感，从而获得成就感和满足感。

（2）尊重需求：包括对自尊和他人尊重的需求。在职业生涯中，这种需求表现为对职业成就和社会认可的追求。比如，一个职业经理人通过出色的工作表现赢得同事和行业的尊重，从而提升自我价值感和自信心。

**4. 实践中的应用与挑战**

尽管职业价值观在职业选择中具有重要的导向作用，但在实际应用中也面临着一些挑战。首先，个体的职业价值观并不是一成不变的，它可能随着时间、环境和经历的变化而发生改变。因此，在职业选择过程中，需要不断反思和调整自己的职业价值观。其次，职业价值观的匹配并不意味着职业选择的完美解决。在实际工作中，个体还需要面对各种现实的挑战和压力，如工作压力、职业竞争、工作与生活的平衡等。这些因素也会对职业满意度和职业发展产生重要影响。

例如，一位医学生在职业价值观测评中发现自己重视社会贡献和帮助他人，选择了医疗行业。然而，在实际工作中，他发现医疗行业的工作压力大、工作时间长，导致他在工作中倍感疲惫和压力。这时，他需要重新审视自己的职业价值观，并寻找适合自己的职业发展路径。

职业价值观在职业选择中的导向作用不可忽视。通过分析自身价值观、匹配职业特征和实际案例分析，我们可以清晰地看到职业价值观在帮助个体找到最适合自己的职业方面的重要作用。同时，理论支持和实践中的应用与挑战也提醒我们，在职业选择过程中，需要不断反思和调整自己的职业价值观，以实现职业与个人价值观的高度匹配。

职业价值观不仅是职业选择的重要指南，更是职业生涯中实现自我价值和职业成就的关键。了解和明确自己的职业价值观，有助于个人在职业生涯中做出更加明智和适合自己的决策，从而实现自我价值和职业理想。

**【课堂活动】**

**职业价值观测评**

活动内容：学生填写职业价值观测评问卷，了解自己的职业价值观，并进行小组讨论，分享测评结果及其对职业选择的影响。

## 二、职业发展的动力

职业发展的动力是指驱动个体在职业生涯中不断进步、追求卓越的内在和外在力量。这些动力源自个体的需求、目标、兴趣、价值观、外界环境以及社会期望等多方面的因素。对于大学生而言，理解和运用职业发展的动力，有助于他们在职业生涯中实现更高的成就和更深层次的满足。

### 1. 内在动力

内在动力是指源于个体内心的驱动力，它包括个人兴趣、价值观、自我实现的需求等。这些内在动力是职业发展的核心力量，能够激发个体的热情和创造力。

（1）个人兴趣

个人兴趣是职业发展的重要动力之一。兴趣能够激发个体的主动性和积极性，使他们在职业中保持持久的热情和动力。研究表明，兴趣与职业选择和职业满意度密切相关。兴趣可以驱动个体不断学习和探索新的领域，从而在职业生涯中不断进步。著名物理学家爱因斯坦从小对物理学表现出浓厚的兴趣，正是这种兴趣驱动他在职业生涯中不断探索和研究，最终取得了巨大的成就。

（2）价值观

价值观是个体在职业生涯中所看重的基本信念和原则，它决定了个体在职业选择和职业行为中的方向和态度。价值观能够为个体的职业发展提供强大的内在动力。例如，比尔·盖茨在职业生涯中始终坚持“科技改变世界”的价值观，这一价值观驱动他创办了微软公司，并通过技术创新不断推动社会进步。

（3）自我实现需求

自我实现需求是马斯洛需求层次理论中的最高层次需求，它指的是个体实现自身潜能，达到自身能力的最充分发挥。这种需求在职业发展中表现为对成就和意义的追求。心理学家卡尔·罗杰斯提出的“自我实现理论”强调，个体在实现自我潜能和追求个人成长过程中，能够获得极大的内在满足和动力。

**2. 外在动力**

外在动力是指来自外部环境的驱动力，包括社会期望、经济回报、职业发展机会等。外在动力在职业发展中同样起着重要作用，它能够为个体提供明确的目标和实际的激励。

（1）社会期望

社会期望是指社会对个体在职业生涯中的期望和要求，包括家庭、朋友、同事等的期望。社会期望能够对个体的职业选择和职业行为产生重要影响，激发个体的努力和进取心。例如，在中国古代科举制度下，士人群体承载着社会的崇高期望，他们通过勤学苦读、应试求仕来获取功名利禄，从而实现社会阶层的跃升。

（2）经济回报

经济回报是职业发展的重要外在动力之一。薪酬、奖金、福利等经济回报能够直接激励个体在职业生涯中不断努力，提高工作效率和绩效。在现代企业中，绩效考核和奖励制度被广泛应用，以激励员工提高工作表现，追求更高的职业目标。

（3）职业发展机会

职业发展机会包括晋升、培训、职业转换等，它们为个体提供了职业发展的路径和可能性。丰富的职业发展机会能够激发个体的职业动力，使其在职业生涯中不断追求进步和成长。例如，许多公司通过提供内部晋升机会和职业发展培训，激励员工在公司内不断提升自身能力和职位，从而保持高水平的工作动力。

**3. 职业发展的综合动力模型**

职业发展的动力并非单一因素的作用，而是内在动力和外在动力共同作用的结果。内在动力能够促使个体在工作中展现持续的热情和创造力，而外在动力则为职业发展提供具体的目标和实际的激励支持。两者相辅相成，共同驱动个体在职业生涯中不断迈向成功与成长。

（1）动机理论的综合应用

动机理论是分析职业发展驱动力的一项重要工具。赫茨伯格的双因素理论特别指出，职业满意度和动力的形成机制可以分为两类因素：

激励因素（Motivators）：例如成就感、责任感、认同与成长机会，能够直接提升职业满意度和激发个体的内在动力；

保健因素（Hygiene Factors）：如薪酬、工作条件、组织政策和人际关系等，虽不直接激励工作动力，但缺失时可能引起不满。

例如，一位教师的职业动力既可能来源于对教学事业的热爱和学生成长的成就感（激励因素，即内在动力），也可能依赖于学校所提供的良好工作条件和福利待遇（保健因素，即外在动力）。赫茨伯格进一步强调，仅有保健因素难以驱动高水平的职业绩效，而激励因素则在内在驱动方面更为关键。

（2）职业生涯阶段理论的视角

职业生涯发展理论由苏珀于 1957 年首次提出，他将职业生涯归纳为以下四个阶段，并对每个阶段的动力需求作出了详尽的分析：

探索期（Exploration Stage）：个体初入职业世界（如大学毕业至工作初期），主要动机来自外在目标，如探索职业机会、积累经验和实现经济独立；

确立期（Establishment Stage）：努力发展并确立职业地位，个体倾向于寻找职业稳定性，同时进一步追求职业上的成就感；

维持期（Maintenance Stage）：着重巩固已有成就，提升工作满意度，内在动力对持续的职业成长与价值感尤为重要；

衰退期（Decline Stage）：逐步退出工作或半退隐，外在激励需求减弱，内在自我实现与人生总结成为关键。

苏珀强调，内在动力和外在动力在职业生涯的不同阶段发挥着不同的主导作用。例如，职业早期的大学毕业生可能更加重视与成长机会和薪酬相关的外在动力，而在中期（确立期和维持期），成就感和对自身价值的认可（内在动力）则成为职业发展的重要驱动力。这一理论为职业规划及动力机制的动态变化提供了重要的理论框架支持。

**4. 职业动力的提升策略**

理解职业发展的动力机制，有助于大学生在职业生涯中更好地提升自己的职业动力。以下是一些有助于提升职业动力的策略：

（1）设定明确的职业目标

设定明确的职业目标能够为职业发展提供方向和动力。大学生应根据自己的兴趣和价值观，制定切实可行的职业规划和目标。一位立志成为医生的大学生，可以设定在大学期间通过医学院的入学考试，并在未来几年内完成住院医师培训的目标。

（2）培养职业兴趣和热情

培养职业兴趣和热情能够增强内在动力。大学生应积极参与与职业相关的实践活动，如实习、志愿者服务等，从中发现和培养自己的职业兴趣。对环保事业感兴趣的大学生，可以参与环保组织的志愿者活动，从中培养对环保工作的热情和动力。

（3）提高职业技能和能力

提高职业技能和能力能够增强个体在职业中的自信和成就感，从而提升职业动力。大学生应通过课程学习、专业培训和实践经验，不断提升自己的职业能力。

比如未来想从事软件开发的大学生，可以通过参加编程课程和项目实践，提升自己的编程技能和项目管理能力。

（4）寻求职业指导和支持

职业指导和支持能够提供宝贵的职业发展建议和资源，帮助大学生明确职业目标和路径。大学生应积极寻求导师、职业顾问和校友的指导和支持。譬如对创业感兴趣的大学生，可以通过学校的创业孵化器项目，获得创业导师的指导和创业资源的支持。

（5）建立良好的职业网络

建立良好的职业网络能够提供丰富的职业信息和机会，增强职业发展动力。大学生应积极参加与职业相关的社交活动，如职业讲座、行业论坛等，扩展自己的职业人脉。比如想进入金融行业的大学生，可以通过参加金融行业的职业讲座和校友聚会，建立与行业内人士的联系，获取职业信息和机会。

职业发展的动力是驱动个体在职业生涯中不断进步、追求卓越的内在和外在力量。内在动力包括个人兴趣、价值观和自我实现需求，外在动力包括社会期望、经济回报和职业发展机会。内在动力和外在动力共同作用，构成了职业发展的综合动力机制。理解和运用职业发展的动力，有助于大学生在职业生涯中实现更高的成就和更深层次的满足。通过设定明确的职业目标、培养职业兴趣和热情、提高职业技能和能力、寻求职业指导和支持以及建立良好的职业网络，大学生可以有效提升自己的职业动力，在职业生涯中不断进步，追求卓越。

## 三、职业满足感的来源

职业满足感是职业价值观在职业生涯中的重要体现。职业满足感不仅反映了个体对工作本身的满意程度，还反映了工作对个体需求的满足程度。职业价值观与工作内容、工作环境等方面的契合程度，直接影响个体的工作满意度。理解职业满足感的来源对于大学生规划职业生涯具有重要意义。

### 1. 职业价值观在工作满意度中的作用

职业价值观是指个体对职业的基本看法和信念，包括对工作本身、工作方式、职业道德和职业目标的看法。职业价值观影响着个人的职业选择、工作行为和职业发展，并且与工作满意度密切相关。当职业价值观与实际工作情况相契合时，个体会感受到工作的意义，并获得成就感和满足感；反之，则容易产生职业倦怠和不满。

（1）工作内容的匹配

工作内容是职业满足感的重要来源。与职业价值观匹配的工作内容能带来更高的工作满意度。工作内容包括具体的任务、职责和职业角色。当工作内容与个人职业价值观相契合，个体会感知到工作的意义与价值，从而获得更强的职业满足感。

理论支持：哈克曼和奥德汉姆的工作特征模型（Job Characteristics Model）提出，工作设计中某些关键特征，包括工作内容的丰富性、任务的重要性、任务的多样性、任务的完整性以及反馈机制，会显著影响员工的内在动机和工作满意度。当工作能够提供这些关键特征时，员工更容易体验到工作的意义感、责任感以及对工作结果的直接反馈，这将极大地提高内在动机、工作满意度和绩效。

（2）工作环境的契合

工作环境是职业满足感的另一个重要因素。与职业价值观契合的工作环境有助于提升工作满意度。工作环境包括物理环境、组织文化、人际关系和管理风格等。一个与个人职业价值观相符的工作环境，可以提供安全感、归属感和成就感，从而提高个体的工作满意度。

理论支持：组织行为学中的适配理论（Person Environment Fit Theory）强调，个体与工作环境的匹配程度是影响工作满意度和绩效的重要因素。工作环境包括任务、同事、上司、组织文化等多个方面，当个体的职业价值观与工作环境相符时，工作满意度会显著提升。

### 2. 职业满足感的具体来源

职业满足感不仅仅来自于职业价值观的契合，还包括许多具体的因素。这些因素在不同的职业环境中发挥着不同的作用。

（1）内在动机与职业满足感

内在动机是指个体因自身的兴趣、信念和价值观而进行的自我激励行为。内在动机是职业满足感的重要来源之一。研究表明，内在动机能够增强个体的工作投入和工作满意度。与职业价值观相符的工作内容和环境能够激发个体的内在动机，从而提升职业满足感。例如，教师职业通常具有很强的内在动机。许多教师选择这一职业是因为他们热爱教育事业，渴望通过教学来影响和改变学生的生活。教师的职业价值观与其工作内容高度契合，使他们在工作中感到充实和有成就感，从而获得较高的职业满足感。

理论支持：德西和瑞恩的“自我决定理论”（self-determination theory, SDT）指出，个体的内在动机来源于“自主性”（autonomy）“能力感”（competence）和“关系感”（relatedness）这三种基本心理需求的满足。当工作能够满足这些心理需求时，个体的内在动机和职业满足感会得到显著提高。这一理论最早由德西和瑞恩（Deci & Ryan），在其著作 *Intrinsic Motivation and Self-Determination in Human Behavior* 中提出，并在后续论文“*Self-Determination Theory and the Facilitation of Intrinsic Motivation, Social Development, and Well-Being*”中进一步完善。

例如，“自主性”指个体在工作中能够感受到选择的自由和控制感；“能力感”指个体感受到自己能够胜任工作并取得成就；“关系感”指个体在工作中感受到与他人之间的联系和归属感。研究表明，当员工在工作中拥有较高的自主权、能够胜任工作任务并与同事建立良好的关系时，他们的内在动机和职业满意度会显著提升。

（2）外在激励与职业满足感

外在激励是指通过外部奖励（如工资、奖金、晋升机会等）来激发个体的工作动机。尽管外在激励在某些情况下可以提高工作满意度，但它并不是职业满足感的唯一来源。职业价值观与工作内容和环境的契合程度在职业满足感中发挥着更为持久和深远的作用。例如，虽然某些高薪职业（如投行、咨询等）能够通过丰厚的薪酬和奖励吸引人才，但如果这些工作的内容和环境与员工的职业价值观不符，员工可能仍感到不满意和对工作的倦怠。因此，外在激励需要与职业价值观相结合，才能真正提升职业满足感。

理论支持：赫兹伯格的双因素理论（two factor theory）指出，外在激励（保健因素）和内在激励（激励因素）对工作满意度的影响是不同的。保健因素能够避免工作不满，但只有激励因素能够真正提高工作满意度。职业价值观作为激励因素，能够通过满足个体的内在需求来提升职业满足感。

（3）工作与生活的平衡

工作与生活的平衡也是职业满足感的重要来源。大学生在进入职场后，往往面临着工作和生活之间的冲突。合理的工作与生活平衡能够提高职业满足感，反之，则可能导致工作压力和产生不满情绪。例如，某 IT 公司为了提高员工的职业满足感，采取了弹性工作制和远程办公等措施。这些措施不仅提高了员工的工作效率，还使他们能够更好地平衡工作与生活，从而提升了整体的职业满足感。

理论支持：工作与生活平衡理论（work-life balance theory）强调，个体在工作和生活中需要找到一种平衡状态，以避免过度的工作压力和生活不满。这一理论在格林豪斯和比特尔（Greenhaus & Beutell）1985 年的论文“*Sources of Conflict Between*

*Work and Family Roles*”中首次提出，指出工作与生活之间的冲突会对个体的心理健康和职业满意度产生负面影响。当工作与生活平衡时，个体能够更好地投入工作，从而提高职业满足感。

职业满足感是职业价值观在职业生涯中的重要体现。职业价值观与工作内容、工作环境等方面的契合程度，直接影响了个体的工作满意度。职业满足感的来源包括工作内容的匹配、工作环境的契合、内在动机的激发、外在激励的补充以及工作与生活的平衡。了解这些因素有助于大学生在职业生涯中做出更加明智和适合自己的决策，从而实现自我价值和职业理想。

## 四、职业决策中的平衡作用

在职业生涯中，个体常常面临各种职业决策。从选择专业到选择第一份工作，再到中期职业转型以及长期的职业发展，每一个决策都关系到个体的职业生涯发展方向和职业成就。职业价值观在这些决策中起着平衡作用，能够帮助个体在不同选择中找到最适合自己的道路。职业价值观不仅是个体内心深处对职业的期待和要求，也是一种指导行为和选择的标准。在职业生涯中的关键决策时刻，职业价值观的平衡作用尤为重要。

**1. 职业价值观在职业生涯重大决策中的平衡作用**

（1）选择新机会

在面对新职业机会时，职业价值观帮助个体做出符合自身需求的选择。新机会可能带来更高的薪酬、更好的工作环境或更具挑战性的工作内容，但并不一定适合每一个人。职业价值观在这一过程中发挥了平衡作用，使个体能够权衡不同因素，做出最适合自己的决策。

理论支持：马斯洛的需求层次理论强调，自我实现需求是最高层次的需求。个体在选择新机会时，如果能够结合自身的职业价值观，那么不仅能够满足基础的生理和安全需求，更能够追求自我实现，从而实现个人的职业理想和价值。这一理论为职业价值观在选择新机会中的平衡作用提供了理论依据。以腾讯创始人马化腾为例。在腾讯成立初期，马化腾曾面临众多高薪职位的诱惑，但他坚持自己的职业价值观，即通过互联网连接世界。他选择放弃这些短期的高薪机会，专注于腾讯的发展。马化腾的职业价值观不仅体现在他对产品的执着和对用户体验的重视上，还体现在他对公司文化的建设上，这最终使得腾讯成为全球知名的互联网公司。

（2）调整职业路径

职业价值观在职业生涯中起到指导作用，帮助个体在必要时调整职业路径。随着职业生涯的发展，个体的兴趣、能力和外部环境都可能发生变化，这时往往需要重新审视职业路径。职业价值观在这一过程中提供了重要的参考标准，帮助个体做出符合长期职业发展目标的调整。

理论支持：苏珀职业发展理论（super’s career development theory）指出，职业发展是一个动态过程，个体在不同的职业阶段会有不同的职业任务和发展需要。这一理论由苏珀于 1957 年在其著作 *The Psychology of Careers* 中首次提出，并在后续研究中进一步完善。职业价值观作为个体职业行为的重要指导因素，在职业生涯的不同阶段中起到关键作用。通过与职业价值观的一致性检查，个体能够更加清晰地了解自己在职业生涯中的位置和未来的发展方向。

以华为创始人任正非为例，他在职业生涯中多次调整职业路径。从最初的解放军军官，到后来的电子器材业务员，再到创办华为，任正非每一次重大职业调整都遵循了自己的职业价值观，即对技术的执着和对卓越的追求。在每一个关键节点，任正非都能够结合自身的职业价值观，做出最有利于长远发展的决策。这种职业路径的调整与苏珀职业发展理论中强调的职业价值观在职业决策中的重要作用高度一致。

**2. 坚持职业价值观的重要性**

在职业决策过程中，个体常常会面临价值观冲突的挑战。高薪、职位提升、工作环境等外在因素常常会与个体的职业价值观发生冲突。在这种情况下，职业价值观的平衡作用更加突出。坚持自己的职业价值观，不仅有助于个体在职业生涯中获得长远的满足感和成就感，更能够在激烈的竞争中保持内心的平衡和稳定。

理论支持：德西和瑞恩的自我决定理论强调，自主性、能力感和关系感是个体心理健康和自我实现的三大基本需求。职业价值观与这三大需求密切相关，坚持职业价值观能够帮助个体在职业生涯中实现这三大需求，从而获得更加持久的职业幸福感和满足感。

**【案例分享】**

雷军，小米科技的创始人，在创业之前有着非常辉煌的职业生涯。在金山软件公司，他从程序员做起，最终成为公司的总经理。在这个过程中，他始终坚持自己的职业价值观——通过技术创新改善人们的生活。尽管在金山的工作非常成功，但雷军意识到，互联网和移动互联网将是未来的发展方向，他决定离开金山，追寻自己的创业梦想，最终创办了小米。这一决策体现了他对职业价值观的坚守和对未来发展趋势的敏锐判断。

通过以上案例分析，我们可以看到职业价值观在职业决策中的平衡作用。不论是选择新机会，调整职业路径，还是面对价值观冲突，职业价值观都为个体提供了重要的指导和支持。

职业价值观在职业决策中起着至关重要的平衡作用。它不仅帮助个体在面对新机会和职业调整时做出符合自身需求和长远发展的决策，还能够在价值观冲突中提供坚实的支持。通过了解和坚持自己的职业价值观，个体能够在职业生涯中实现自我价值，获得持久的职业幸福感和成就感。在不断变化的职业环境中，职业价值观将继续发挥其不可替代的平衡作用，指导个体在职业道路上行稳致远。

# 第三节　个人价值观探索

**【课程导入】**

在我们进行职业生涯规划的过程中，了解和探索个人价值观是非常重要的一步。每个人在生活和工作中都有自己的信念和原则，这些信念和原则不仅指导着我们的行为和决策，也影响着我们的职业选择和职业发展。

你是否曾经思考过，为什么有些工作让你充满动力和激情，而有些工作却让你感到疲惫和无聊？你是否感到过困惑，不知道自己真正想要追求的是什么？这些问题的答案往往与我们的个人价值观密切相关。

个人价值观是一个人内心深处的信念和原则，它们指导着个人的行为和决策，影响着生活的各个方面，包括职业选择和职业发展。对于大学生来说，探索和明确个人价值观是职业生涯规划中的重要一步。通过认识和理解自己的价值观，大学生可以更好地选择适合自己的职业道路，实现职业目标和人生理想。

在本节中，我们将深入探讨个人价值观的定义、意义以及价值观探索的方法和注意事项。通过系统的学习和思考，你将能够更加清晰地认识到自己的价值观，从而在职业生涯中做出更加明智和适合自己的选择。

为了帮助大家更好地理解这一内容，我们将引用一些经典的理论和实际的案例，通过理论与实践的结合，让你能够在现实生活中应用这些知识。

## 一、个人价值观的定义

个人价值观是指个体对事物的基本信念和态度，这些信念和态度决定了个体对不同事物的偏好和选择。价值观是个体行为的内在动因，是指导个体行动的原则和标准。具体到职业价值观，它包括了个体对职业的基本态度、期望和目标，涵盖了对工作内容、工作环境、职业成就、职业道德等方面的看法和标准。

## 二、个人价值观探索的意义

### 1. 提升自我认知

个人价值观是个体对事物的基本信念和态度。通过探索个人价值观，大学生可以更深入地了解自己，明确自己的兴趣、能力和目标，从而在职业生涯中做出更加理性的选择。

**2. 指导职业选择**

个人价值观直接影响职业选择。一个清晰的价值观能够帮助大学生在众多职业选择中找到最适合自己的方向，从而避免盲目从众和迷失方向的情况。

**3. 增强职业动机**

明确的个人价值观能够增强职业动机，使大学生在面对职业挑战和困境时，能够保持积极的态度和坚定的信念，从而更好地实现职业目标。

**4. 提升职业满意度**

当个人的职业与其价值观相符时，职业满意度会显著提高。通过价值观的探索，大学生可以选择与自己价值观相匹配的职业，从而提升工作满意度和幸福感。

## 三、个人价值观探索的方法

**1. 自我反思**

自我反思是探索个人价值观的基础。大学生可以通过以下几个方面进行自我反思：

（1）兴趣爱好：思考自己平时喜欢做的事情和感兴趣的活动，了解自己的兴趣爱好，可以帮助大学生发现自己的价值观。

（2）生活经历：回顾自己的生活经历，特别是那些对自己影响深远的事件，思考这些经历对自己的价值观形成了哪些影响。

（3）职业理想：思考自己理想中的职业是什么样的，为什么会有这样的职业理想，这些职业理想反映了自己哪些价值观。

（4）榜样人物：思考自己崇拜和敬仰的榜样人物是谁，他们有哪些品质和行为是自己所认同的，从中可以反映出自己的价值观。

**2. 心理测评**

心理测评是探索个人价值观的有效工具。通过科学的心理测评方法，大学生可以系统地了解自己的价值观倾向和特征。常用的心理测评工具包括：

（1）MBTI（迈尔斯布里格斯类型指标）：通过 MBTI 测评，大学生可以了解自己的性格类型，从而推测出适合自己的职业方向。

（2）霍兰德职业兴趣测试：霍兰德理论将职业兴趣分为现实型、研究型、艺术型、社会型、企业型和传统型六种类型，通过测评可以帮助大学生了解自己的职业兴趣和价值观。

（3）价值观问卷：一些专门的价值观问卷，如“个人价值观量表”（Personal Values Questionnaire），通过系统的问卷调查，帮助大学生明确自己的价值观倾向。

例子：在霍兰德职业兴趣测试中，如果一个学生的测评结果显示其职业兴趣类型为“社会型”，这说明他可能更重视人际关系和社会服务，那么他可以考虑选择教育、社会工作、心理咨询等职业方向。

**3. 咨询与辅导**

职业咨询与辅导是帮助大学生探索个人价值观的重要途径。职业咨询师通过专业的指导和帮助，可以引导大学生进行深入的自我探索和反思，从而明确自己的价值观。职业咨询与辅导的过程包括：

（1）一对一咨询：通过一对一的职业咨询，职业咨询师可以根据大学生的个性特点和职业兴趣，为其提供个性化的指导和建议，帮助其探索个人价值观。

（2）职业工作坊：职业工作坊是一种集体辅导形式，通过小组讨论和互动活动，帮助大学生在集体中分享和交流自己的职业价值观，从而促进自我认知。

（3）职业规划课程：在大学中开设职业规划课程，通过系统的教学和实践活动，帮助大学生了解职业价值观的相关知识和探索方法，从而提高大学生的职业生涯规划能力。

例子：在职业咨询师的指导下，小李通过职业工作坊中的互动活动，发现自己对环保事业非常感兴趣，这一发现促使他选择了环境工程专业，并在毕业后投身环保行业，成为一名环保工程师。

**4. 实践体验**

实践体验是探索个人价值观的有效途径。通过亲身参与各种实践活动，大学生可以在真实的工作环境中验证自己的价值观，发现自己的兴趣和特长。实践体验的方法包括：

（1）实习：通过实习，大学生可以在真实的工作环境中体验不同职业的实际情况，从而更好地了解自己的价值观。

（2）兼职：兼职工作不仅可以增加经济收入，还可以为大学生提供接触不同职业和行业的机会，从而帮助他们发现自己的职业兴趣和价值观。

（3）志愿服务：通过参与志愿服务，大学生能够在服务他人的过程中，培养自身的社会责任感和成就感，进而更深入地理解自己的职业价值观。

例子：小王在大学期间参加了多次志愿服务活动，他发现自己对帮助弱势群体非常有热情，这一发现促使他选择了社会工作专业，并在毕业后成为一名社会工作者，为需要帮助的人提供专业服务。

## 四、个人价值观探索的注意事项

**1. 避免外部影响**

在探索个人价值观的过程中，大学生应尽量避免外部的干扰和影响，如家长的期望、社会的潮流和同辈的压力。个人价值观是内在的信念和态度，应当从自身出发，进行独立的思考和判断。

**2. 保持开放心态**

在探索个人价值观时，大学生应保持开放的心态，不要过早地给自己下定论。随着时间的推移和经验的积累，个人的价值观可能会发生变化。因此，探索个人价值观应是一个持续的过程，需要不断反思并调整自己的职业目标和方向。

**3. 重视实际体验**

理论上的自我反思和心理测评虽然很重要，但实践体验更加直观和真实。通过实际的工作和生活体验，大学生可以更好地验证和调整自己的价值观，从而做出更加明智的职业决策。

**4. 寻求专业帮助**

在探索个人价值观的过程中，大学生可以寻求专业的职业咨询和辅导。职业咨询师具有丰富的经验和专业知识，可以为大学生提供科学的指导和建议，帮助其更清晰地认识并确立自身的价值观。

个人价值观探索是大学生职业生涯规划的关键步骤。通过自我反思、心理测评、咨询与辅导和实践体验等方法，大学生可以深入了解自己的价值观，从而在职业选择和职业发展中做出更加明智和适合自己的决策。在探索个人价值观的过程中，大学生应保持开放的心态，重视实际体验，避免外部影响，必要时可寻求专业帮助。只有明确了个人价值观，大学生才能在职业生涯中实现自我价值和职业理想。

**【拓展阅读】**

### 李彦宏的职业价值观探索

百度创始人李彦宏的职业价值观探索过程，充分体现了自我反思和实际选择的重要性，并对其职业选择和创业决策产生了深远的影响。

**一、自我反思：探索兴趣与热情**

李彦宏在成长过程中表现出对技术和创新的浓厚兴趣。中学时期，他就对计算机产生了强烈的兴趣，经常花时间钻研编程和计算机技术。在本科期间，他选择了北京大学信息管理专业，进一步加深了对计算机和信息技术的理解和热爱。

大学毕业后，李彦宏赴美国布法罗纽约州立大学攻读计算机科学硕士学位。在美国学习和工作的经历使他更加深入地了解了互联网技术的发展前景，并激发了他利用技术创新改变世界的梦想。李彦宏在硅谷的工作经历，让他看到了搜索引擎技术的巨大潜力，这使他坚定了通过技术创新为人们提供信息服务的职业价值观。

**二、职业选择：回国创业**

在进行深入的自我反思后，李彦宏决定回国创业。他的职业价值观包括对技术创新的热情、对信息服务的追求以及对实现自我价值的渴望，这些都促使他毅然回到中国，创办了百度。

2000年，李彦宏回到中国创立了百度公司，致力于开发中文搜索引擎，提供高效、精准的信息检索服务。百度的创立不仅体现了李彦宏对技术创新的执着追求，也反映了他通过技术为社会做出贡献的职业价值观。

**二、创业历程：实践与坚持**

在百度的发展过程中，李彦宏始终坚持自己的职业价值观。他强调技术创新和用户体验，不断推动百度在搜索技术、人工智能和大数据等领域的突破。李彦宏认为，只有通过不断的技术创新，才能为用户提供更好的服务，才能实现百度的长远发展。

例如，李彦宏提出的“框计算”理念，极大地提升了搜索引擎的智能化水平，使用户能够更便捷地获取信息。此外，他还积极推动百度在人工智能领域的布局，致力于通过AI技术改变人们的生活方式。

## 四、成果与影响

李彦宏的职业价值观探索过程，不仅帮助他找到了自己的职业方向和奋斗目标，也推动了百度的发展，使其成为全球领先的中文搜索引擎和人工智能公司。他通过技术创新和管理实践，成功实现了自我价值，并对中国互联网产业的发展产生了深远的影响。

李彦宏的成功案例，充分说明了职业价值观探索的重要性。通过自我反思，明确自己的职业兴趣和能力倾向，结合实际的职业选择和创业实践，李彦宏不仅找到了适合自己的职业道路，也为实现自己的职业理想奠定了坚实的基础。

## 五、结论

李彦宏的职业价值观探索过程，体现了以下几个关键点：

1. 自我反思：通过回顾自己的兴趣和热情，明确职业价值观。

2. 职业选择：根据价值观和实际情况，做出适合自己的职业选择。

3. 实践与坚持：在职业发展过程中，始终坚持自己的职业价值观，推动事业的发展和个人的成长。

通过以上的探索和实践，李彦宏不仅成功创办了百度，实现了自己的职业理想，也为广大学生提供了一个职业价值观探索的成功范例。

## 【延伸资料】

1.Pink，D.H. (2009) .*Drive：The surprising truth about what motivates us*.Riverhead Books.

丹尼尔·H·平克在这本书中深入探讨了驱动人们行动的动机心理学，揭示了自我表达和渴望产生影响的需求比物质奖励更能激励人们。(来源：Book Authority)

2.Grant，A. (2013).*Give and take：A revolutionary approach to success*.Viking.

亚当·格兰特在书中强调了关系在职业成功中的重要性，提出慷慨给予比获取更多能带来职业上的高度成就。(来源：Team Building)

3.Tupper，H.，& Ellis，S. (2020).*The squiggly career：Ditch the ladder，embrace opportunity and carve your own path through the squiggly world of work*.Penguin Books.

海伦·塔珀和莎拉·埃利斯探讨了非线性职业路径，展示了通过接受新方向和改变职业策略来掌控职业生涯的方法。(来源：Career Addict)

4. 推荐电影《当幸福来敲门》(The Pursuit of Happyness)。

这部电影改编自真实故事，讲述了克里斯·加德纳的奋斗历程。克里斯原本是一名销售员，生活困窘，甚至无家可归。然而，他坚持自己的职业梦想，不断努力，最终成为一名成功的股票经纪人。这部电影深刻反映了职业价值观的重要性，展示了坚持不懈、努力工作和对梦想的追求如何改变人生。

# 第九章

# 探索工作世界

**管中窥豹**

王子敬数岁时，尝看诸门生樗蒲，见有胜负，因曰："南风不竞。"门生辈轻其小儿，乃曰："此郎亦管中窥豹，时见一斑。"子敬瞋目曰："远惭荀奉倩，近愧刘真长。"遂拂衣而去。

——《世说新语·方正》

"人-职匹配"是职业生涯规划的核心思想之一。之前的章节主要是从自我探索的角度向内打开自己进行职业选择，而从本章开始则向外寻找职业信息探索工作世界。只有充分了解职业与职业环境，客观分析自我的职业特征，找到最佳交汇点，才能制定出合理的职业规划；也只有充分了解职业与职业环境，顺应职场的发展规律，才能实现职业发展的愿景。

然而，刚进入本科阶段的大学生对职场的理解，仅仅止于管中窥豹，仅了解只言片语的描述和碎片化的信息，有时候甚至会得出错误的结论。在校大学生对于工作世界充满好奇，同时也充满疑惑。如果同学们能够清晰、全面地了解工作世界，知道尽管毕业生众多，竞争激烈，只要自己仔细了解企业用人要求及工作发展的普遍路径和规律等，就能够结合自己的特点在社会中找到适合自己的工作，从而做出合理的职业生涯决策，而不是盲目跟风追逐所谓的"好工作"，最后迷失在求职大军中。

如果把我们面对的工作世界比作一片宝藏，探索工作世界的方法就是我们的寻宝图，其中既有思维层面的认知提升，又有行动层面的落地方法。这一章节里，让我们一起来学习获取职业咨询的有效途径和探索工作世界的基本方法，拨开心中的迷雾，绘出真正完整的“豹”，在求职季来临之前更好地准备自己。

## 第一节 了解宏观工作世界

### 一、了解宏观工作世界的意义

#### 1. 促进正确的生涯规划，进一步认识了解自己

**【课堂活动】**

**画出你眼中的工作世界**

请同学们用彩笔在白纸上画出自己眼中的工作世界。注意这里不强调画的美术水平，只要能表达自己对工作世界的想法就好。

在不同人的画中，我们会发现彼此对工作的认识存在很大的差别。很多人的画表达了工作世界中的人山人海和激烈的竞争，颜色也比较晦暗；但也有人的画中有人有山，有绚烂的彩虹，说明工作世界中有令人茫然失措的一面，也有让人充满希望的一面。大家的画之所以存在这么大的差别，和是否能全面地了解工作世界有很大关系。只了解和看到负面信息的人常常会陷入悲观，比如自己不一定适合做研究或并不喜欢再继续读书，但因为对找工作陷入绝望，怀着“反正也找不到好工作，那就不找工作了，直接考研吧”的想法，就做出错误的生涯决策，但是如果我们能够清晰、全面地了解工作世界，知道尽管毕业生众多，竞争激烈，只要自己仔细了解企业用人要求及工作发展的普遍路径和规律等，就能够结合自己的特点在社会中找到属于自己的工作，从而做出合理的生涯决策。

在探索工作世界的过程中，我们也常常会陷入两难的境地。比如，留在大城市找一份不稳定、目前也不很理想的工作，但是未来的学习、发展机会可能很多；回到家乡小城镇有个待遇不错的、稳定的工作，但是自己将来的发展前景非常有限，缺乏挑战性。世间的事没有完美的，外部条件总给我们设立这样或那样的限制，看上去似乎很难，也会有些沮丧，但是深入地思考，就会发现我们正是在这种两难的选择当中，越来越知道什么是对自己真正重要的，也越来越了解自己是谁，从而调整自己的行动，走出属于自己的生涯道路。

**2. 提升就业能力，缩短与宏观世界的距离**

很多大学生寄希望于学校、职业辅导老师或其他专业的职业辅导工作人员能够告诉他们工作世界是什么样的，但结果常常令人失望，因为每个人（包括专业的职业辅导人士）由于个人知识、经验的局限不可能完全掌握所有工作世界的信息，所以工作世界的探索更多地需要大学生自己来完成。在这个探索的过程中，大学生可以培养和提升自己多方面的能力，比如自我管理能力中的为自己负责任，可迁移技能中的沟通、搜集、观察等能力。

**3. 预测职业发展，树立危机意识**

对宏观工作世界的了解可以帮助学生预测未来可能发生的情况，从而比较从容地承受激烈的竞争，提前做好技能、心理等方面的准备，以积极的姿态应对面临的各种情况。

## 二、宏观工作世界的现状

宏观工作世界的现状包括劳动力供求关系、各地区各行业的需求分布、全球化经济环境、培训和再教育、职业转型重塑、多种工作形式选择、工作价值观整体趋向等内容。工作世界的发展，而且整个宏观发展的趋势就是不断地向前，不断地往高处发展。

**1. 供求状况**

就整个国内劳动力市场而言，劳动力的供给是大于需求的；随着社会人口增长减缓和老龄化趋势的不断加快，我国劳动力无限供给的时代正在结束，劳动力成本不断提高；由于高等教育和职业教育的快速发展，我国劳动力素质不断提高。劳动力供应数量逐步下降，人力成本和劳动力素质逐渐提高是劳动力市场的主要变化趋势。近几年，大学毕业生数量逐年攀升，目前，我国接受高等教育的人口数量占总人口的比例仍然较低，因此大学生仍然是高素质的人力资源，但在同龄人中，大学生接受高等教育的比例却是非常高的，所以大学生既要认识到自身是高素质的人才，又要有紧迫意识，努力培养核心竞争力，才能在未来的社会竞争中占据理想地位。

**2. 结构性失业问题突出**

结构性失业是经济结构调整、产业结构变化、生产形式和规模变化促使劳动力结构进行相应调整而导致的失业。我国正在进行经济结构调整和生产方式转变，必然带来劳动力结构的相应调整，这就会带来结构性失业，比如原来劳动密集型企业服装厂采用自动化流水线生产，原来的工人就会大量失业。不同产业发展的不平衡也会带来不同劳动力需求的变化，夕阳产业劳动力过剩和朝阳产业劳动力不足的局面同时并存。失业不是因为缺乏就业机会，而是劳动者不能达到岗位要求。产业的国际化带来了劳动力的国际化，劳动力的国际化一方面是人才的国际化流动，国外人才流到国内，国内人才流到国外，人才的国际化流动必然对国内劳动力市场带来冲击；另一方面是劳动力素质的国际化，要求劳动者具有国际化的视角和素质。

**3. 社会分工不断细化，职业种类日渐增多**

人类社会越来越复杂，职业类别也越来越多。“芳林新叶催陈叶”，新职业层出不穷，是社会分工不断细化的必然。新职业的诞生并不只关乎部分人的就业，也关系到未来人与人如何分工协作。越来越多的职业正朝着高价值、数字化、个性化的方向发展。高价值，意味着简单重复劳动的工种将被陆续替代，而诸如数字化管理师、剪辑创意师、游戏架构师等比拼创新创意的工作会持续增加；数字化，意味着传统岗位也会焕发新生，比如传统农田上，无人机驾驶员等新职业让农民这个古老职业融入“互联网 +”；个性化则意味着职业发展更讲求兴趣导向，比如有的年轻人成为调酒师、宠物美容师，只因“我喜欢”。

**4. 智能化使工作世界产生深刻变革**

随着人工智能（AI）技术的飞速发展，未来职场将面临前所未有的变革。人工智能的广泛应用不仅将改变以往的工作方式，还将影响就业市场的结构和需求。人工智能的自动化特性将对某些重复性和机械性工作产生深远影响。例如，生产线上的装配工作、简单的数据录入等任务可能会被自动化技术替代。这可能导致一些传统工作的减少，但同时也会催生新的、更高级别的职业需求。随着人工智能技术的发展，新的职业领域将崭露头角。例如，机器学习工程师、数据科学家、人工智能伦理师等职业将会变得更为重要。这些新兴职业需要更高层次的技术和专业知识，为人才提供了更广阔的发展空间。人工智能的普及也将重新定义职场所需的技能。传统的技能，如分析思维、创造力、领导力，将变得更为重要。同时，数字素养、编程能力、数据分析等技术性技能将成为新时代的必备能力，以适应社会发展对人才技能的新需求。随着人工智能技术的进步，人机协同将成为未来职场的新模式。智能机器人、虚拟助手将与人类员工协同完成任务。这种合作模式有助于提高工作效率，同时也能为员工提供更多关注创造性和战略性工作的机会。面对职场的变革，个体需要具备适应变化的能力。转型和终身学习将成为职业生涯中至关重要的一部分。不断更新知识、学习新技能，将帮助个体在人工智能时代保持竞争力。

**5. 多种工作形式选择的可能性**

**【课堂活动】**

**头脑风暴**

有哪些工作形式是我们可以选择的？这些选择带给我们的思考是什么？

工作的形式有很多种，最常见的是全职工作，即为同一雇主连续工作，每周工作时间达到或超过 40 小时的工作模式。在求职过程中，多数人倾向于选择全职工作，因为这类工作通常能够提供相对稳定的保障。虽然很多人认为雇主有责任为员工提供职业保障，但过分依赖组织的做法实际上可能增加自身的职业风险。

兼职工作是近些年增长很快的工作形式之一。兼职工作者每周为同一雇主工作的时间不足 40 小时，他们通常没有将工作报酬作为生活费的主要来源，不是为了赚取额外的收入而考虑工作。兼职工作虽然收入不一定高，也不够稳定，但对学生尤其是那些希望继续读书、但又受限于经济条件的学生来说，是很好的增长社会经验的途径。

另一种和兼职工作有些类似的工作形式是多重工作，是指一个人同时兼有 2 个或 2 个以上独立的工作角色。有时，他们也被称作“兼职者”，因为他们经常除了做“有规律的”全职工作外，还有一份兼职的工作。多重工作者的角色包括：为两个或两个以上雇主工作，为一个雇主工作同时自己也经营企业，经管两家独立的企业。他们喜欢在具有多样性、灵活性和变化性的环境中工作，愿意不断地更新技能，从而为自己提供保障。

自由职业，或称 SOHO（small office & home office），是目前社会中比较受追捧的一种自雇的工作形式，是一个人的经营模式。随着信息技术的发展，这种工作形式已经越来越普遍。由于其自由、开放的特性，近年来选择自由职业的人不断增加。然而自由职业的风险性相对较大，因此选择此种工作形式的人通常需要具备较强的心理安全感、自我管理能力和自信心。

自主创业（成为企业家）也是一种工作形式，但这是风险最高的一种。企业家既是企业主也是运营官，它的特点是要雇用其他人经营企业，具有高风险、高回报的性质。企业家重视独立、刺激和成功。他们很能容忍不确定的状态，具有控制内在因素的特质。为了取得成功，他们的信仰必须与他们成功的目标保持一致。与众不同的是，企业家会把毕生的资产作为企业成功的抵押 。

以上提到的只是目前社会中比较常见的几种工作形式，也许你还会列举出更多的工作形式。其实有多少工作形式，如何对它们进行分类并不重要，关键是随着社会的进步和发展，提供给个人的机会越来越多，大家在进行生涯规划时要注意到这些可能性，给自己更大的选择空间。例如，若创业是一位同学的最终理想，但在刚毕业、时机尚未成熟时，可以从其他的工作形式开始，有了各方面的积累后再进行创业，又若一时难以找到心仪的全职工作的学生，不妨从兼职工作开始培养自己所欠缺的经验和能力，然后再去争取全职工作。只有在看到更多的可能性时，大家才会有更多办法走上自己的理想道路，并将经历的过程看作是锻炼和提升的机会。在寻找理想工作的过程中遇到的顺境与逆境都是生涯中精神财富的一部分，不能简单地归为找到工作和没找到工作两种结果，那样将失去找工作过程中创造和努力的可能性。

**6. 新的职业生涯信念**

在传统的职业生涯信念中，员工是从属于组织的，组织好像父母一样应当照顾员工，同时员工应当以组织为家，以组织利益为第一，以被组织认可获得升职为成功。在新的职业生涯信念中，组织和员工的关系更像是合作者，组织向员工提供横向的职业发展，而员工在接受新的工作或任务时能够不断学习新的技术与知识，以适应组织的需要，同时提升自己的专业能力和就业竞争力。

# 第二节 了解职业信息

## 一、职业的定义

职业是指从业者为获取主要生活来源而从事的社会工作类别，它帮助人们获得相对稳定的收入。职业是人们在社会中所承担的社会责任，人人都需要一份有意义的职业来展示自己的社会价值。随着社会的不断进步，职业分工越来越细，职业种类越来越多。在新时代，大学生首先需要与时俱进地了解可以选择的职业，再通过掌握具体的职业需求和能力要求，有目标地利用大学生生涯完善自我，为实现职业理想做准备。

## 二、职业的分类

职业分类是指以工作性质的同一性或相似性为基本原则，对社会职业进行的系统划分与归类。选择职业首先要关注的是职业所属的职能类别和所在行业。马克思说劳动是人类的第一需要。但是很多时候，我们会感到迷茫：该从事哪个职业，来实现人生价值呢？与其闭门造车，不如看看职业分类大典，它或许能为我们指一条明路。《职业分类大典》（以下简称《大典》）是我国第一部对职业进行科学分类的权威性文献。《大典》是由我国人力资源和社会保障部、国家市场监督管理局（现国家市场监督管理总局）、国家统计局有关部门领导成立工作委员会，专门针对各种事业所需要具备的学历和职业资格证书的执业标准以及录用标准而进行的职业内容分类。1999 年版《大典》将职业分为四个层次：大类（8 个）、中类（66 个）、小类（413 个）和细类（1838 个），主要体现从粗到细的职业类别，基本类别是细类，就是我们常说的职业。其中 8 个大类具体为：

（1）国家机关、党群组织、企业、事业单位负责人；

（2）专业技术人员；

（3）办事人员和有关人员；

（4）商业、服务业人员；

（5）农、林、牧、畜、水利业生产人员；

（6）生产、运输设备操作人员及有关人员；

（7）军人；

（8）不便分类的其他从业人员。

2019 年 4 月 1 日，人力资源和社会保障部、国家市场监督管理总局、国家统计局正式向社会发布了人工智能工程技术人员、物联网工程技术人员、大数据工程技术人员、云计算工程技术人员、数字化管理师、建筑信息模型技术员、电子竞技运营师、电子竞技员、无人机驾驶员、农业经理人、物联网安装调试员、工业机器人操作员和工业机器人系统运维员 13 个新职业信息。

2022 年版《大典》在保持八大类职业类别不变的情况下，新增了 158 个职业。如围绕制造强国，此次修订把工业机器人操作员和运维人员纳入大典当中。根据乡村振兴的需要，把农业数字化技术员和农业经理人纳入大典当中。结合绿色职业发展状况，及时将碳排放管理员、碳汇计量评估师等新兴职业纳入大典中。2022 年版《大典》还对数字职业和绿色职业进行了标注。此次修订共标注了 97 个数字职业，占职业总数的 6%。本次职业大典分类延续了 2015 年版大典对绿色职业标注的做法，标注了 134 个绿色职业，占职业总数的 8%。其中既是数字职业也是绿色职业的，共有 23 个。

2025 年 7 月 22 日，人力资源社会保障部发布了检验检测管理工程技术人员、养老服务师、跨境电商运营管理师、无人机群飞行规划员、装修管家、工伤预防咨询师、电子电路设计师、室内环境治理员、家政服务经理人、电力可靠性管理员、电力聚合运营员 L/S、农村集体经济经理人、代用茶加工工、咖啡加工工、碳纤维制品成型制作工、铁氧体磁体制造工、钢结构装配工 17 个新职业信息。

**【延伸资料】**

1. 目前有超过 1000 多种职业，对于大多数人来说，都有数种职业适合他们，职业选择面广阔。

2. 劳动力市场和经济形势都时常发生变化，甚至是急剧的变化。有的行业在目前可能充满了机会，但却会在数年内饱和。变化是生活的一部分。我们的决定很可能不会持续一生，而需要不断调整和变化才能保持满意感。你需要学会如何应对工作的变动，而不是如何去避免它。

3. 职业 = 职位 + 行业 + 组织。选择职业，就是选择行业、职能以及组织。根据中国职业规划师协会的定义：职业 = 职能 × 行业。职业，即个人所从事的服务于社会并作为主要生活来源的工作。

## 第三节　形成自己的目标职业库

职业世界的信息浩如烟海，应该从哪儿开始探索呢？很多大学生不知道如何进行工作世界的探索，其中一个非常重要的原因就是打开工作世界了解的过程比较发散，信息收集无穷无尽毫无边界。搞不清应该从哪儿入手，更谈不上如何进行了，如果有一个探索范围，则会容易很多。通过前面单元的自我探索可以帮助个人初步形成一个探索的范围。自我探索中的兴趣、性格探索，每一部分最后有相应适合的职业出现。此外，每个人还有自己心目中理想的职业，可以通过头脑风暴的形式把它们也列出来。这样就获得了一个职业清单，看看这些职业有什么共同点，就可能启发你想到更多值得探索的职业。结合你的能力、资源和价值观再次从职业清单中进行筛选，从而锁定在最佳可能性和最大可行性交汇处，最终得到你预期的职业库。

简单举例来说，一位大学生小 A 期待做商业方面的工作，但是具体选择什么工作，因其对社会还不太了解，难以抉择。性格探索的结果是他适合做人力资源管理者、咨询顾问、教师等，兴趣探索的结果是他应该做社工、教师、培训人员等，能力探索的结果是他可以做教育、销售、客户服务等工作，价值观探索的结果是他期待做服务、自由职业、护理等工作。从小 A 职业探索得出的各种选择中，我们可以看到，教师职业、教育工作出现的频次最高；社工、客户服务、服务、护理等虽然名称不同但都明显体现了帮助他人的特点。所以最适合小 A 的职业首先具有与人打交道、帮助他人的特点，其次还有沟通性、商业性等特点，由此他可以列出或搜索一些符合这些特点的职业，比如培训、咨询顾问、客户服务等，进行详细调查。研究表明：在做决策时，太多的信息容易让人迷失，反而拿不定主意；而过少的信息又起不到让当事人了解客观事实的作用。所以，在形成预期职业库的时候，库的大小根据自己的情况要有适当的平衡，通常 4 ～ 6 个职业的调查是比较适中的。

值得说明的是，大学生自我探索的结果未必能与个人的专业一致。大学生应该把个人的专业放在产业链的大背景下看，不局限于霍兰德兴趣探索和 MBTI 性格分析的少量职业种类，形成职业库后的下一步，大学生要对自己的职业库逐一探索。在探索过程中，大学生要抛开固有的想法，保持开放的心态，以便于获取更客观的信息。同时目标职业库是一个动态的过程，随着你的成长和发展，可能会有所调整和变化。灵活性和适应性也是构建目标职业库的关键因素之一。

## 第四节 大学生探索工作世界的具体方法

**【课堂活动】**

请学生分组讨论：从小到大，你是用什么方法去了解令你好奇的事物的？至少举出一个事例。这些方法对了解工作信息有什么样的帮助？

每个小组根据刚才的讨论再进行头脑风暴：探索工作世界有哪些好方法？

小组间以竞争的方式轮流讲述讨论出的方法，每次讲一种，不能重复，直至某个小组讲不出来为止。并将大家所说的方法记录在黑板上。

收集感兴趣的职业信息是职业生涯规划的核心部分，职业的选择取决于你所收集到的信息。通过了解足够多的职业信息，才可以做出决定是否接受该工作。在确定具体的职业信息搜索内容前，建议先整理你的信息源，可以参照以下维度进行整理（见表9–1）。

表9–1 信息源整理

| 维度 | 类型 |
| --- | --- |
| 人 | 关键意见领袖（KOL） |
| | 同事 |
| | 同学 / 朋友 |
| | 亲人 |
| | 专家老师 |
| | 其他 |
| 新媒体 | 微信公众号 |
| | 抖音 |
| | B 站 |
| | 播客 |
| | 豆瓣 |
| | 微博 |
| | 知乎 |
| | 即刻 |
| | 知识星球 |
| | 其他 |
| 传统媒体 | 书籍 |
| | 杂志 |
| | 报纸 |
| | 电视 |
| | 广播 |
| | 其他 |

工作信息探索的方法有很多，依据一定的规律可以提高效率，例如从近至远的探索。所谓近和远，是指信息与探索者之间的距离。通常近的信息比较丰富，远的信息更为深入；近的信息较易获得，远的信息则需要更多的投入和与环境的互动才能了解。所以，从近至远的探索是一个范围逐渐缩小了解逐渐加深的过程。以下向大家介绍几种常见且行之有效的探索工作世界具体方法：职业世界地图、岗位观察法、问卷调查法、生涯人物访谈、原型体验法。

## 一、职业世界地图

霍兰德职业兴趣理论是由美国著名职业指导专家霍兰德提出的，把人的职业兴趣分为实用型（R型）、研究型（I型）、艺术型（A型）、社会型（S型）、企业型（E型）、事务型（C型）六个类型，叫作霍兰德六边形模型。普里蒂奇（Prediger，1993）在霍兰德六边形模型的基础上作了一些调整，增加了人—事物、资料—概念两个维度。人—事物维度分别表示与人相关的工作，例如为人们提供服务、帮助他们等；与具体物体相关的工作，例如机械、生物、材料等。资料—概念维度分别表示与具体事实、数字、计算等打交道的工作和用理论、文字、音乐等新方式表达或运作的工作。

美国大学考试中心（ACT）把普里蒂奇的研究进一步发展，他们在兴趣的两维基础上，将职业群体的具体位置标定在坐标图上，从而得到工作世界图。该图共分12个区域，共有20个职业群被标定在图9-1中。可以根据职业世界地图的四个维度：资料、概念、人、物，先确定自己在工作中是更加喜欢和人打交道还是更喜欢和物打交道，更喜欢研究一些抽象的理论概念还是实务性的工作，锁定大致的职业范围再去有针对性地了解你感兴趣的职业。

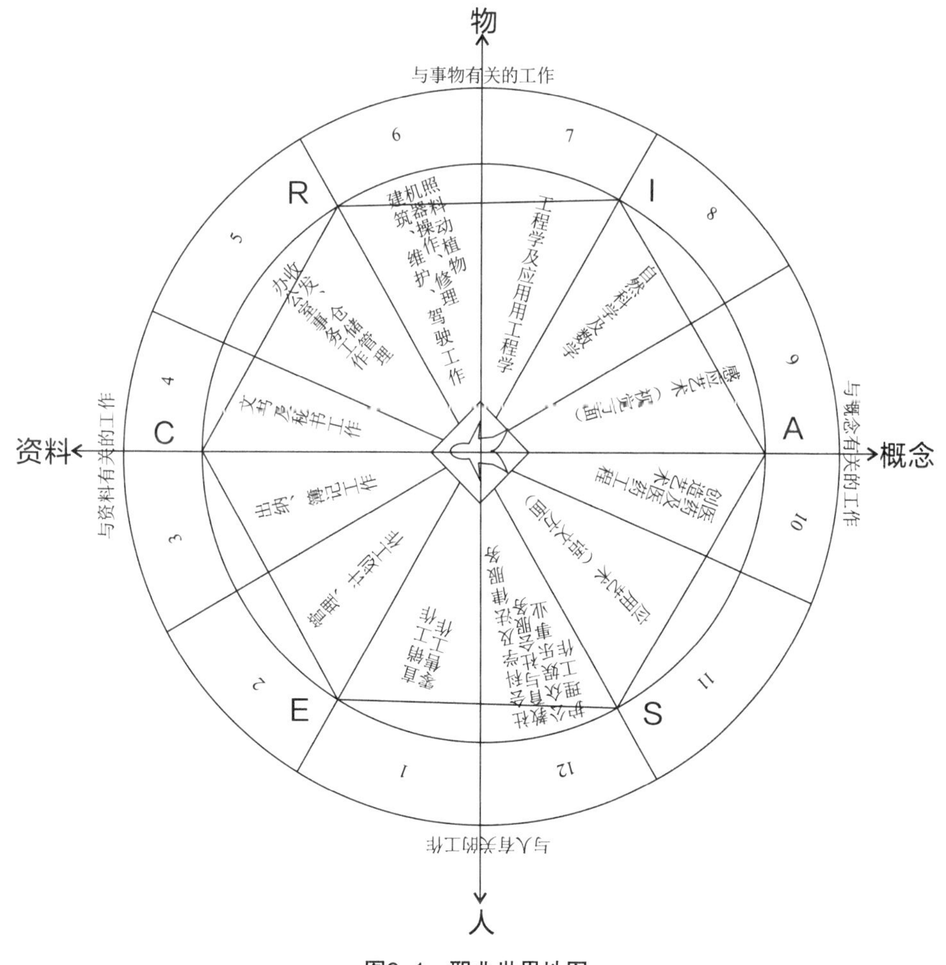


图9-1 职业世界地图

## 二、岗位观察法

观察法就是观察者直接到现场（以不影响岗位工作者的正常工作为前提），亲自对特定对象的工作内容、工作方法、工作流程与规范，使用设备、工具，劳动条件等进行观察、记录，最后把收集到的岗位信息归纳、整理为符合使用要求标准化的资料。

按观察的方式不同，我们一般分为全程观察，阶段观察，工作演示三种。采用观察法时，除了将看到的信息收集外，为取得良好的效果，应事先假定一个初步的提纲。进行观察收集岗位信息时，首先了解岗位基本信息，拟出初步的观察提纲，然后现场观察记录工作过程，与被观察者面谈，补充信息，最后汇总记录信息。

观察法的优点在于直接观察可以使我们更全面、深刻地了解工作要求，获得的信息客观性较强。但对周期长的工作，增加了观察的难度和时间，比较适用于体力工作，工作周期短的岗位。

## 三、问卷调查法

问卷调查法是一种间接调查，即调查者运用统一设计的问卷、向被调查的岗位任职者了解岗位情况及任职者个人情况，由岗位任职者填写，再将问卷加以汇总、归纳，从中找出具有代表性的答案，对岗位信息进行描述的一种方法。

问卷根据设计的方式不同一般分为非结构型问卷、结构性问卷和混合型问卷三种。但不论以何种方式，都应围绕分析的工作岗位为中心来进行设计。问题必须依据调查的目的，以及期望获得哪些方面岗位与岗位任职者信息来设计。不能过于简略，无法满足调查要求，也不能过于繁杂或“大而全”。这样不仅降低问题质量，影响问卷的有效性，也无法将需要说明的问题说清楚。

问卷调查法调查的范围广。可以适用公司所有的岗位调查，并且能在众多调查对象中同时进行，短时间内对岗位调查工作全面铺开，时效性较强，灵活度高。因问卷只能获得书面的岗位信息，无法了解其他的情况，如被调查者敷衍塞责，不认真填写或者请别人代劳等，就无法获知真实的岗位信息，严重的还会影响岗位分析的可信度。因此问卷调查法必须与其他直观的观察法、访谈法等结合使用，才能起到拾遗补阙的效果。

## 四、生涯人物访谈

生涯人物访谈，是通过与一定数量的职场人士（通常是自己感兴趣的职业从业者）会谈而获取关于一个行业、职业和单位“内部”信息，比如准入条件、职业升迁路线、业内人士的生活情况、薪资情况以及行业发展趋势等。职业访谈可以让我们用最短的时间了解一个行业和岗位的真实必要信息，帮你看清职业“艺术照”背后的真相，从而更加审慎地评估自己的能力和意愿。此外，职业访谈还可以帮助你扩大职业人际关系网等，如果做得好，甚至还可以把访谈转换成一次求职面试。

生涯人物访谈是一种通过了解他人职业经历来获取信息的有效方法。需要考虑的是，你要采访的对象，他们的工作和生活必须是你正在考虑的，或是在某个领域有真实经历或者专业特长的人。通常可以从以下这些问题来展开你的职业访谈：

（1）这一行业最辉煌的/最有成就感的/最有趣的地方是什么？（可以让对方列举一些案例、情景或数据）

（2）这一行业最无奈的/最大挑战的/最无趣的部分是什么？

（3）想进入这个行业，基本的学历、证书、技能要求是什么？

（4）什么样的性格和能力对做好这份工作来讲是最重要的？

（5）在行业内，先从什么样的工作岗位做起能学到最多的知识，最有益于发展？

（6）我个人情况和该领域的匹配度怎样？您建议我做什么准备？您对我改善简历有哪些建议？

（7）您认为今后三到五年该行业的发展趋势如何？该公司前景如何？

（8）据您所知，通过什么样的书籍、网站、专栏、人脉能帮助我更深入地了解这个领域？

（9）根据今天的谈话，您认为我还应该跟谁交谈？能介绍几位吗？我约见他们时，可以提及您的名字吗？

生涯人物访谈的意义在于可以检验和印证以前通过其他渠道获得的信息，了解通过大众传媒和一般出版物往往得不到的与未来工作有关的特殊问题或需要，以帮助我们在校大学生正确认识自己的优势和不足，同时有利于我们制定更加合理的大学学习、生活和实习计划。

## 五、原型体验法

在思考职业生涯时，我们不仅想听他人的故事，更希望自己能亲身体会一下那种“经历”，这就是原型体验。亲自实践采取行动非常重要，这样你可以了解某件事到底适合不适合你。买车前你一定会试驾对吧？但当工作和生活发生改变时，你往往不会提前尝试。如果你能真正尝试一些事情，那么这对你将是一个更大的挑战。

通过体验，你就能获得一个与未来生活直接接触的机会。实习是一种比较全面地了解职业的方法。实习可以更深入、更真实地对职业的工作任务、工作要求、工作环境及个人的适应情况进行了解、判断，可以了解工作的程序、报酬、奖罚、管理及升迁发展的信息，还可以通过与工作人员的实际接触，感受职业对人的影响及人职和谐情况。大学生的职业生涯规划问题突出表现在两个方面：一是对于专业、兴趣和职业的困惑；二是存在社会参与和适应的问题。他们的“迷茫”也来自两个方面：不了解自己，不了解社会。而这些都可以归因于缺乏社会实践。参加社会实践的意义在于它能使学生在认识自我和改造自我两个方面获益。

人们只有在多元的环境下，才能真正全面、清晰地了解自我，了解职业。从一个例子可以反面佐证。有一位硕士研究生小钟在职业选择的时候，陷入了不会选择的痛苦之中。当时，她需要在中学老师和出版社编辑之间作出选择。她说："我不会选择，因为我对这些职业、对自己不太了解。如果我参加过更多的实习活动，对各种职业都有所了解，再做选择就会好很多。可是，我们现在的实习只是流于形式，大家随便找一个挂名的单位，糊弄一下而已。"社会实践是一种很好的真正了解自己的方式。

大学生应该通过不同的工作环境、不同的工作经历发现清晰的自我形象，同时注意自己的感受和反应；尽可能多地寻找和获得不同的生活经历，并把这些生活事件和经历结合起来，找到价值观、兴趣和技能之间的联系，用更复杂的方式思考自我。改善与生涯决策有关的自我知识也是一个终身持续的过程，这个过程永无止境，而所有的生涯经历都不会被浪费。社会实践的另一个作用是帮助大学生不断改造自我，更快地实现社会化。大学与高中的不同在于，大学是进入社会的过渡期，是进入社会的预演；学校与社会的不同在于，衡量人才的参照系不一样。通过社会实践，大学生可以更深刻地认识社会，了解社会，发现认识上的偏差。学校教育以知识积累为主要目的，而职业领域更看重能力和素质。职业在满足现实的生存和发展需要之外，还有一个重要功能就是通过和别人一起共事来克服自我中心的意识。换句话说，职业化的过程就是社会化的过程，而克服自我中心、为职业做准备是大学生这个年龄段的重要人生课题。

无论是自我、兴趣的探索，还是职业素养、职业能力的培养，都需要与社会多接触。大学生对于社会参与，是渴望和迷茫并存，因此，要引导学生把自我放在社会的大背景下去认识，只有在与外界接触的过程中得到的自我形象才是清晰、真实的；只有把自我放在社会的大背景下去锻炼，才能造就社会需要的人才。"纸上得来终觉浅，绝知此事要躬行。"实习作为从学生生活到社会生活的一种过渡，是一次介于学习与工作之间的特殊经历，一次没有工作压力的上班体验，一个不曾经历过的生活环境，实习可以让大学生深入了解不同职业的特点，了解自己和目标职业之间的差距，最终寻找到适合自己的职业。所以，大学生要尽可能地通过实践参与探索职业环境。

本章从拓展学生对工作世界的认识思路、探索工作世界信息的内容与方法等方面，帮助大家学习对工作世界的探索，视角从内部转向了外部。工作世界是一个人实现其生涯理想的外部平台。如何能够更好地利用这个外部平台，帮助个人实现其理想，是职业生涯中很关键的一部分内容。

## 【课后思考】

分小组进行生涯人物访谈，每个组员都要参加，并形成报告：我的专业可从事的职业有哪些？我对感兴趣的职业有什么了解？

## 第十章
# 决策理论概要与步骤

青年面临的选择很多，关键是要以正确的世界观、人生观、价值观来指导自己的选择。——2013 年 5 月 4 日，习近平同各界优秀青年代表座谈时的讲话

人生的选择是我们成为自己所希望成为的关键。——奥普拉·温弗瑞

我们的选择决定了我们所处的位置，但它们也创造了我们下一步会走向何方。——卡琳·莱内基

在我们的生涯路途上，会遇到各种的选择，正确的选择能帮助我们尽快找到自己的发展方向，实现目标；错误的选择往往会使我们与目标背道而驰。因此，大学生掌握科学系统的生涯决策方法，提升决策能力，能帮助自身更好地规划职业生涯，制定合理的、周全的、可操作的行动计划和阶段任务。

**【案例分享】**

第一次要面对人生抉择是中学毕业那年，左手拿着无线艺员训练班的报名表格，右手拿着应届高等程度教育课程的报名表，顿时觉得自己的前途都掌握在自己手中。

要继续学业，还是去读艺员训练班？再念两年中学毕业后又何去何从？是再念大学，然后学士、硕士、博士这样一路念下去？还是选修艺员训练班有一技之长，将来无论条件符合与否，台前幕后也好，总算有门专业知识傍身？

一连串的问题此起彼落在我心中想起，魔鬼天使各据一方，展开辩论大会。

反反复复地考虑，我把自己的优点和缺点逐一写在纸上，给自己理智地分析利弊：这样一直念下去适合我的性格吗？我喜欢什么样的人生呢？是平稳安定，还是多姿多彩，充满挑战？

直到那一天才明白，人才是自己生命最大的主宰，向左走还是向右走都是自己决定的路与天无忧。我的心做了我的指南针，只有它才会明白我要的方向，也是它让我选择了左手那张报名表。

（资料来源：刘德华《我是这样长大的》）

# 第一节　什么是决策

掌握生涯决策的系统方法是大学生开展职业生涯规划的重要环节。在经过自我探索和外部环境探索后，大学生需要综合两方面的信息，做出初步职业选择，确定目标方向。

## 一、决策的概念

### 1. 决策的概念

决策是人们在面临多种选择时，通过分析、比较和判断，从多个可能的行动方案中挑选出一个或几个最优方案的过程。它是人类（或组织、系统）在认识改造世界的过程中，对应当由自己选择的途径、方向、目标和程序所做的一种决断。简单来说，决策就是做出选择的过程，这个选择旨在达到某个目标或解决某个问题。

### 2. 职业生涯决策的概念

决策是一个根据所获得的信息而做出选择的过程。即对各种方案进行优劣判断，进行取舍。任何决策都是承前启后的。而在沈之菲等编著的《生涯心理辅导》中也提到：生涯发展过程中会面临许多选择的情境，需要个人作出决定，这就是“生涯决策”或称为“生涯决定”。因此，生涯决策不仅仅是为了得到一个结果，它追求的是个人在多项选择之间权衡利弊，以达到最大价值的历程。在职业选择过程中，我们需要学会运用科学的方法，根据所获得的信息做出有利于我们未来职业发展的选择，这就是职业决策。

职业生涯决策是一个复杂且重要的过程，它涉及个人在多种可供选择的职业路径中进行权衡利弊，并最终选定最优方案以实现其职业目标。这一过程不仅需要考虑个人的兴趣、能力、价值观和职业环境等多方面的因素，还需要通过一系列的认知活动来组织和分析这些信息。具体来说，职业生涯决策包括自我评估、目标设定、探索选择、制定行动方案、实施与调整等关键步骤，是一个系统的过程，它要求个人在充分了解自身和外部环境的基础上，通过科学的方法和步骤，做出最适合自己的职业选择并付诸实践。

## 二、对决策的合理认知

从职业生涯决策的概念我们可以看出：生涯决策是一个循环过程，而不单单是一种结果，它是一个系统性工作，并非做一次决策就万事大吉了，它贯穿整个职业生涯活动的始终。因此我们对决策要有正确合理的认知。

### 1. 决策无处不在

生涯决策贯穿一个人生涯活动的始终。从选择何种行业、哪一种工种，到选择在哪里工作、哪个企业就业，再到获得一份工作的策略选择、多个职业中选择其一等等，这些在职业生涯中是经常遇到的需要决策解决的问题。

对于大学生而言，常见的职业生涯决策问题主要用于就业方向的选择、转换的问题上。有学者对大学生常遇到的生涯决策问题进行总结如下：

（1）我是选择考研、考公务员、还是出国？

（2）我如果选择跨专业考研，可行吗？

（3）我应该选择去大城市工作还是回家乡呢？

（4）我应该选择什么样的行业工作？

（5）我应该选择国企、民营企业还是外资企业呢？

（6）我应该去大企业的小岗位，还是去小企业的重要岗位？

（7）我同时获得了几家公司的职位，该选择哪家？

### 2. 没有完美的决策

决策往往是在不确定性和风险中进行的。即使我们尽力收集和分析信息，也很难预测所有可能的结果和影响因素，比如我们自身的情绪和思维偏见都有可能影响我们的决策。“永远没有最好的决策，只有当时当下相对更好的选择”。职业生涯的决策没有标准答案，如果真要找出决策正确与否的衡量标准，那就是每个人内心的天平。决策，就是一个取舍的过程，有取就有舍。取什么舍什么，取决于我们看重什么。想要占尽所有选项的好处，抛却所有选项的不足，这是一种贪婪的表现，也是心智的不成熟。因此，决策者需要综合自己和外部职业环境的各方面因素进行科学合理的分析、判断，来选择出对自己最有利、最优的一项。

职业生涯决策应遵循以下四大原则：

（1）择己所爱（个人兴趣）：调查表明，兴趣和成功的概率有着明显的正相关。因为一个对所从事职业感兴趣的人，往往能发挥其才能的 80% 甚至 90% 以上，且能够保持长时间的高效率。而对所从事职业不感兴趣的人，则只能发挥其才能的 20% 到 30% 且容易感到精疲力竭。在做职业生涯决策时，尽量选择自己感兴趣的行业、职业，才能体会到更多的职业幸福感。

（2）择己所能（个人能力）：尽量使自己的能力、潜能与所决策的职业冲突较少，或具有个人优势的行业，使职业生涯决策能发挥自己的优势与特长。

（3）择世所需（职业环境）：生涯决策必须充分尊重社会发展规律以及社会对人才的需求。职业决策者需要了解当前的社会职业需求状况，也要善于预测未来行业或职业发展的方向，做到职业决策有一定的远见。

（4）择己所利（就业收益）：每个人衡量收获的标准不同，通常应该包括物质上的收益和精神上的收获。根据决策者自己对利益的衡量标准进行职业生涯决策，使做出的职业生涯决策能让自己在收益上实现最大化，在精神上获得内心的价值认同。

**3. 任何决策都是有风险的**

决策就是根据当下的信息和个人的判断，朝向未来去冒险。未来的一切都是不确定的，只有时间会按时到达，决策本身就是冒险。

**4. 决策不仅包括选择，也包括行动**

正确的决策方法主要表现在两个方面：其一，我们不是因为有了选择才去行动，而是有了行动才能去选择，我们经常是在行动的过程中有了明晰的选择。其二，焦虑不会凭空产生，也不会凭空消失，除非我们采取行动。这里给大家举个例子，比如你想考研，可以尝试先去复习，坚持一段时间，看看自己是否适合考研，然后再做决策。所以我们说，只有对决策有了合理的认知，才能进一步谈决策的方法。

## 三、决策困难的类型

在现实中我们常常会面临职业生涯决策的困难。比如当自己的职业目标与父母立场对立时，怎样决策？当我们面临多个选项，自己却不知道该如何选择时，怎样决策？

从造成决策困难的原因看，生涯决策困难来自内在阻力和外在阻力两个方面。内在阻力主要是由于缺乏自我了解、信心不足、兴趣与能力冲突等，外在阻力主要包括生涯资料的提供、重要他人的支持不足等。

从决策的时间过程上看，生涯决策困难包括职业生涯决策意识的困难、决策前的困难、决策中的困难、决策后执行过程中的困难等。如表10-1所示，同学们在遭遇职业生涯决策困难时，需要分析自己是在决策全过程中哪一环节的具体决策中遇到困难，并通过掌握职业生涯决策的科学方法和技能，有针对性地解决困难。

**表10-1　决策困难的类型**

| 困难类型 | 困难项目 |
|---|---|
| 生涯决策意识困难（决策意识） | ①未觉察到做决定的需要 |
| | ②不知道做决定的过程 |
| | ③知道要做决定，但逃避承担做决定的责任 |
| 收集信息的困难（决策前） | ①不充分、不一致的信息 |
| | ②过量的信息带来的困难 |
| | ③不知道如何收集资料，例如：在何处收集、如何组织、如何评估等 |
| | ④因信息与个人的自我概念不一致而不愿意接受信息的有效性 |

续表

| 困难类型 | 困难项目 |
| --- | --- |
| 产生、评估、选择替代方案的困难（决策中） | ①由于面临多种生涯选项而难以做决定 |
| | ②由于个人的条件限制，如健康、资源、能力、教育等，而无法产生足够的生涯选项 |
| | ③由于害怕失败、害怕社会不认同、害怕承诺或投入行动等焦虑情绪，而无法做决定 |
| | ④人际关系、特定情境等因素限制个人选择 |
| | ⑤不知道评估的标准（价值、兴趣、性格、能力、资源、健康、年龄、个人环境等） |
| 计划执行中的困难（决策后） | ①不知道形成计划的必要步骤 |
| | ②不知道在未来的计划中需要完成哪些事情 |
| | ③不愿意或无能力获得必要的信息以形成计划 |

（资料来源：苏文平，等. 大学生职业生涯规划与就业创业指导 [M]. 北京：中国人民大学出版社，2018.）

# 第二节 认知信息加工理论

生涯中遇到的许多问题都和决策有关。比如，大学毕业后，要选择考研还是就业；选择工作中，是选择一份自己喜欢的工作，还是选择一份能做好的工作；在职业的发展中，选择走管理型路线，还是专业技术型路线……

职业生涯的发展中，会遇到许多小的决策，也会遇到改变命运的大的决策，那么，我们该如何做出合理的决策呢？

针对这个问题，在多年的实际案例和操作中，学者们发现认知信息加工理论是一套行之有效的方法和理论。

## 一、认知信息加工理论的提出

1991 年，盖瑞・彼得森和其团队受计算机加工处理信息的启发，研究人类的大脑是如何接收、编码、存储和利用信息和知识的，进而提出了认知信息加工（cognitive information process，简称 CIP）理论。随后他与詹姆斯・桑普森、罗伯特・里尔登三人，合著了《职业生涯开发和服务：一种认知方法》一书，详细阐述了 CIP 理论，为职业生涯规划和职业生涯咨询领域做出新的贡献。

## 二、认知信息加工理论的假设

**1. 生涯选择以认知与情感的交互作用为基础**

CIP 理论认为，个体在进行生涯选择时，其决策过程是基于认知和情感的相互作用，即理性与感性的共同作用。这种假设强调了在做决定时，不仅需要考虑逻辑和理性分析，还需要考虑个人的情感反应。比如大学生在选择去一线城市就业还是留在家乡就业问题上，不仅要考虑个人的情感和价值观影响，也要综合客观考虑外部环境的各因素情况。

**2. 生涯问题解决者的能力取决于知识和认知操作**

生涯选择是一个复杂的问题解决过程，涉及对不同选项的评估、权衡和最终决策。这一过程类似于其他类型的问题解决活动，需要运用多种认知技能。

**3. 生涯决策要求有动机**

没有动机，就没有动力，没有动力就没有办法去克服决策带来的挑战。那么挖掘动机就成为生涯决策中很重要的部分，这动机可能取决于自己的兴趣、价值观，也可能取决于周围环境、利益权重等等，不同的动机会在一定程度上影响决策的结果。比如选择考研报考的学校，若动机是想进一步深造，那么择校的优先考虑标准以专业优为先，若动机是想获得文凭增强就业竞争力，那么择校的考虑标准则是以院校优为先。

**4. 生涯发展包括知识结构的持续发展和变化**

生涯成熟取决于一个人解决生涯问题的能力。个体在面对生涯问题时，会随着知识结构的发展变化带来不一样的选择，比如大学生在大学一年级阶段，对于专业的认知、职场信息的了解较为浅薄，做职业生涯规划时往往会出现随大流的情况，但随着大学阶段的学习、实习、实践，对于专业的认知、行业职业的信息收集更为全面，就更易做出适合自己的决策。

**5. 生涯咨询的最终目标是促进来访者信息加工技能的发展**

生涯咨询的最终目的是增加来访者作为生涯问题解决者和决策制定者的能力。CIP 理论把生涯发展和咨询的过程视为学习信息加工能力的过程。

## 三、认知信息加工模式图

CIP 学者认为，影响人们决策的因素包含三个层面，分别是知识层面、决策层面、认知层面（执行加工层面）。我们要获取相应的信息，并对这些信息进行分析和加工，加工的过程中，我们还会受到习惯化固有思维方式的影响。他们将其用金字塔的模型（见图 10-1），清晰地呈现出来。

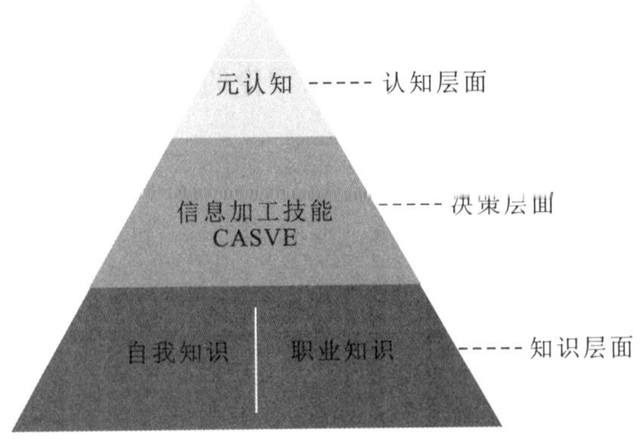


图10-1 认知信息加工模式图

**1. 第一层：知识层面，包含自我知识和职业知识**

自我知识：主要指我们的兴趣、性格、能力、价值观、挑战、资源等。

职业知识：主要指职业的要求、回馈、发展趋势、劳动强度、工作环境等。

掌握足够的自我和职业的信息，是我们决策的前提。我们可以通过前面所学的自我探索、测评、他人评价等多种方式，全面了解自己。通过信息搜集、职业访谈的方式，来了解职业知识。为自己的决策，获取更多有效的信息，本身就是对自己负责的表现。

**2. 第二层：决策层面，主要是指决策的方法**

经过研究，学者提出了决策的五个步骤：

沟通（communication）—分析（analysis）—综合（synthesis）—评估（valuation）—执行（execution），简称 CASVE 循环。后面一节内容会详细阐述。

**3. 第三层：认知层面，就是觉察到我们是如何思考的**

比如，在两份工作的选择中，你既想要 A 工作的稳定，又想要 B 工作的高工资，这让你陷入鱼和熊掌不可兼得的纠结与痛苦中。当你觉察到自己有这样的思维模式时，你的自我认知就在发挥作用。觉察是改变的开始。

CIP 学者将这个层面的认知称为元认知，包括对思维、情绪、行为进行洞察和监控，自我觉察，以及对自己行为的控制和监督。

元认知，即对认知过程的认知，也称为反思、内省、自我觉察。人认识外界事物的过程就是认知过程；而人反思“自己认识外界事物的过程”，则是元认知过程。元认知技能包含自我对话、自我觉察、自我监控。

## 四、CIP 理论下的决策

在 CIP 理论中，影响人们决策的因素可以归结为三类：知识缺乏，决策能力低下，元认知偏差，换句话理解就是信息不足、方法不对、信念不对。大学生在做决策时，可以对照 CIP 理论，查看影响自己决策的主要因素是哪些，针对问题调整措施，从而做出当下最适宜自己的决策（见图 10-2）。而作为生涯规划指导的教师，需要通过观察和分析，辨别来访大学生到底是卡在哪个层级的哪个位置，从而做出有针对性的干预措施。打通卡点，辅助其做出合理的决策。

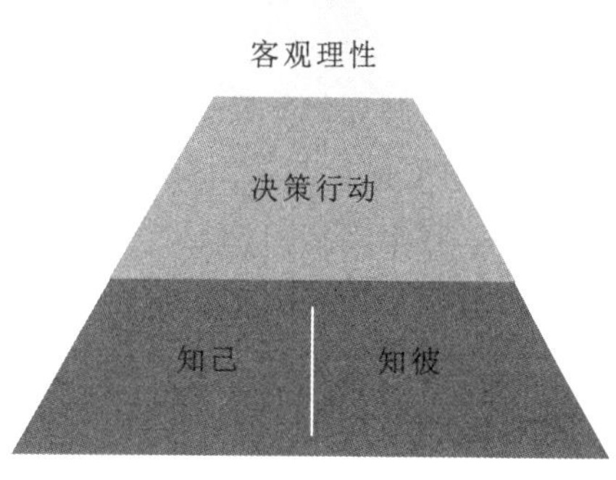

图10-2 CIP理论下的决策

针对知识缺乏问题，要分析主要是对自我认知不足引起，还是由对职业信息认识不足造成，做到知己知彼，增加知识；针对决策能力不足问题，可以通过信息加工技能训练强化技能提升；针对元认知偏差问题，可以通过自我对话、自我察觉、自我监控得以提升，努力做到客观理性。

值得注意的是，大学生在做决策的过程中，经常会有三种限制性信念阻碍其做出适宜的决策。

（1）完美主义：面对选项的各种好处都想得到，既要鱼，也要熊掌，什么都不愿意舍弃。针对这样的情况，我们通常运用“时间线”，从人生的全局来看待自己的需求，区分当前的核心需求和长远需求，把不同阶段的不同需求，放在人生的不同阶段来满足，而不是一股脑地把所有的需求都堆放到当下。只有把握住当下，我们才有未来。

（2）负面思维：做出选择时，总是前怕狼后怕虎，担心各种想象中不好的情况发生，总拿“万一”当“一万”，不愿意接受决策带来的风险，迟迟做不了决定。针对这样的情况，我们通常采取的策略是“置之死地而后生”。预想到最坏的结果，并提前考虑好应对的策略。一旦用“大不了”的思维，连最坏的结果都预想到了，其他的就可以放手去做了。

（3）习惯性纠结：对选项进行过度思考，导致犹豫不决。应对的方法有两个：一是设置时间底线，最迟到什么时间就必须要做出选择？二是设置做多少次数，做多少次就可以死心了？

这三种限制性信念也是常见的元认识偏差，因此，人们在做决策前，可以通过自我对话、自我觉察等方式看清自己的限制性信念；通过实际的例证，挑战限制性信念的合理性；尝试用积极正向的信念，代替限制性信念；将新的积极信念转化为有效的行动，用行动来验证。

## 第三节　理性决策模型——CASVE 循环

CASVE 循环（见图 10-3）是一种广泛应用于职业生涯规划和决策的技术，是认知信息加工理论（CIP）的第二层次，即决策技能领域的部分，解决的是对信息和方法进行运算加工的问题，也就是了解自己该如何做决定。它既是决策过程的关键环节，又提供了一个如何做决策的完整方法论。它包括五个步骤，这些步骤与技术可以通过学习而获得。个人的价值观念、资料获得的程度以及策略的选择与应用，都关系到最后选择的结果。

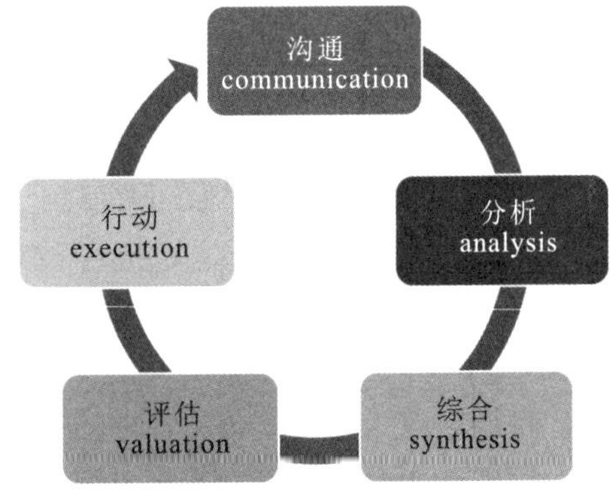


图10-3　CASVE循环

## 一、各个阶段的含义

### 1. 沟通：识别问题的存在

沟通主要包括内部的信息交流和外部的信息交流，通过交流，个体能够意识到理想和现实之间存在的巨大差距。内部的信息交流，是指个体自身的身心状态，比如在毕业找工作时，你可能会感到焦虑、抑郁或受挫等情绪，身体上也可能出现疲倦、头疼、消化不良等反应，这些情绪和身体状态都是一些提醒你需要进行内部交流沟通的信号。外部的信息交流，是指外界的一些对你产生影响的信息，比如宿舍同学开始准备简历就是给你提供了一种外部信息，你也需要开始准备找工作了；又如在求职过程中父母、老师、朋友给你提供的各种建议。通过内部沟通和外部沟通，你意识到自己需要解决某些问题，这样的交流对最初生涯选择十分重要。沟通阶段需要回答的最基本的问题是：此刻我正在思考并感觉到自己的职业选择是什么。

### 2. 分析：考虑各种可能性

在此阶段，通过思考、观察和研究，对兴趣、能力、价值观和人格等自我知识及各种环境知识进行分析，能够更好地理解现存状态和理想状态之间的差距。

在分析阶段需要对两方面的知识进行了解。首先是自我知识，包含了兴趣：我喜欢做什么？做什么事情的时候我最能够投入？做什么事情能让我得到享受？能力：我擅长做什么？什么事情是我能做得比别人好的？我都掌握了哪些专业知识？价值观：我看重什么？我希望达到什么样的目标？我希望工作可以带给我什么？人格：我是内向的还是外向的？我关注宏观抽象的事物还是注重具体细节？我倾向理性思考还是感性体验？我习惯于有条不紊还是随机应变？其次是环境知识，每一个决策处于什么样的环境，会带来什么样的生活，需要付出什么努力。比如，对于考研来说，需要付出什么努力，花费多长时间准备，读研之后的生活是什么样的，研究生毕业之后的求职情况如何，而对于找工作也需要了解每一份职业相关的信息。

### 3. 综合：形成可能选项

对决策者而言，就是要扩展和压缩选项清单。这一阶段是在分析的基础上，把分析阶段提供的各种信息放到一起进行综合和加工，制订出解决问题或消除差距的行动方案。在此阶段，决策者首先需要搜索查找各种解决问题的可能性，扩展解决问题的选项，对每一个选项进行思考，然后再逐步缩小选项的范围，保留下最好的，通常要减缩到 3 ～ 5 个最可能的选项。最后，可以问自己：假如我有这 3 ～ 5 个选择，是否可以解决问题，从而有效地消除现实和理想状态的差距。如果可以，则进入评估阶段作出最适合的选择；如果不可以，就需要重新回到分析阶段了解更多信息。

### 4. 评估：对选项排列次序

在评估阶段，决策者需要对综合阶段形成的方案进行评价和选择。这一步骤涉及权衡不同方案的优缺点，从可行性和满意度两方面进行具体评估，并将评估结果进行排序，得出最终的选择。评估阶段要求决策者具备较高的元认知能力，即能够对自己的决策过程进行监督和调控。

在评估中，每个人都必须面对这两个方面的抉择：

一是对个人而言，哪个选择是最好的。或者说，对我生活中重要的人（如父母亲友）而言，哪个选择是最好的。

二是对社会而言，哪个选择是最好的。

每一种选择都要从对自己和对他人的代价和利益两方面进行考虑。在 CASVE 循环的沟通阶段（C）会确定存在于现实与理想状态之间的差距。在评估阶段（V）对评估结果进行排序时，通常将能够最有效地消除这个差距的那个选项排在第一位，次好的选择排在第二位，以此类推。还可以通过生涯平衡单和 SWOT 分析等方法进行评估。

**5. 执行：形成目标策略，采取行动解决问题**

执行阶段是将评估阶段确定的方案付诸实践。在这个阶段，决策者需要采取具体行动来实现职业目标。由于实际情况可能会发生变化，因此执行过程中可能需要返回到之前的阶段进行重新评估和调整，进入新一轮的 CASVE 循环决策过程。

## 二、CASVE 循环分析法解决问题的实例

CASVE 循环分析法是一种有效的理性决策模型，能帮助大学生提升决策技能，解决职业生涯中常见的问题，先就从一个案例入手，说明 CASVE 循环分析法的具体运用。

**【案例分享】**

小林现在是某高校二年级海洋资源开发技术专业的一名学生。有一天辅导员在班会课上同大家讨论了未来的就业发展，小林突然意识到自己再有两年就要毕业了，未来是要选择考研还是就业，对此，他陷入了迷茫。

小林采用 CASVE 循环分析法来进行决策。

第一步：沟通。找到差距并明确决策的问题。按照案例背景提到，“小林即将进入大二，还有两年就要毕业了”这一客观事实，促使一个问题的产生：是决定先考研还是先就业？因此找到需要决策的问题是解决考研还是就业的问题。

第二步：分析。做决策需要大量的信息资料，思考各种选择。

小林通过对自身兴趣、性格、价值观等因素的分析和外部职业环境的信息收集得出以下信息：

知己：喜欢跟人打交道、具有较强的创新能力和学习能力、责任心强、感觉到知识能力不够，想在学校进一步学习、未来在水产企业从事管理类工作。知彼：研究生阶段会学到更多更深的专业知识、管理能力需要从实践中获得、家庭状况不好、近年来大学生就业形势会越来越严峻。

第三步：综合。产生可行的选择。通过对所收集的资料进行整合，形成两种或多种有助于解决问题的方案。对小林来说只有两个选择：考研和就业。

第四步：评估。权衡利弊，为选项排序。根据自己的价值观念系统，将各种备选方法按优劣顺序进行排序，最终确定一个收益最大成本最小的行动方案。小林利用决策平

衡单，对考研和就业两个选项进行评估，根据自己的价值观，罗列出影响考研和就业的4个影响因素（对家人的影响、积累管理经验、学习知识、有利就业），并就4个影响因素的权重做出相应赋分，并分别对在考研和就业中对4个影响因素的影响情况进行赋分，最后做了如下评估表。

| 影响因素 | 权重 | 考研 | 就业 |
| --- | --- | --- | --- |
| 对家人的影响 | 3 | –2 | 4 |
| 积累管理经验 | 3 | –1 | 3 |
| 学习知识 | 5 | 5 | 2 |
| 有利就业 | 3 | 3 | 3 |
| 合计 |  | 25 | 40 |

从评估表中得出的优选方案是选择就业。

第五步：执行。采取行动，即开始行动起来，实施步骤四所确立的行动方案。行动完毕后，再回到沟通步骤，评估问题有没有解决？如果问题解决了，决策循环到此为止。如果没有，则进入分析步骤。根据小林前面的评估，他选择了先就业。做出这个选择后，就可以按照就业的努力方向去准备和实践了。

## 第四节　职业决策的其他辅助办法

这一节中，主要和大家介绍决策平衡单和SWOT分析法这两种实用的职业决策办法，帮助大家做出更适宜的生涯决策。

### 一、决策平衡单

#### 1. 决策平衡单介绍

生涯决策平衡单是由詹尼斯和曼在1977年设计的，也是目前比较流行的生涯决策工具，直观且易操作。这个平衡单主要是将重大事件的思考方向集中到四个主题上：

（1）自我物质方面的得失；

（2）自我精神方面的得失；

（3）他人物质方面的得失；

（4）他人精神方面的得失。

个体在进行生涯决策时根据自身情况的不同，可以考虑对不同的项目加以评价，从而得出与不同选项决策目标相应的分数，概括起来就是四个主题、四个维度，构成了这四个象限（即自我物质得失、他人物质得失、自我赞许与否、社会赞许与否）。

平衡单四个维度的具体因素包括以下四个方面：

（1）在个人物质得失方面，包括收入、升迁的机会、工作环境的安全、休闲时间、对健康的影响、机会、足够的社会资源等等。

（2）在自我精神得失方面，包括兴趣的满足、能力的满足、价值观的满足、生活方式的改变、成就自我实现的程度、社会声望和社会地位、挑战性等等。

（3）在重要他人物质得失方面，包括家庭经济、家庭地位、与家人相处的时间等等。

（4）在他人精神得失方面，包括成就感、自豪感、依赖感等等。

**2. 决策平衡单的使用步骤**

（1）列出所有选项，一般需要选择 2 ～ 3 个考虑的职业，填入决策平衡单第一行；

（2）列出考虑因素。从四个维度一一列出你选择职业生涯考虑的因素，这里就是我们所指的价值观，选择和判断一个职业好坏的时候看中的原则、标准；

（3）基于对自我需求和价值观的准确了解，分析各个生涯细目权重分数，可以根据平衡单上考虑细目的重要性和迫切性，从 1 ～ 5 来打分，5 最重要，4 较重要，3 一般重要，2 较不重要，1 最不重要；

（4）考虑每个职业选择中这些因素的得失程度，为不同的考虑因素进行得失打分（分值在 -5 到 +5 分之间）。若数值为正，表示该考虑细目在对应的职业选项中满足个体需要和价值观。若数值为负，表示该考虑细目在对应的职业选项中不满足个体需要和价值观。具体数值“+5”表示完全满足，“0”表示不知道或无法确定，“-5”表示完全不满足。

（5）加权并评估几项选择，得出每一职业选择的总分，排出职业选择的优先级。

完成上述 5 个步骤后，决策者还应做如下反思：

（1）这个结果是否使原来比较模糊的选项变得清晰？

（2）有没有遗漏哪些重要的因素？

（3）你是否认可这个结果？如果不太认可这个结果，原因是什么？是否需要重新调整以上因素的权重？有必要的话，可以再适当调整平衡单，直到认可评估结果。

**【案例阅读】**

小李，女，21 岁，是某大学中文系大三的一名学生。临近大四，父母询问她毕业后的打算，她有些茫然，看到身边的同学纷纷为未来行动，有的报考教师资格证，有的去找实习单位，有的报名参加考研培训班，那她自己呢？究竟要做什么呢？考研？就业？如果就业的话，该做什么工作呢？这些她都不是很清楚，为此她感到焦虑，甚至失眠，这一情况日渐影响她的学习和生活。

为了解决这一问题，小李来到学校就业指导中心进行职业咨询。咨询师了解她的情况后，共同制订了一个“生涯目标选择”的咨询方案，很显然，这是一个目标定位和决策的案例。所以首先就从自我探索和信息探索开始。在自我探索当中，通过咨询师给她做的霍兰德职业兴趣与能力倾向量表的结果是社会型，自己的 MBTI 的人格类型是 ESFJ，也就是外向的、情感的、判断型的，在价值观量表中显示她看中的是职业中的社会交往，认为工作的目的和价值在于能和各种人交往，建立比较广泛的社会联系和关系。这是测评的结果，帮助她进一步去思考，小李通过自我反思，也发现了一些自己的性格方面的特点，比如她比较乐观、外向、健谈、热情、喜欢结识新朋友、人缘好；较敏感，对人和事通常有细致的观察力和洞察力；在能力方面，她擅长写作，学业成绩优秀，多次获得奖学金；在个性方面，她喜欢独立做决定，责任感强。她最大的职业梦想是成为白领精英。因此，从整体的自我探索的结果来看，她想从事跟人打交道的工作，最好能运用自己的中文写作特长。这是小李所做的自我探索。做完自我探索后，她还需要去了解一些外部信息，所以咨询师布置她去了解近年来本专业学长学姐的就业方向、用人单位要求以及职业发展的趋势。

经过霍兰德职业发展的探索，自我信息探索、外界信息探索后，搜集生涯信息，通过与企业、校友了解，确定了三个考虑的生涯选项。第一个方案是教师，第二个方案是文职人员，第三个方案是人力资源专员。

下表是小李用决策平衡单做出的职业决策的结果。

| 选择项目 | | 重要性权重（1～5分） | 教师 | | 文职人员 | | 人力资源专员 | |
|---|---|---|---|---|---|---|---|---|
| 加权分数考虑因素 | | | 得（+） | 失（-） | 得（+） | 失（-） | 得（+） | 失（-） |
| 个人物质方面 | 经济报酬 | 4 | 4（+16） | | 3（+12） | | 5（+20） | |
| | 社会地位 | 2 | 5（+10） | | 3（+6） | | 3（+6） | |
| | 社会资源 | 2 | | -1（-2） | 2（+4） | | 4（+8） | |
| 个人精神方面 | 兴趣 | 5 | 3（+15） | | 3（+15） | | 5（+25） | |
| | 能力 | 4 | 3（+12） | | 4（+16） | | 4（+16） | |
| | 价值观 | 5 | 3（+15） | | 2（+10） | | 5（+25） | |
| | 生活状态 | 3 | 5（+15） | | 4（+12） | | 3（+9） | |
| | 未来发展 | 5 | 3（+15） | | 3（+15） | | 5（+25） | |
| 他人物质方面 | 给家人来带声望 | 2 | 5（+10） | | | -1（-2） | 0（0） | |
| 他人精神方面 | 有利择偶以满足父母要求 | 1 | 5（+5） | | | -1（-1） | | -1（-1） |
| 加权后合计 | | | +113 | -2 | 90 | -3 | 134 | -1 |
| 加权后得失差数 | | | 111 | | 87 | | 133 | |

小李通过职业决策平衡单的决策之后，她的决策方案的得分分别是：人力资源专员>教师>文职人员。综合平衡之后，人力资源专员较为符合小李的职业生涯目标。在进行职业选择时，小李最为看重的职业影响因素是：是否符合自己的兴趣、职业价值观、未来发展空间等几个方面。

## 二、SWOT 分析法

### 1. SWOT 分析法的定义

SWOT 分析法又称为态势分析法，其中 S 是优势（strengths），W 是劣势（weaknesses），O 是机会（opportunities），T 是威胁（threats）。它是由旧金山大学的管理学教授韦里克于 20 世纪 80 年代提出来的，是一种能够较客观而又准确地分析和研究一个企业现实情况的方法，被广泛运用于市场营销管理领域。所谓 SWOT 分析，即基于内外部竞争环境和竞争条件下的态势分析，就是将与研究对象一切相关的内部优势、劣势以及外部机会和威胁等，通过调查列举出来，并依照矩形阵形式排列，然后用系统分析的思想，把各种因素相互匹配起来加以分析，从中得出一系列相应的结论，而结论通常带有一定的决策性。在大学生职业生涯规划中，常常用于解决个人求职和生涯发展等决策问题。它通过分析自己在技能、兴趣、能力、价值观上的优缺点，以及所感兴趣的不同职业道路的机会和威胁，帮助大学生较为客观地分析现实情况。。

### 2. SWOT 分析法实施步骤

在运用 SWOT 分析法进行职业选择和生涯决策时，我们可以按照以下步骤进行。

（1）分析个人的优势和劣势（自我认知）

这是运用 SWOT 分析法进行职业生涯决策的前提条件，即清楚知道自己的优势并将自己的生活、工作和事业发展都建立在这些优势之上。全面、客观、深刻地知晓自己的劣势，才能有针对性地提升和弥补，或者放弃自己不擅长的领域。

① S：对个人优势的评估

大学生在做职业生涯个人优势分析时，可以从以下几个方面入手：

A. 评价个人人格特质的优点。可以综合运用自我评价、请他人评价（家人、同学朋友、领导、老师、职业生涯规划专家等）、运用专业的个性测量工具的方法，了解个人人格特质中（如兴趣、能力、性格、价值观等）对自己职业生涯有利的因素。

B. 大学期间你学到了什么？在大学的学习生涯中，专业课程的学习让你学习到了哪些知识？在毕业实习和社会实践中，你提升和升华了哪些知识或技能？如专业知识的系统训练，并掌握扎实；如沟通能力、表达能力、组织管理能力、策划能力等。

C. 大学期间你曾经做过什么？收获了什么？在校期间你担任过哪些学生干部职务，参加或举办过什么校园活动、社会实践、学科竞赛等，从中你收获了什么？

D. 做过最成功的事情是什么？如何成功的？从中发现了自己什么长处？通过回顾自己认为曾做过的最成功的事情，分析自己获得成功的方法途径，并从中总结启发出自己身上的优秀品质（如坚持、乐观、坚强、创新、敏锐、洞察力强等）。

② W：对个人劣势方面的评估

大学生在做职业生涯规划个人劣势分析罗列时，可以从以下几方面入手：

A. 反思个人人格特质中的弱点。了解自己个性中的不足以及不喜欢、不擅长做的事，才能有针对性地弥补提升或规避相关领域的职业。可以坦诚地找身边的同学、老师、领导、父母等聊一聊自己的缺点与不足。再综合自己感觉的弱点，形成对自己性格弱点更全面、更理性、准确的评估。

B. 经验或经历中所欠缺的方面。对照你意向的职业，思考在你人生经历中，哪些经历或经验是欠缺的。对于能弥补的经历或经验，要认真对待，创造条件加以完善；对于无法弥补的经历或经验，要慎重思考缺失可能造成的影响。

C. 做过最失败的事是什么？如何失败的？如何做来防止再次失败？同样要回顾自己认为曾做过的最失败的事情，分析自己失败的原因？是因为欠缺了什么导致了失败？并从中总结出自身的不足（如心理素质不够、组织领导能力不足、做事虎头蛇尾等）。

（2）分析外部机会和威胁

① O：机会（机遇）分析

外部环境为每个人提供了成长发展的机会和有利条件。社会变革、科技创新、市场竞争都能带来各种机遇。面对机会，不同人有以下五种不同的行为反应：创造机会、寻找机会、等待机会、错过机会、漠视机会。我们如果做不到创造机会，但至少可以做一个努力寻找机会的人，抓住身边的机会，为未来的机会创造条件，不让自己错过机会，更不能对机会持逃避或视而不见的态度。

② T：威胁（挑战）分析

在面对职业威胁时，首先要认识到市场变化的挑战。例如，某些行业可能面临衰退或技术替代的风险。为了应对这些威胁，持续学习新知识和技能变得尤为重要。此外，还可以通过建立广泛的人脉、提高自己的不可替代性等方式来降低职业风险。同时，要关注个人职业安全，避免因信息泄露等原因造成不必要的损失。

（3）构造 SWOT 矩阵

将调查分析、总结出的个人优势、劣势和外部机会、威胁等各种因素，根据轻重缓急或影响程度等排序方式，构造生涯决策的 SWOT 矩阵。在各种因素的排序过程中将那些对个人职业生涯发展有直接的、重大的、大量的、迫切的、久远的影响因素优先排列出来，而将那些间接的、次要的、少许的、不急的、短暂的影响因素排列在后面。

（4）分解 SWOT 矩阵模型，得出生涯决策

根据 SWOT 矩阵模型，个人可以制定生涯相应的生涯决策。例如将矩阵中上下对应的 SO（优势与机会）——加以充分发挥；将 WO（劣势与机会）——为抓住机会而对劣势加以弥补；将 ST（优势与威胁）——对优势进行调整、提升、发挥以抵御威胁；将 WT（弱势与威胁）——对个人劣势加以改善，减小威胁的影响或制定规避威胁的策略。

**【案例分享】**

小刚是某高校应用心理学专业的一名在校生，专业成绩优秀，曾多次获得奖学金，发表论文若干篇，且一直担任学生干部工作，成绩斐然。但他性格急躁，容易冲动，而

且没有直接的工作经历，唯一的工作经历是二年级时在一家大型电子公司的人力资源部门实习了半年。现在他想谋取一份在外企的人力资源管理的工作。

小刚将SWOT进行分解（见表），将SO（优势与机会）加以利用，使WO（劣势与机会）此消彼长，对ST（优势与威胁）进行监控，使WT（劣势与威胁）得以改善。最终他得出了相应的职业生涯决策方向，即选择了大中型外资企业的人力资源管理部门。

<table>
<tr><td>外部环境分析</td><td colspan="2">机会（O）：<br>（1）人力资源管理部门逐渐受到企业的重视；<br>（2）入世后，外资企业的进入导致人力资源管理人才需求量的增大；<br>（3）心理学在人力资源管理中的重要性逐渐显现出来。特别是人力资源测评与员工救助系统逐步在企业推广，为心理学专业开辟了广阔的前景。</td><td>威胁（T）：<br>（1）人力资源管理方向毕业生有一定的专业优势；<br>（2）MBA 的兴起，使高层次应用型人才逐步向企业转型；<br>（3）人力资源测评与员工救助在很多企业中仍然处于刚起步阶段，其运行很不规范；<br>（4）比起学历，我国许多企业更看重工作经验。</td></tr>
<tr><td>内部环境分析</td><td>优势（S）：<br>（1）学习能力强，成绩优秀；<br>（2）学生干部管理经历；<br>（3）大型公司半年实习经历；<br>（4）具备心理学的知识背景；<br>（5）擅长心理测评与员工救助。</td><td>优势机会策略（SO）：<br>（1）学习心理学知识，将心理学知识运用到人力资源管理中，特别发挥人力资源测评方面的优势；<br>（2）发挥担任学生干部的管理特长，培养人力资源管理工作所需的特质。</td><td>优势威胁策略（ST）：<br>（1）强调自身心理学背景优势，可运用心理学原理从事职业测评、员工心理救助，提高管理的人性化程度；<br>（2）强调大型公司半年的实习经验；<br>（3）强调自己管理学、心理学交叉融合的优势，强调较强的学习和适应能力。</td></tr>
<tr><td>内部环境分析</td><td>劣势（W）：<br>（1）非一类大学毕业；<br>（2）没有丰富的工作阅历；<br>（3）专业完全不对口；<br>（4）性格急躁，容易冲动</td><td>劣势机会策略（WO）：<br>（1）利用较强的学习能力，自学人力资源管理课程，加强对英语的学习；<br>（2）继续加强自己英语口语交流、文字书写等能力。</td><td>劣势威胁策略（WT）：<br>（1）训练克制自己的冲动个性；<br>（2）结合两个不同专业，培养宽阔的视野和创新能力；<br>（3）积极寻找重视员工潜能、重视心理救助、重视人性化管理的企业，充分发挥管理学、心理学学习的优势。</td></tr>
</table>

（资料来源：金德禄．大学生职业生涯规划与就业指导[M]. 南京：东南大学出版社，2020.）

第十一章

# 求职行动

## 第一节　求职目标

### 一、求职目标定义

通常我们在职业生涯领域内所提及的目标，是指个人在选定的职业领域内未来时点上所要达到的具体目标，包括短期目标、中期目标和长期目标。求职目标是职业目标的组成部分，可将其简单地理解为个人想谋求的职位。

### 二、求职目标设立

**【课堂活动】**

如果设立求职目标，以下哪个比较合适？

求职目标一：我要找到一个本专业领域不错的工作。

求职目标二：我要在毕业前三个月签下一份在福建省福州市或者在老家的与专业有关的工作。主要通过亲友、老师、同学及主动上门方式获得。企业类型不限。工作可以为我提供一个最基本的生活需求（工资三千以上），可以用到我的专业知识，可以帮我在专业领域有所成长。

求职目标设立的指导原则——SMART方法，如图11-1所示。

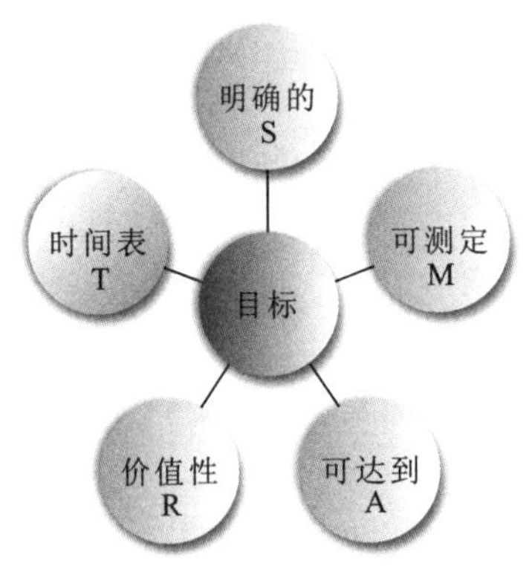


图11-1 目标设立的指导原则

specific：具体的，明确的，不能含糊不清。比如，不要说“我的目标是更好地学习英语”，而是说“我每天要花一个小时的时间来学习英语”

measurable：可以量化的，能够明确评估。这样才可以衡量成功或者失败的标准，从而准确地评价是否达到了自己的目标。比如，“加强实践锻炼”，改为“在这个月内，参加一个社团活动，并访谈两位学长”

achievable but challenging：可实现性，同时具有一定挑战性。根据自己的能力和特点，实现这个目标是现实的、可能的但又有一定难度。

rewarding：实现这个目标能带给你成就感。有意义，有价值，积极的，服务于某个大目标。

time-bound：有明确时间限制的。有计划分步骤地在限定的时间内完成。以一周、一个月或者一学期为单位设立目标。

采用上述原则设立目标的好处是：使你所制定的目标与计划有实现的可能，并且可以帮助你在一段时间之后回顾总结自己所取得的进步与不足，明确自己该干什么以及干得怎么样。

**【课后思考】**

(1) 在今年12月底之前，大学阶段的目标是什么？

(2) 在大四毕业之前，生活方面的目标是什么？

## 三、就业形式

大学生就业是当今社会非常关心的问题。国家推出了许多政策措施，引导高校毕业生多方向就业，以缓解就业压力。大学生在找工作时，可以选择以下形式就业：

(1) 报考国家或地方公务员。

(2) 应聘各类社会企业。

(3) 出国留学。

(4) 升学深造。

(5) 国家项目就业：①大学生志愿服务西部计划；②“三支一扶”计划；③选聘高校毕业生到村任职。

(6) 灵活就业。

(7) 参军入伍。

(8) 自主创业。

# 第二节　求职准备及渠道

**【拓展阅读】**

## “人民日报版”——2023 届毕业生升学就业月历

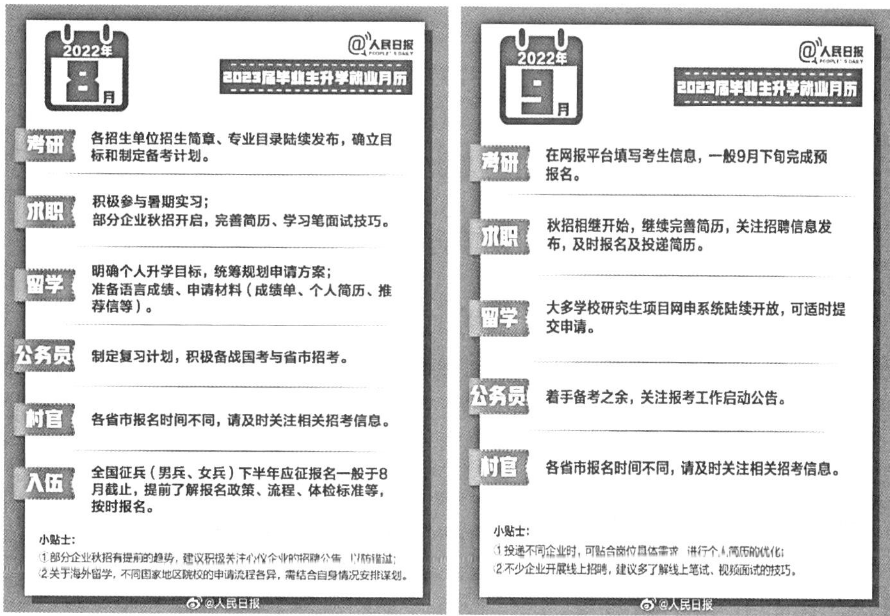


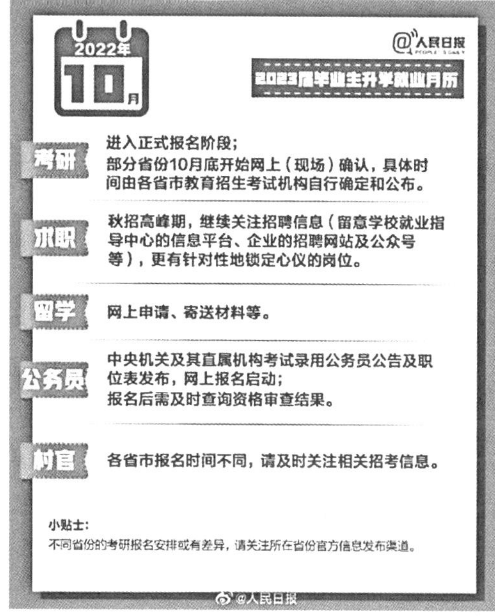

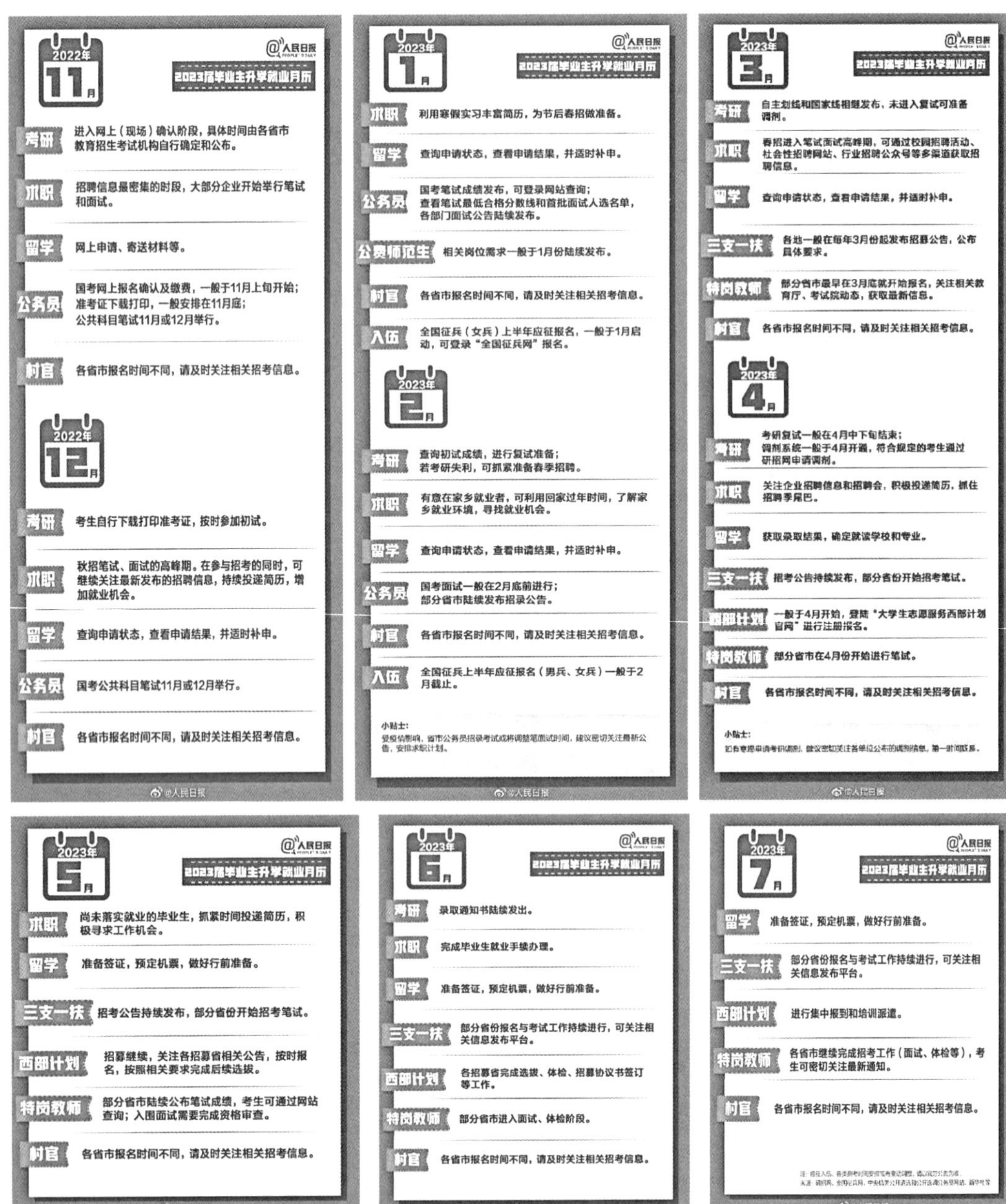


## 一、求职前的准备

大学生求职不仅要经历漫长的过程，还要通过复杂的选拔程序。不管所学的是什么专业，都应该做好以下准备：

（1）确定合理的就业目标和择业标准；

（2）知识、能力和技能准备；

（3）心理准备；

（4）转变观念：把找工作看作是一项工作；

（5）对于找工作的时间准备，永远没有“太早”的说法；

（6）简历制作、面试服装等。

当前，受多种因素的影响，在大学生就业中存在某些不健康心理，特别是当就业的现实与理想存在一定差距时，部分大学生更容易产生自卑、恐惧、攀比等不健康心理。

## 二、就业信息的分类、特点和作用

### 1. 就业信息的含义

就业信息是指求职者利用各种渠道获得的招聘单位人才需求信息，是用人单位发布的、求职者未知的、经过加工处理后，具有一定择业参考价值的客观存在的就业资料与情报。主要包含以下几个方面的内容：

（1）相关法规政策信息——国家、地方、学校；

（2）行业发展动态信息；

（3）自我内在需求信息；

（4）具体的招聘信息。

### 2. 就业信息的分类

就业信息按获取时间可分为广义就业信息和狭义就业信息。

就业信息按获取方式可以分为外部信息和内部信息。

就业信息还可分为宏观信息和微观信息。

就业信息的内容具体包括：

（1）社会信息：①就业法律法规；②就业有关政策；③社会职业状况。

（2）供求信息：①供方信息；②需求信息。

（3）用人单位信息。具体包括：单位名称、经济性质、单位隶属、地理位置、交通状况、详细地址、环境氛围、企业文化、发展前景、组织结构、用人理念、职位名称、职责范围、职位要求、薪酬福利体系、联系部门、联系方式等。

### 3. 就业信息的特点

（1）真实性；（2）时效性；（3）共享性；（4）价值性；（5）传递性；（6）变动性。

### 4. 就业信息的作用

在当今信息化社会，信息就是机会，信息就是商机，就业择业也不例外。

就业信息是择业的基础，决策的前提，是调整职业生涯目标的参考，有助于毕业生更好地了解掌握和运用好国家就业政策，了解市场，了解需求，了解自我，增加就业机会。

## 三、就业信息的收集

### 1. 就业信息的收集渠道

（1）通过学校就业主管部门获得信息，如高校就业信息网、学校就业指导中心网站。特点：针对性强、可靠性高、成功率大。

（2）通过各级毕业生就业指导机构获得信息。

（3）通过社会各级人才市场获得信息。

（4）通过新闻媒体获得信息。

（5）通过社会关系网络获得信息，一般可以为你提供信息的主要有以下几类人：家长亲友、学校的教师或导师、自己的校友。

（6）通过社会实践（或实习）过程获得信息。

（7）通过计算机网络获得信息。

（8）通过各种类型的校园招聘会、“人才交流会”、供需见面会获得信息。

（9）直接与用人单位联系。

**2. 就业信息的收集原则**

（1）真实性、准确性原则；

（2）针对性、适用性原则；

（3）系统性、连续性原则；

（4）计划性、条理性原则。

**3. 就业信息的收集方法**

（1）全方位搜集法；

（2）定方向搜集法；

（3）定区域搜集法。

## 四、就业信息的处理

**1. 就业信息的处理方式**

（1）筛选。

（2）鉴别求证。通常从以下两个方面进行鉴别：①客观真实性；②完整性。

（3）分类归档。

（4）就业信息的有效使用。①根据信息整体状况，结合自己的实际情况，制订切实可行的求职计划；②根据用人单位对岗位的要求以及当前人才市场状况，调整求职目标以便顺利就业；③用于信息交流。

**2. 常见的求职陷阱**

（1）诈骗类陷阱；

（2）知识产权类陷阱；

（3）合同类陷阱；

（4）高薪陷阱；

（5）虚假广告陷阱；

（6）传销陷阱；

（7）中介陷阱；

（8）试用期陷阱；

（9）协议陷阱。

**3.就业信息的注意事项**

（1）树立防范意识，毕业生在求职时要克服以下三种心理：①无所谓心理；②急于求成心理；③侥幸心理。

（2）加强对劳动法规和大学生就业政策的学习。

（3）通过正规渠道获取招聘信息。

（4）不要缴纳诸如面试费等费用。

（5）不要被职位的名称所迷惑。

（6）加强自我保护意识，防止个人资料泄密。

## 五、寻找工作机会

首先，我们要意识到机会无处不在，并构建自己的人脉关系网。世界上并不缺少机会，而是缺少发现机会的眼睛。当我们准备找工作时，请告诉所有你认识的人，你正在找工作。你的父母、亲戚、邻居、同学、老师、校友、实习时遇到的指导老师、“师傅”都有可能为你提供潜在的工作机会，甚至是你在会议、讲座上遇到的朋友等，“我最近在找工作，我的专业是……希望找到……的工作，方便的话，可以发一份我的简历和求职信给您，如果有合适的机会或相关的信息，请您与我联系，谢谢！”。而上述我们提到的亲朋好友、师长同窗等将成为你的人力资源信息库，你可以以此为基础组建属于自己的人脉关系网。

其次，对未知领域保持兴趣。

再次，长远目标与近期目标相结合，找工作只是漫长职业生涯的一小步，但是这一小步如果走得好，对于以后的职业生涯会有巨大的促进与帮助。

最后再 次明确：我要什么。通过前几章探索自己的兴趣、性格、技能、价值观，再次明确你自己想要什么。把找工作本身看作一项工作！

## 六、寻找工作机会更好的方法

（1）找目标单位内部且了解你的人介绍；

（2）找认识的人推荐企业职位；

（3）直接调查目标单位情况，然后主动上门；

（4）想办法到目标单位去实习或者兼职；

（5）任何自发的、有创造性的方法。

常见的求职渠道有：各类招聘会、朋友介绍、亲属介绍、职介机构、投放简历、网络应聘、创意应聘、公司人员、招聘广告。

了解职位时需要关注的信息：

这份工作的内容，对人的能力要求，公司发展历史和发展潜力，产品和服务，地点，与行业趋势相比，过去几年的年销售额，主要竞争者，组织的所有权，家族所有权对潜在进步的影响，管理风格、组织文化，员工数量，组织结构、工作氛围、工作量，培训和发展计划，典型的职业发展路径，技术使用，仪器的数量和类型。

如果是一个非营利组织，它的目的、资金来源、客户和功能是什么。

# 第三节 简历

**【课堂活动】**

把授课班级学生按照5～8名分为一组，每组分发5～6份简历，以小组为单位讨论：

推选出大家认为较好的几份简历，并说明挑选依据。

讨论一份简历应该包括哪些内容，一份好的简历应该达到怎样的要求。

## 一、什么是简历

简历是自我推销的工具，是一种个人广告，用来展示一个人的工作技能以及它们对于未来雇主的价值。简历的主要目的是帮助你获得面试机会。好的简历虽然不会直接帮助一个人获得职位，但是会在雇主作出招聘决策时起到积极的影响作用。简历是关于一个人在工作中的表现和成就的。因此，它应当包含求职目标，与这一目标相关的技能、经历和成就等。

一些关于简历的数字（摘自美国劳工部对雇主的调查统计）：

（1）雇主们在每份简历上所花的平均时间为15秒；

（2）每245份简历中有1份获得面试的机会；

（3）有的大公司每年会收到超过10万份简历；

（4）雇主们在报纸上登出一个招聘职位，通常会收到200份左右的简历；

（5）简历中85%～95%最终的结局都是被扔进了垃圾桶。

## 二、简历格式及注意事项

回顾你的自我评估和所了解的工作信息，以确保你的简历表达明确且具有针对性。

（1）简历结构包括：个人资料、教育背景、目标与能力、工作经验、成果与兴趣等。

（2）个人资料部分包括：姓名 、性别、年龄、学历、籍贯、电话号码、电子邮箱地址、个人照片等。

（3）目标与能力部分包括：工作目标、与目标有关的特定技能和品质、技能分析、技能证书、所获奖励等 。

（4）教育背景部分包括：毕业学校、专业、与求职目标有关的成功事例（如团队或个人项目）、其他重要的事实（例如，荣誉、奖励、证书、成就等）。

（5）工作经验部分包括：什么时候、在哪里、做了什么、做到了何种程度、外部评价与自我评价。

（6）成果与兴趣部分包括：发表的文章、演讲和报告、活动和兴趣、课余活动、个人承担的责任、运动方面的成绩、兴趣爱好。

### 三、简历撰写的注意事项

（1）外观与风格：不论是电子版还是纸质版，简历都应给人留下良好的第一印象：有条理的材料组织、正确的书写、最新的信息。如果是打印的简历，纸张颜色、质量要好。撰写简历很重要的一点就是从外观开始符合你的目标职位风格。

（2）格式：字体大小、使用字体效果、标题、空白和排版。

（3）内容：重点突出、明确的求职目标、简明扼要的语言、实在具体的技能陈述、相关经验、选择与应聘岗位相关的信息、用事实或数据表述、真实的成果展示。

### 四、撰写简历的常见问题

（1）篇幅过长或过短，文字太烦琐或使用网络流行词；

（2）条理不清，罗列无关信息；

（3）目标不明，用同一种简历来应聘多种不同的职位；

（4）不切实际，简历中体现的个人技能超过实际的技能；

（5）版面设计不科学；

（6）错别字及语法错误。

（7）用同一种简历来应聘多种不同的职位。

## 第四节 面试

### 一、面试的目的

面试是为了向面试官证明你能胜任这份工作，同时了解该组织 / 公司及职位的条件、要求等，从而判断自己是否适合这份工作。因此，面试是一个双向选择的过程。虽然你不能控制面试结果，但可以主动引导谈话的内容。

## 二、面试前的准备

面试之前我们需要从自身以及企业两个方面进行准备。

（1）关于自身：仪容仪表、穿着打扮要与应聘的岗位相匹配，提前规划到企业的路线以及时间，以应对突发事件（衣着、天气）。

（2）关于企业：我们要了解这份工作的内容，对人的能力要求，公司发展历史和发展潜力，产品和服务，地点，与行业趋势相比，过去几年的年销售额，主要竞争者，组织的所有权，家族所有权对潜在进步的影响，管理风格、组织文化等。

面试要准时，最好提前15分钟到达，这样你既能整理思路、调整状态，又能利用这段时间观察公司的工作环境，同时检查着装是否得体，并友好地对待遇到的每个人！

## 三、面试的类型和内容

### 1. 面试类型

面试类型，按照不同的标准，将面试划分为不同的类型。具体为：

按结构化程度，可分为结构化面试、非结构化面试和半结构化面试。

（1）结构化面试亦称“标准化面试”，是事先准备好所提的全部问题、各种可能的答案、评分标准和操作程序等。

（2）非结构化面试，是可以即兴、随机地和应聘者讨论各种话题，内容可以任意展开，可以追踪提问。

（3）半结构化面试是上述两者的结合。半结构化面试是指面试构成要素中有的内容作统一的要求，有的内容则不作统一的规定，也就是在预先设计好的试题（结构化面试）的基础上，面试中主考官向应试者又提出一些随机性的试题。半结构化面试是介于非结构化面试和结构化面试之间的一种形式。

按目的不同，可分为压力面试和非压力面试。

（1）压力面试是将应聘者置于紧张的气氛中，人为施加心理压力，测试应聘者承受压力、情绪调节及应变的能力。

（2）非压力面试是在没有人为制造压力的情景下面试。

按参加人员多少，分为个别面试、小组面试、集体面试和依序面试。

（1）个别面试是一对一的面试。

（2）小组面试是多对一的面试。

（3）集体面试是多对多的面试。

（4）依序面试是每一个应聘者按次序分别面对几个考官的面试。

### 2. 面试内容

面试内容是指面试时需要测评的应试者的基本素质。用人单位并不是以面试去测评一个人的所有素质，而是有选择地测评应试者某些方面的素质。面试的主要内容如下：

（1）仪表风度；
（2）专业知识；
（3）实践经验；
（4）口头表达能力；
（5）综合分析能力；
（6）反应能力与应变能力；
（7）人际交往能力；
（8）自我控制能力与情绪稳定性；
（9）工作态度；
（10）上进心、进取心；
（11）求职动机；
（12）兴趣与爱好等。

## 四、面试中常见问题

### 1. 关于个人简况

（1）介绍一下你自己 。这是一个比较随意的设问，主考官为了使你消除紧张心理，通常把它作为第一个问题提出来。

（2）你的家庭情况怎样？

（3）你的短期目标是什么？ 2 年后和 5 年后你的目标是什么？

（4）你有什么特长、爱好？对这个问题要据实回答，不可无中生有，也不可过分谦虚，因为一个爱好广泛、多才多艺的毕业生更容易受到用人单位的青睐。

（5）你有什么优缺点？这是一个常常被问及并且较难回答的问题，难就难在一般人难以对自己有一个客观的评价。如实讲述自己的优缺点，并不会减少录用的机会；回答问题时的态度，比回答的内容更重要。

### 2. 关于应聘动机

（1）为什么你喜欢这种工作？
（2）你了解我们单位吗？
（3）你找工作首先考虑的因素是什么？
（4）你的理想是什么？
（5）到本单位上岗前，让你先到基层锻炼两年，你愿意吗？
（6）你怎么看待这份工作和职位？

### 3. 关于专业情况

（1）你为什么选读这个专业？
（2）你学过的科目与我们的工作有什么关系？
（3）你最喜欢或最不喜欢什么课程。为什么？
（4）你对自己的学习成绩满意吗？
（5）如果让你重新考大学，你会报什么专业？

（6）你最喜欢 / 不喜欢什么课程？为什么？

（7）从你的业余活动 / 社会实践 / 实习经历中，你学到或者得到了什么？

**4. 关于工作能力**

（1）你的适应能力如何？

（2）大学四年你做过最得意的事情是什么？

（3）业余时间你都干些什么？

（4）你参加过什么样的课外活动？

（5）你为什么适合这份工作？

（6）看上去你好像在____领域没有什么经验，是吗？

**5. 关于人际关系**

（1）你喜欢与什么样的人交往？

（2）你喜欢独立工作还是与别人合作？

（3）你喜欢什么样的领导？

（4）如果我让你的朋友描述你，你认为他们会怎么说？

**6. 关于工作态度**

（1）你遇到过的最大的困难是什么？

（2）如果为了某事你受到批评怎么办？

（3）你想怎样取得成功？

（4）你最满意 / 不满意的经历是什么？

**7. 其他**

（1）你喜欢你的学校吗？

（2）你怎样缓解压力、怎样保持生活平衡？

（3）你爱读什么样的书？

（4）你身体状况如何？

（5）你觉得学历和工作经验哪个更重要？

（6）你还有什么疑问？这暗示着面试将要结束，应把握住机会，主动提问或进一步阐释。切记言简意赅。

## 五、面试官常用的 STAR 面试法

STAR 法则是一种经常被 HR（人力资源）使用的工具，用来收集与面试者工作相关的具体信息和能力。在加工完善个人简历时，不妨参考 STAR 法则。STAR 是 situation task action result 的缩写，具体含义是：

S：situation（情境，背景）。“在什么情景下发生的？”——你参加某些工作所处的背景和环境。

T：task（任务）。“当时你的任务和目标是什么”——你在这个工作中所承担的任务或者职责。

A：action（行动）。“你采取了哪些行动？”——你在这个工作中基于任务采取什么

样的措施或应对方法。

R：result(结果)。“最后结果怎么样？”——你在整个工作中得到什么样的结果。

STAR法则是一种讲述自己故事的方式，也可以说是一种条理清晰的叙事模板，在写简历和面试时可以合理地运用此法则，可以在面试官面前表现出自己分析、阐述问题的条理性和逻辑性。

## 六、面试的方法与技巧

(1)深思熟虑，充分准备；
(2)知己知彼，百战不殆；
(3)机智应变，从容不迫；
(4)不怕失败，锲而不舍。

## 七、面试中的回答技巧

(1)把握重点、简洁明了、条理清楚、有理有据；
(2)讲清原委，言简意赅，避免抽象，注意掌握时间；
(3)确认提问内容，切忌答非所问；
(4)有个人见解，有个人特色。有针对性，表明自己的强项；
(5)要有充分的信心，知之为知之，不知为不知；
(6)注意铺排次序，内容的次序亦极重要。
(7)回答问题的关键是让面试官知道你是怎样思考和解决问题的，重点是得到答案的分析过程。
(8)恰当地提问，问题应当与职位有关。
(9)时刻牢记以解决问题的态度回答，忌讳现场杜撰。

## 八、面试心理调适

(1)面试前可翻阅一本轻松活泼、有趣的杂志、书籍或听听音乐；
(2)面试过程中注意控制谈话节奏；
(3)回答问题时，目光不可游移不定。

## 九、面试礼仪

### 1. 面试交谈礼仪

(1)诚恳热情；
(2)落落大方；
(3)谨慎多思。

**2. 面试聆听礼仪**

（1）专注有礼；

（2）有所反应；

（3）有所收获；

（4）有所判断。

**3. 面试仪表礼仪**

仪表指的是个人的外表，包括仪容、发型、服饰等。

（1）仪容整洁端庄。

（2）着装大方得体。

（3）配饰简洁统一。与服饰搭配的其他饰物，尽量不要戴太贵重的和一走动就发出响声的饰物，配饰一定要与服装统一。求职时带上公文包会给人以专业的印象。笔和笔记本应随身携带，以便现场填写表格和记录最新情况。

温馨提示：携带大方典雅而又不太贵重的公文包，是对对方的尊敬，也是自己软实力的综合体现。身上的配饰尽量不要超过 3 种，要同色同质地。

（4）特殊专业着装要求。有些特殊专业面试不一定着职业正装，如艺术、设计类要求着装要有时尚感，不可过于死板，面试幼儿园教师时，服饰搭配颜色可以活泼鲜艳一些。

**【案例分享】**

**意大利悲剧家罗西读菜单**

有一次，意大利著名的悲剧影星罗西应邀参加一个欢迎外宾的宴会。席间，许多客人要求他表演一段悲剧，于是他用意大利语念了一段“台词”，尽管客人听不懂他的“台词”的内容，然而，他那动情的声调和表情，凄凉悲怆，不由使人流下同情的泪水。可一位意大利人却忍俊不禁，跑出厅外大笑不止。原来，这位悲剧明星念的根本不是什么台词，而是宴席桌上的菜单。

案例分析：人与人之间沟通交谈时声调和表情等辅助语言的重要性。

**4. 面试举止礼仪**

个人的举止礼仪，既有站、行、坐等姿态方面的内容，同时也包含着更多的细节。

（1）准时赴约；

（2）微笑致意；

（3）尊重接待人员；

（4）重视见面礼仪；

（5）注意表情礼仪；

（6）恰当交流；

（7）目光交流；

（8）正确坐姿；

（9）注意表情；

（10）适时告退；

（11）表示感谢。

**【课堂活动】**

**面试问题举例：校园招聘**

请你举1个具体的例子，说明你是如何设定1个目标然后达成的。

请举例说明你在1项团队活动中如何采取主动性，并且起到领导者的作用，最终获得期望的结果。

请你描述1个例子，在其中你必须去寻找相关的信息，发现关键的问题，并且自己决定依照一些步骤来获得期望的结果。

请你举1个例子说明你是怎样通过事实来使他人达成一致的。

……

# 第十二章 再评估

## 第一节　走进职场

**【课程导入】**

初入职场的小陈，有些迷茫，由于缺乏工作经验和有效方法，他工作效率不够高，偶尔还会因粗心被部门领导批评，面对工作上的否定，小陈陷入了自我怀疑，为此他感到十分苦恼。

中国青年报近日联合知乎职场，邀请了一些职场人“过来人”现身说法，希望可以给新人提供一些帮助。

@菲凡：职场新人最重要的是在职场初期找到方向——方向是对的，开始慢一点儿后面也可能比较快。

@沈健：建立工作责任感，面对善意的、有根据的批评，是需要正确对待的。这些批评有利于改正问题，改进不足，有利于我们成长。

@HR猫姐：调整好心态，初入职场有压力是正常的，心态会影响判断并会左右行为模式，需保持积极乐观的心态是必要的。

### 一、走进职场前的准备

（1）你准备以一个什么样的心态去适应职场？

（2）你在工作中可能会遇到哪些问题？你打算如何解决？

（3）你工作的核心目标是什么？

（4）如何让你的行动力与目标保持一致？

（5）你的支持系统有哪些？

（6）暂时还是永远？

（7）初入职场如何迅速提升自己的职业素养？

大学生在步入职场前，有必要对大学文化与职场文化进行一下对比，如表12-1所示。

**表12-1 大学文化与职场文化对比分析**

| 大学文化 | 工作文化 |
| --- | --- |
| ➢ 弹性的时间安排；<br>➢ 你可以选课；<br>➢ 更有规律、更个别地反馈；<br>➢ 长假和自由的节假休息；<br>➢ 对问题有正确答案；<br>➢ 教学大纲提供清晰的任务；<br>➢ 分数上的个人竞争；<br>➢ 工作循环周期较短；<br>➢ 奖励以客观性标准和优点为基础。 | ➢ 更固定的时间安排；<br>➢ 你不能缺工；<br>➢ 无规律和不经常地反馈；<br>➢ 没有暑假，节假休息很少；<br>➢ 很少有问题的正确答案；<br>➢ 任务模糊、不清晰；<br>➢ 按团队业绩进行评估；<br>➢ 持续数月或数年的更长时间的工作循环；<br>➢ 奖励更多是以主观性标准和个人判断为基础。 |
| **你的教授** | **你的老板** |
| ➢ 鼓励讨论；<br>➢ 规定完成任务的交付时间；<br>➢ 期待公平；<br>➢ 知识导向。 | ➢ 通常对讨论不感兴趣；<br>➢ 分派紧急的工作，交付周期很短；<br>➢ 有时很独断，并不总是公平；<br>➢ 结果（利益）导向。 |
| **大学的学习过程** | **工作的学习过程** |
| ➢ 抽象性、理论性的原则；<br>➢ 正规的、结构性的和象征性的学习；<br>➢ 个性化地学习。 | ➢ 具体的问题解决和决策制定；<br>➢ 以工作中发生的临时性事件和具体真实的生活为基础；<br>➢ 社会性、分享性的学习。 |

## 二、走进职场前的建议

大学生从校园走向职场是一个关键的过渡阶段，提前规划职业生涯并做好充分准备，能够帮助大学生减少迷茫，提升竞争力，从而更顺利地步入职场，并快速适应工作环境。以下是针对大学生走进职场前的准备建议。

### 1. 自我认知与职业探索

（1）明确个人定位

兴趣与价值观：通过职业测评工具（如霍兰德测试、MBTI、职业锚测评）梳理兴趣方向，明确“我想做什么”“我适合什么”。

能力与优势：分析自己的专业知识、技能（如编程、写作、数据分析）、软实力（沟通、团队协作、抗压能力）和过往成就（竞赛、项目、社团经历）。

价值观排序：思考职业中哪些因素最重要（高薪、稳定性、创造力、社会价值等）。

（2）行业与职业调研

行业趋势：关注目标行业的发展前景（如新能源、人工智能），国家政策的支持力度及技术变革影响。

岗位要求：通过招聘平台（如智联招聘、BOSS 直聘）研究目标岗位的要求，提炼核心技能和经验要求。

职场访谈：通过校友、实习导师或职场社交平台（脉脉）联系从业者，了解真实工作状态和行业“潜规则”。

**2. 核心能力提升**

（1）深耕目标岗位硬技能

专业深化：针对目标岗位补齐专业短板（如财务岗需精通 Excel、Python 数据分析）。

技能证书：考取行业认可证书（如 CPA、CFA、PMP、教师资格证等）。

工具应用：掌握职场常用工具（Office 三件套、PS/PR、ChatGPT 等）。

（2）注重培养职场必备软技能

沟通表达：学习结构化汇报（如金字塔原理）、邮件写作规范、职场礼仪（称呼、会议发言）。

时间管理：使用四象限法提升效率，避免学生思维下的“拖延症”。

团队协作：通过社团、小组项目练习分工与责任意识，学会处理冲突。

问题解决：培养逻辑思维，学习 5W2H 分析法、SWOT 分析等工具。

**3. 注重实践经验积累**

专业实习也是职场预演，大学生需明确“学技能”还是“刷简历”，尝试进行 1-2 份专业实习，优先选择能接触核心业务的公司。通过实习验证职业兴趣，从而明确目标岗位方向选择。

大学生要积极参与高含金量项目与竞赛。校内实践可参与挑战杯创新创业大赛、商业案例分析、学术科研项目（如大创计划）。注重个人成果包装，量化成果，用于简历和面试，为求职做准备。

**4. 做好高效求职准备**

精心做好简历设计。好的简历是求职应聘成功的关键。制作简历要学会用数据与故事证明自身价值。根据应聘岗位选择合适模板，做好信息分层，简历中要善于使用 STAR 法则 + 量化成果描述经历（情境—任务—行动—可量化结果），突出与岗位匹配的关键词。简历的视觉设计方面，要注意简洁美观，注重色彩搭配，整体颜色不超过三种，用视觉引导突出简历信息重点。

充分做好面试准备。面试本质上是一个双向选择的过程。常见的职场面试形式主要有一对一面试、团体面试、结构化面试、半结构化面试、电话面试、视频面试。面试前应尽可能多地了解有关公司及职位的情况（如公司文化、管理、发展前景、主要业务和产品、分布、在业内的地位和竞争对手）。面试过程应注重面试礼仪，保持热情并积极回应，面试结束时可以向面试官要一张名片，以便后续发送感谢信，在信中既可表示感谢，也能再次强调自己对工作岗位的强烈意向和胜任优势。

**5. 心理调适与长期规划**

（1）心态与角色转变

大学生需要完成从学生到职场人的角色转变。大学生步入职场应学会接受从“被动学习”转向“主动担责”，接受职场规则（如绩效压力、考勤、上下级沟通）。大学生需学会主动沟通（避免“等安排”的学生思维）。培养抗挫能力，进行抗压训练，提前预演预设求职被拒、工作失误等场景，培养“解决问题 > 情绪内耗”的思维，不断培养成长型心态。

（2）做好长期规划

给自己制定 3 年职业目标，设定短期职业目标（如成为项目经理、考取专业资格）。保持终身学习的信念，关注行业动态，定期更新技能（如考取云计算认证、学习 AI 工具）。职场不是百米冲刺，而是一场持续迭代的马拉松。保持好奇心和终身学习的态度，勇于试错，你的职业生涯会随着时间和经验的积累而逐渐明朗。

大学生走进职场前准备需兼顾“向内探索”与“向外行动”。通过精准定位、核心技能提升、实习实践经验积累、高效求职准备及心理建设五步策略，大学生可系统性提升职场适应力。关键是以终为始，将长期目标拆解为短期行动，在动态调整中实现职业启航。

**【课堂活动】**

分小组讨论，进入职场前需要做好哪些准备？

## 第二节 管理你的职业生涯

### 一、职业生涯的管理

职业生涯是立体、动态的，生涯管理是一门需要终身投入的艺术。在人生的不同阶段，你往往需要持续进行探索、规划和调整。

**1. 发展与管理**

（1）适时调整职业规划：在职业生涯中，需求层面的差异、内外环境的不断变化，都深刻影响着我们的职业轨迹。每个人的职业需求各不相同，初入职场时，可能更看重薪资待遇以满足基本生活需求。随着经验的积累，对职业发展空间、工作成就感的需求会逐渐凸显。同时，外部经济形势、行业变革，内部企业战略调整、团队氛围变化等，都要求我们适时调整职业规划。设立长远目标锚定方向，分解为阶段性目标稳步推进，定期进行自我反思，整合职业经历与技能，勇于尝试新领域、新挑战，突破职业瓶颈。要明白，职业的意义与价值并非绝对，而是会因个人追求与社会环境的改变而发生变化。

（2）时间管理策略：有效的时间管理是职业生涯成功的关键。二八定律指出，80% 的成果往往来自 20% 的关键工作，我们应聚焦核心任务，避免在琐事上耗费过多精力。30 秒原则要求我们在沟通时，能迅速清晰地表达观点，提高交流效率，节省时间。

（3）工作与家庭平衡计划：追求工作与家庭的平衡，需要巧妙运用溢出与补偿机制。工作中的积极情绪与技能可能“溢出”到家庭生活，反之亦然；当一方投入时间不足时，要在另一方进行补偿。明确工作与家庭事务的优先次序，关键时刻做出合理抉择。同时，更新观念，认识到二者并非对立，而是相互促进。

**2. 做好职业生涯管理**

（1）自我评估

首先，通过实践与反思，了解自己的职业兴趣、价值观和能力。通过自我评估，确定适合自己的职业发展模式。结合岗位实际，明确个人职业定位与发展方向。

（2）设定明确目标

制定明确且切实可行的职业目标和计划，包括想要达到的职位、所需的技能和时间表。这将有助于我们选择适合自己目标的发展模式，为职业生涯指明方向。

（3）持续学习

无论选择哪种职业发展模式，持续学习和提升是至关重要的。识别岗位所需的关键技能与知识领域，制订学习计划，保持持续学习的动力与热情。通过参加职业培训、获取认证或寻求导师的指导，不断提升自己的职业素养与职业能力。

（4）灵活适应

职业发展是一个动态的过程，需要灵活适应变化。不要害怕在职业生涯中做出改变，勇敢尝试不同的角色和行业，持续拓展新技能、培养新兴趣。

## 第三节　分享与练习

**【案例分享】**

### 案例一：四只毛毛虫的故事

四只长大的、爱吃苹果的毛毛虫各自去森林找苹果吃……

第一只毛毛虫根本就不知道这是一棵苹果树，没有目的，不知终点；没想过什么是生命的意义，为什么而活着。

第二只毛毛虫知道这是一棵苹果树，找到了一个大苹果就扑上去大吃一顿，但它发现要是选择另外一个分枝，它就能得到一个大得多的苹果。

第三只毛毛虫知道自己想要的就是大苹果，并制定了一个完美的计划，最后，这只毛毛虫应该会有一个很好的结局，但是真实的情况往往是，因为毛毛虫的爬行相当缓慢，当它抵达时，苹果不是被别的虫捷足先登，就是苹果已熟透而烂掉了。

第四只毛毛虫做事有自己的规划。它的目标并不是一个大苹果，而是一朵含苞待放的苹果花。它计算着自己的行程，结果它如愿以偿，得到了一个又大又甜的苹果，从此过着幸福快乐的日子。

案例一分析：

(1) 第一只毛毛虫根本就不知道这是一棵苹果树，没有目的，不知终点；没想过什么是生命的意义，为什么而活着。

毫无目标，一生盲目，没有自己人生规划的糊涂虫，不知道自己想要什么。遗憾的是，我们大部分的人都是像第一只毛毛虫那样活着。

(2) 第二只毛毛虫知道这是一棵苹果树，找到了一个大苹果就扑上去大吃一顿，但它发现要是选择另外一个分枝，它就能得到一个大得多的苹果。

虽然知道自己想要什么，但不知道该怎么去得到苹果，在习惯的正确标准指导下，做出了一些看似正确却使它渐渐远离苹果的选择，而曾几何时，正确的选择离它又是那么接近。

(3) 第三只毛毛虫知道自己想要的就是大苹果，做了一个望远镜，并制定了一个完美的计划。最后，这只毛毛虫应该会有一个很好的结局，但是真实的情况往往是，因为毛毛虫的爬行相当缓慢，当它抵达时，苹果不是被别的虫捷足先登，就是苹果已熟透而烂掉了。

有非常清晰的人生规划和正确的选择，但目标过于远大行动过于缓慢，成功对它来说，已是明日黄花，机会、成功不等人。

(4) 第四只毛毛虫做事有自己的规划。它的目标并不是一个大苹果，而是一朵含苞待放的苹果花。它也做了一个望远镜，计算着自己的行程，结果它如愿以偿，得到了一个又大又甜的苹果，从此过着幸福快乐的日子。

不仅知道自己想要什么，也知道如何去得到自己的苹果，以及得到苹果应该需要什么条件，然后制定清晰实际的计划，在望远镜的指引下，一步步实现自己的理想。

## 案例二：凡事预则立，不预则废

美国哈佛大学30年前曾对当时在校学生做过一项调查，发现没有目标的人占27%，目标模糊的人占60%，短期目标清晰的人占10%，长期目标清晰的人只有3%。30年后追踪结果表明，第一类人几乎都生活在社会的最底层，长期在失败的阴影里挣扎；第二类人基本上都生活在社会的中下层，他们没有多大的理想和抱负，整日只知为生存而疲于奔命；第三类人大多进入了白领阶层，他们生活在社会的中上层；只有第四类人，他们为了实现既定的目标，几十年如一日，努力拼搏，积极进取，百折不挠，最终成了社会的精英和行业领袖。目标只要引发了行动，行动自己会带来新的改变和视野，再引发新的行动。

总之，初入职场的你或许会感到迷茫和不安，但请相信，只要你勇敢地迈出职业规划的第一步，并持续努力下去，终将找到属于自己的正确的职业道路。在这个过程中，需保持对自我的正确认知和评估、对行业和职位的深入了解、设定明确的目标并制定可行的计划，持续学习，灵活调适以及保持积极的心态是至关重要的。希望本章节能为你提供一些有益的启示和帮助。

**【课堂活动】**

请结合所学专业，制定你的短期、中期、长期职业目标。

**【课后思考】**

1. 职场新人如何把握入职契机，开启职业规划之路？
2. 作为一名初入职场的新手，如何更快地完成角色转换以快速适应工作？
3. 初入职场发现理想与现实存在差距时，你将作何调整？

# 第十三章 自我管理与成长

大学生活是一个全新的开始，也是一个充满机遇和挑战的新起点。如何实现自我管理，提高自己的综合素质，让自己在大学生活中能够学有所成、学有所用，这是每一位大学生都应该思考的问题。“自我管理”是指个体自觉地对自己的思想、心理和行为进行有效地调节、控制或约束，它的主要内容包括：大学生个体对自身思想、心理、行为的动态管理，大学生个体对集体社会行为的管理以及集体作用于大学生个体的双向式管理。培养大学生自我管理能力是由高校教育特点和培养目标所决定的，它不仅是从大学生自我认知、目标管理、时间管理、人际关系管理等方面加强的自我管理教育，也是做最好的自己的关键所在。因此，自我管理与成长在大学生职业生涯规划中尤为重要。

**【课程导入】**

小A是一名大四学生，中共党员，优秀毕业生，国家奖学金获得者。无数的光环之下，是他从一入学就严格要求自己。面对种种挑战，小A意识到他需要有效地管理自己并保持内外的平衡。首先，小A明确地设定了自己的目标，制定了长期和短期计划，并将其分解为可衡量的里程碑。通过这样的方法，他能够清楚地看到前进的方向，并为自己设定优先级。其次，小A利用时间管理和反思来提高学习、工作效率。他通过合理规划每天的时间安排，分配任务，并在学习、工作完成后进行反思和总结。这使得他能够有效地利用时间，并不断改进自己的工作方式。小A还培养了健康的习惯，如早起、锻炼身体和读书。这些习惯不仅帮助他保持身体健康，还增强了专注力和自律性。最后，小A积极寻求支持和建立社交网络。他参加各种校内外的活动和竞赛，与同学和老师交流，并寻求他们的建议和帮助。这样的支持网络让他能够不断学习和成长，同时也为他提供了情感上的支持。通过这些努力和实践，小A成为了一个成功的自我管理者，取得了一些显著的成绩，个人生活也得到了充实和平衡。

# 第一节　目标管理

## 一、目标管理概述

### 1. 目标管理的定义

经典管理理论对目标管理的定义为：目标管理是以目标为导向，以人为中心，以成果为标准，而使组织和个人取得最佳业绩的现代管理方法。目标管理亦称“成果管理”，俗称责任制，是指在企业个体职工的积极参与下，自上而下地确定工作目标，并在工作中实行“自我控制”，自下而上地保证目标实现的一种管理办法。美国管理大师彼得·德鲁克(Peter F. Drucker)于1954年在其名著《管理实践》中最先提出了“目标管理”的概念，其后他又提出“目标管理和自我控制”的主张。德鲁克认为，并不是有了工作才有目标，而是相反，有了目标才能确定每个人的工作。

大学生目标管理则是目标的确立、完善与执行。通俗来说则是大学生在选定职业未来将要达到的具体目标，以促使个人依据目标规划自己的行动，包括知识、技能、能力等，并为实现这一目标而进行的积极准备与行动。

**【案例分享】**

在浩瀚的撒哈拉沙漠腹地有一个小村庄叫比塞尔，它紧贴在一块仅有1.5平方公里的绿洲旁，要走出这块沙漠，只需大约三昼夜的时间。为贫困的生活条件所迫，村民们曾一次次试图离开那里，但无论向哪个方向走，最后他们却又都一次次地返回了原地。1926年，英国皇家科学院院士肯·莱文，带着极大的困惑来到了这里。他收起了指南针等设备，雇佣了一个比塞尔人，让他带路，想看看他们究竟为什么走不出沙漠。他们准备了足够用半个月的水，牵上两匹骆驼，一前一后上路了。10天后，他们走了大约800英里的路程，第11天早晨，他们面前出现了熟悉的那小块绿洲，他们竟又回到了比塞尔。此时，肯·莱文终于明白了——比塞尔人之所以走不出沙漠，是因为他们没有指南针，又不认识北斗星。要知道，在一望无际的沙漠中凭着感觉前行，一定会走出许多大小不一的圆圈，而比塞尔在方圆上千公里的沙漠中央，没有指南针，他们最后的足迹十有八九会是卷尺的形状——终点又回到起点。后来，肯·莱文教比塞尔人认识了北斗星，沿着北斗星指引的方向，只用了三天，就走出了大漠。

### 2. 目标管理的特点

(1) 重视人的因素。目标管理是参与管理，也是授权管理，是人制定目标、进而通过一定的管理来完成目标，也是一种将个人需求与组织目标相结合的管理体系。目标的实施，由目标责任者自我进行，通过自己的监督和衡量，不断纠正自己的行为，通过明确目标、量化目标、分解目标、制定措施和跟踪评估，来实现个人目标与社会需求相结合。

（2）建立目标体系。通过专门设计的过程，目标管理将组织的整体目标逐步分解，转化为每个部门和个体的子目标。在大学生职业生涯规划过程中，需设置一个大目标，然后再把大目标分解成 N 个小目标，细化到每一学年、每一学期、每一个月、每一个星期，通过大量的行动完成小目标，最终完成大目标。大学生目标的设定要充分地将个人成长与社会需求、国家发展相结合，引导大学生为全面建成社会主义现代化强国、实现第二个百年奋斗目标，以中国式现代化全面推进中华民族伟大复兴而努力奋斗。

（3）注重最终成果。目标管理以制定目标为起点，以目标完成情况的考核为终结。最终成果是评定目标完成度的标准。目标管理将评价重点放在工作成效上，完成目标的具体过程、途径、方法不做太多要求，强调成果的取得主要是个人的能力、知识和努力。

**3. 目标管理的意义**

德鲁克说过："一个企业如果没有计划良好、方向一致的目标来指导员工的工作，那么企业就会发生各种各样的冲突和浪费，从而影响企业整体功能的发挥。"同理，从企业到个人也是如此，目标的确立对于大学生来说非常重要。

（1）有利于增强自我发展的方向性

目标管理有助于为个人或团队提供明确的工作方向，为自己产生一个前进与追求的动力。明确的目标可以帮助大学生了解自我发展的方向，以及如何规划自己的未来，从而实现人生目标。通过目标设定展望未来，可以帮助设定自己想要达到的状态和结果，以及最让我们兴奋和激动的梦想，同时可以给自己一个方向和目标，给自己一个动力和信心，给自己一个梦想和希望。

（2）有利于评估自我发展的可行性

目标确定后，就能使人明确方向看到前景，从而起到鼓舞人心、振奋精神和激发斗志的作用。同时，在目标的设定和修订过程中，也可以评估该目标是否能达到自己的理想状态。设定好目标后，应进行管理目标，及时对短期目标进行更正、中期目标进行选择、职业目标进行变更等等。对于目标的评估与修订，有助于及时评估自我发展的可行性，以便于顺利完成目标。

（3）有利于把握自我发展的机遇期

设定好每个阶段的目标任务，更有助于把握自我发展的机遇期。当你在每个阶段都合理设定目标并完成了相应的任务时，这就意味着，当一个好的工作机会需要某项资质，你也提前规划并很好地完成了这个目标、拥有这个资质，就能更好地把握这个自我发展的机会。因此，大学期间要根据职业目标设定相应的分目标，并完成分目标把握自身发展机遇，通过不断学习让未来加速。

## 二、大学生目标管理策略

目标是个人工作的方向和动力。明确目标可以帮助大学生更好地理解个人存在的意义和价值，从而激发他们的积极性。在职业生涯规划中，要制定具体、可实现的目标，设定短期和长期工作目标，并制定详细的计划。大学生目标管理策略包括明确目标、量化目标、分解目标、制定措施和跟踪评估。

1. 明确目标是目标管理的首要步骤，需要回答“我想要达到什么？”和“为什么要达到这个目标？”的问题。明确目标需要具体、明确、可量化和可实现，这是目标管理的基石。

2. 量化目标要求目标具有可度量性，通过设定具体的指标来衡量目标的完成程度，例如学习进度达到 40%，这样可以更好地跟踪学习进度，并及时调整策略。

3. 分解目标是将整体目标分解为具体的子目标，有助于更好地实施目标管理。通过分解目标，可以将复杂的大目标分解为可管理和可执行的小目标，更好地安排资源，并保证目标能够在规定的时间内完成。

4. 制定措施是为了实现目标，需要制定相应的措施和计划，包括具体的行动步骤、时间安排、资源分配等。制定措施时需要考虑实际情况和可行性，确保能够有效地达到目标。

5. 跟踪评估是目标管理的重要环节，需要跟踪和评估目标的进展情况。通过及时跟踪，可以了解目标的完成情况，及时调整措施和策略，以确保目标的顺利实现。评估目标的完成情况，可以帮助发现问题和改进方法，从而提高目标管理的效果。

**【课堂活动】**

倒推法设定目标——请好好地思考一下面的问题：

为了长期目标，我未来 5 年应做的最重要的一件事是什么？

为了 5 年目标，我今年要做的最重要的一件事情是什么？

为了今年的目标，我本月要做的最重要的事情是什么？

为了本月的目标，我本周要做的最重要的事情是什么？

为本周的目标，我今天要做的最重要的事情是什么？

为了今天的目标，我现在要做的最重要的事情是什么？

### 把目标和计划写出来

第一步，把你的目标清晰完整地写下来！并赋予它积极、正向的意义，它才会不断地激励你学习下去。比如你的目标和理想是当一名教师，当教师的意义是教书育人。你的长期目标是成为一名教师，你的中期目标是与教师相关的实习，你的短期目标是综合排名进入班级前 20%……

第二步，把完成目标的计划和步骤完整清晰地写下来！清晰到让自己可以不费脑子照着步骤做的程度。比如今天早上9点到10点学习英语，学习内容是背诵第一单元的30个单词并完成相关测试。

第三步，按你的计划和步骤一项一项地去执行。清晰的目标会让你充满动力，清晰的计划和步骤能让你无需消耗过多的脑力和意志力，就能迅速投入执行中。

## 第二节 时间管理

### 一、时间管理概述

#### 1. 时间管理的定义

时间是物质的永恒运动、变化的持续性、顺序性的表现，是人类用以描述物质运动过程或事件发生过程的一个参数，确定时间，是靠不受外界影响的物质周期变化的规律。时间管理是指通过事先规划和运用一定的技巧、方法与工具实现对时间的灵活以及有效运用，从而实现个人或组织的既定目标的过程。时间管理方法就是用技巧、技术和工具帮助我们完成工作，实现目标。时间管理方法并不是要把所有事情做完，而是更有效地运用时间。

**【课堂活动】**

**“86400元”游戏**

活动规则：每个人最开始都有86400元可以用。你可以用这笔钱做任何事（但是不能用它来投资，让“钱生钱”）。你必须在一天之内花完它，否则这笔钱就会清零。你也不能把这笔钱存起来以后再用。现在，每个人都写一份清单，看手头上的86400元要如何使用。当每个人写完清单后，可以小组讨论，为什么大家要以这样的方式花掉自己的钱。

活动启示：我们每个人每天都有86400秒，你可以利用这些时间做出改变，让世界为之一新。如果你抱有这样的心理去规划时间，你会发现自己变得越来越珍惜时间了，在规划时也会不知不觉做出取舍。

**一分钟挑战**

活动规则：一分钟挑战将帮助你更好地感知时间，并了解对时间流逝的感知如何影响你的工作。整个小组需要站在一起，每个人都闭上眼睛，只有一个计时员睁着眼睛，负责记录时间。每个人同时闭上眼睛，在自己认为一分钟过去了的时候坐下来。计时员不仅要设一分钟的闹钟，还要记录每个人坐下来的时间。

活动启示：我们每个人对时间的感知与真正的时间是不完全一致的。我们觉得有些任务总是完不成，是因为在制定计划时低估了它耗费时间的程度，最后本该一上午就完成的任务占据了自己的一整天。

### 2. 时间管理的特点

时间管理作为自我管理的一部分，掌握时间管理能力是大学生成长成才的关键方法，时间管理有如下特点：

（1）目的性。时间管理的目的性在于，要引导并安排好自己或者他人的时间，首要的就是要有计划、有目的地进行工作，专注地投入与个人目标相关的工作，才能更好地完成任务，避免拖延。时间管理的目的在于将时间用于实现目标，而不是消耗时间。

（2）选择性。时间管理的选择性在于，要对时间进行选择，并确定优先级。时间是有限的，当面临多种任务和活动时，要通过评估任务的重要性和紧急程度，合理安排任务完成的优先级。每个人每天都有 24 小时，也都承担着各自的责任和义务，除此之外你能额外支配的时间，就都有可能转化为你的财富。

（3）有效性。时间管理的有效性在于，要通过时间管理高效地完成工作。要有意识地安排自己的时间，只允许自己把时间管理的重要性用在最有意义的事情上。因此，时间管理并不是将所有事情都尽善尽美地完成，而是有效地管理时间、规划时间，不在不可控的因素上浪费时间。

## 二、时间管理的意义

时间管理的意义在于帮助你更有效地利用有限的时间资源，以实现个人和职业目标，提高生活的质量。

### 1. 有利于节省时间

英国哲学家弗朗西斯·培根曾说："合理安排时间，就等于节约时间。"通过合理的时间安排，可以提高时间的利用率，从而节省时间和提高效率。进入大学阶段，时间完全由自己掌握，专业学习、学生工作、社团活动等的时间分配成为每一位大学生必须解决的问题。作为对每个人都公平的唯一资源，只有通过有效的时间管理，才能拥有一个更加充实的大学生活。

### 2. 有利于未雨绸缪

著名管理学家科维提出了一个时间管理的理论——"四象限法则"，把工作按照重要和紧急两个不同的程度进行了划分，基本上可以分为四个"象限"。既紧急又重要、重要但不紧急、紧急但不重要、既不紧急也不重要。这就是关于时间管理的"四象限法则"。四象限法则是时间管理理论的一个重要观念，即是应有重点地把主要的精力和时间集中地放在处理那些重要但不紧急的工作上，这样可以做到未雨绸缪，防患于未然。

### 3. 有利于完善自我

科学的时间管理，不是被时间控制，而是最大程度使用时间，从而完善自我，形成良性循环。要识别重要事项和困难任务、分解计划、合理安排其他事务、考虑工作效率和精力状况以及保持灵活性和适应性等关键点，提前做好时间安排，以更好地管理时间、提高工作效率和生活质量，从而有利于自我发展，实现一切管理都是为自我发展服务。

### 三、大学生时间管理策略

大学生时间管理策略主要包括设定明确的目标和优先级、制订合理的计划、克服拖延症、合理安排学习和休息时间、避免过度分散注意力。

**1. 设定明确的目标和优先级**

首先需要明确自己的长期目标和短期目标，并根据目标制订计划和行动。同时，明确每个目标的优先级，将任务按照紧急性和重要性进行分类，优先处理紧急且重要的任务，确保高效利用时间。

**2. 制订合理的计划**

制订每天、每周、每月的计划，明确每天要完成的任务，并合理安排时间。在制订计划时，留出一些灵活的时间以应对突发情况和意外事件。

**3. 克服拖延症**

为了克服拖延症，可以设定合理的目标和截止日期，对自己进行约束。此外，制订详细的计划和提前开始任务也是避免拖延的有效方法。

**4. 合理安排学习和休息时间**

大学生需要花费大量的时间在学习上，但也不能忽视休息。合理安排学习和休息时间对于保持高效工作很重要。学习期间可以采取番茄工作法或学习-休息周期法，休息时间可以进行放松活动以恢复精力。

**5. 避免过度分散注意力**

在信息爆炸的时代，手机、社交媒体等工具容易分散人们的注意力。为了高效管理时间，需要克服这些干扰。可以将手机静音或放在远离自己的地方，减少开启社交媒体的次数。

通过上述策略，大学生可以更好地管理自己的时间，提高学习效率和生活质量。

## 第三节 人际关系管理

### 一、人际关系管理概述

**1. 人际关系管理的定义**

人际关系指人们在人际交往过程中结成的心理关系、心理上的距离。交往双方在个性、态度、情感等方面的融洽或不融洽、相互吸引或相互排斥，必然会导致双方人际关系的亲密或疏远。人际关系包括三种成分：认识成分（指相互认识、相互了解）、动作成分（指交往动作）和情感成分（指积极情绪或消极情绪、爱或恨、满意或不满意）。其中情感成分是核心成分。人际关系反映了交往双方需要的满足程度。若交往双方能互相满足对方的需要时，就容易结成亲密的人际关系；反之，则容易造成人际排斥。

大学生所有的活动都是在与人交往的过程中实现的，社会交往是大学生社会化的基本途径，也是大学生健康成长的根本保证。通过交往建立起来的人际关系，包括体现亲密关系的友谊以及青年学生向往的爱情，对大学生心理、道德、思想观念的发展均具有重要影响。

**2. 大学生人际关系的特点**

当代大学生所处的社会背景是一个变化改革的时代。社会变革不仅使社会生活发生了一系列的变化，也使大学生的思想、观念、校园人际交往行为发生了深刻的变化，同时，大学生的人际交往也呈现出一些新的特点。

（1）当代大学生思想活、精力充沛、兴趣广泛、活泼好动，人际交往需求迫切。他们力图通过交往去拓宽视野，获得同伴的认可、接受、尊敬、信任，满足自己多方面的需要。

（2 交往对象以同龄人为主。众多的交往机会、相似的人生经历、共同的学习任务，使得大学生的交往对象更多地选择同寝室、同班、同乡等相似背景的同学。

（3）大学生交往动机中功利性少情感性多。大学生之间的交往更注重情感的沟通与交流，对交往中的直接功利性动机一般不肯轻易苟同。

（4）大学生对异性交往的愿望较为强烈，大学生活又提供了许多异性交往的机会，因此，这种愿望往往会转化成为实际的交往行为。

**3. 大学生人际关系的原则**

（1）互益原则。人际关系，本质是一个社会交换过程，是人与人之间心理上的关系，反映了个人或群体寻求满足其社会需要的心理状态。当一方需要帮助时，另一方要力所能及地给对方提供相应的帮助，在自己需要帮助时，也要善于寻求帮助。人际关系在互益过程中增强了信任和合作。

（2）诚信原则。以诚待人，讲求信义是人际交往得以延续和深化的保证。在交往中，只有彼此抱着心诚意善的动机和态度，才能相互理解、接纳、信任，从而引起感情上的共鸣，使交往关系更加巩固。真诚是保持一个良好的人际关系的基石，没有真诚，人际关系将无法长期维系，无法建立信任感。

（3）尊重原则。尽管由于主、客观因素影响，人与人在气质、性格、能力、知识等方面存在差异，但在人格上是平等的。“己所不欲，勿施于人”。双方交往的基础就是平等与尊重。只有尊重自己和他人，才能保持人际交往各方的平等地位。

（4）宽容原则。宽容表现在对非原则问题不斤斤计较，能够宽以待人，求同存异，以德报怨。在人际交往中，由于个体差异或不可预见的阴差阳错，因误会、不理解而产生矛盾不可避免。宽容有助于扩大交往空间，滋润人际关系，消除人际紧张和矛盾。

## 二、人际关系管理的意义

### 1. 有利于大学生实现社会化

人的本质属性是社会性，社会性就意味着我们要在社会中和他人进行交往、交流。交往是个性发展与人格健全的必经之路。个体只有通过与其他个体发生联系，才有可能学习社会知识、技能与文化，才能取得社会生活的资格。离开社会的交往环境，离开与他人的合作，个体是无法成为一个合格的社会人的。“物以类聚，人以群分”，人有交往的需要，有合群的倾向。人际关系管理可以帮助大学生梳理人际关系，并掌握一定的人际交往技巧，从而更好地享受大学生活，完成学业。

### 2. 有利于大学生的身心健康

新精神分析学家霍妮认为，神经症是人际关系紊乱的表现。人类的心理病态，主要是由于人际关系失调而来的。也就是说，人际关系紧张的人，不但事业容易受阻，还会心情低落，甚至陷入极大的痛苦之中。人的心态与性格状况，直接受到与别人交往和关系状况的影响。健康的个性总是与健康的人际交往相伴随的。心理健康水平越高，与别人的交往就越积极，越符合社会的期望，与别人的关系也越深刻。一个良好的人际关系，能够帮助大学生分析选择，让大学生在稳重自持中不断磨炼自己，在合作互助中共同担当社会责任。

### 3. 有利于大学生成长成才

戴尔·卡耐基曾说：“一个人事业的成功，只有百分之十五是由于他的专业技术，另外百分之八十五要靠人际关系和处世的技巧。”“独学而无友，孤陋而寡闻。”大学生思想活跃、成就动机强，但由于社会经验的不足、知识的局限，他们在看问题时难免会出现偏差。因此，大学生与父母亲友、师生同辈间的畅所欲言、互通有无，将会使他们在思想碰撞中产生新的火花，增长他们对事业、人生、成功的积极看法。良好的人际关系是大学生综合素质的体现，在人际关系管理中游刃有余，有助于大学生在时代大潮中建功立业，成就美好人生。

**【案例分享】**

毛泽东青年时代在湖南第一师范求学时，结交了十几个十分要好的朋友，像蔡和森、向警予等。他们经常相聚在橘子洲头、岳麓山下，一起研究学问，关注时事，探索救国之道，用“以天下为己任”相互勉励；一起游泳、爬山，在风雨中练习跑步，锻炼强健的体魄和坚强的毅力；一起办工友学校，做社会调查，深入民众……这些优秀的青年互相学习，互相启发，互为益友，激励革命的理想，摸索革命的理论，他们中的许多人后来都成了中国革命的栋梁之材。

但人际关系是一把双刃剑。“水能载舟，亦能覆舟。”一个人的幸福和才智来自人际交往，一个人的痛苦和不幸也常与人际交往的不成功有关。当人际关系和谐、融洽时，它会给人以愉快、充实、幸福，获得成功和欢乐，并能充分调动起人的积极性；而当人际关系紧张、失调时，它又会给人带来烦恼、痛苦、失望、忧伤和阴影。因此，良好的人际关系管理尤为重要。

## 三、大学生人际关系管理策略

每个成长中的大学生，都希望自己能够拥有良好的人际关系，保持良好的人际关系不仅要真诚和积极主动的态度，还需要掌握一定的人际关系技巧。

**1. 诚信友善互帮互助**

诚信友善不仅是社会主义核心价值观在个人层面的价值准则，更是中华优秀传统文化的传承。真诚待人是友好交往的开端和基石，也是人际交往得以延续和深化的保证。“精诚所至，金石为开”，用一颗真心交换一颗真心，才能彼此理解，彼此信任。平等是人与人之间建立感情的基础，是协调双方、多方关系的前提，交往必须平等，平等才能深交。另外，还要乐于帮助他人。进入大学后，离开家庭的我们需要开始独立生活。结交可以信任，能够互相帮助的伙伴十分重要，难过时可以一起分担，开心时能够一起分享，乐于助人的人，往往也会获得更多帮助。

（1）真诚诚信。说话要说真话，才能取得别人的信任。如果说了假话最后被拆穿，那么关系即使不会破裂，也会产生裂缝。

（2）平等待人。交往双方要相互尊重、相互理解。大学生来自不同地区，即使家庭背景、性格能力存在着一定差异，但是在人格上，大家都是平等的。

（3）友善助人。热情是最能打动人的，是对人最具有吸引力的特质之一。一个愿意帮助他人的人，常常也有着乐观、积极的心态，也能使关系更为融洽。

**2. 学会赞美拉近距离**

正所谓“良言一句三冬暖，恶语伤人六月寒”。想要拥有一个良好的人际关系，首先就要学会赞美他人，而赞美绝对不是阿谀奉承。首先，赞美的态度要真诚。只有发自内心的赞美才能引起别人的好感。其次，赞美的内容要具体。要善于发现别人的长处，赞美别人确实存在的优点，能拉近彼此之间的距离。另外，赞美的时机要适宜。赞美是有时效的，当某人做某事时，适时地赞扬他人能够起到一定的激励、肯定作用，超过一定的时间，可能会影响到赞扬的效果。那么，如何进行赞美呢?

（1）赞美新的变化。人通常在改变之后特别期待他人的赞美和鼓励，这时适当地赞美能够起到良好的效果。如：“你最近锻炼效果很好啊，人精神了很多。”

（2）赞美优秀品质。当某人确实存在某种优秀的品质，适当的赞美能够让他人坚持这种优秀品质。如：“你做事真的很认真负责啊，和你一起做事很放心。”

（3）赞美一件小事。小事虽小，但是如果你能注意到这件小事，则更能够拉近彼此之间的距离。如：“你的桌子收拾得真整齐，我得向你学习。”

（4）间接进行赞美。如果和对方并不熟，可以用第三者口吻进行赞美，拉近距离如：“听小陈说，你唱歌特别好听，之前还拿了新生歌手赛的一等奖呢。”

**3. 懂得拒绝是第一堂课**

人际交往中，赞美可能人人都会，但拒绝却是一大难题。比起赞美，拒绝可不是所有人都能开得了口的，因此，在大学生活中，学会拒绝也是校园生活中的第一堂课。真诚地表达想法和顾虑，委婉地表达歉意和遗憾，可以避免直接拒绝带来的情感伤害，避免忙没帮成，又破坏了原本良好的关系。有些同学，担心得罪对方，在拒绝了别人之后，总要说出一些安慰的话，或找一些理由再次强调。但是，有时理由越多，越会让对方感觉你在敷衍。话无须太多，恰当地表达歉意即可。有些忙没帮上，原因可能比较复杂，为了保持彼此良好的关系，事后要寻找合适的时机，获得对方的理解。那么，我们应该如何表达拒绝呢？

（1）谢绝法。谢绝是相对直接的拒绝方式。但是只有真诚地拒绝，相信对方也能理解自己的难处。如：“不好意思呀，这样可能不太合适，你再想想其他办法呢。”

（2）婉拒法。委婉地进行拒绝可以让当事双方更容易接受。如：“这个问题我还没有想好，我考虑一下再聊。”

（3）借力法。借力是指借助他人的力量，或者将此事转移到有能力帮助解决此事的人。如：“这个问题我好像不太擅长，我帮你找个擅长的人，你看行吗？”

（4）补偿法。补偿法作为一种补偿，虽然没帮你做这件事，但是我可以帮你做其他的。如：“真抱歉，这件事情我没能帮上忙，不过你的另一件事，我好像可以做。”

**4. 努力化解冲突**

每个人都是在交往中生活，尤其在大学中，很多活动是群体性活动。然而有活动就有交往，有交往就难免会发生冲突，但是，遇到冲突不让矛盾激化，努力化解冲突才是我们应该去学习的。首先，情绪要稳定，如果双方都在气头上，那么冲突就很难避免。其次，双方要学会换位思考，理解对方的感受。另外，要学会沟通，缺乏沟通会导致双方互不理解，既无法了解对方的想法，也难以体会彼此的难处。那么，我们可以试着这样去做。

（1）稳定情绪。当发生冲突时，不要急于责怪。可以等情绪平复之后，再表达自己的想法。如：“我们现在先平复一下心情，等一下我们再好好聊聊。”

（2）换位思考。当发生冲突时，避免情况进一步恶化，一定要从对方角度好好思考问题。如：“这件事我确实没有从你的角度想，我现在想了，感觉我做得也不对。”

（3）进行沟通。在发生冲突后，要努力进行沟通。沟通是一剂良药，人是独立的个体，如果没有沟通，人不可能真正了解对方的想法。如：“那么，你对这个问题是怎么想的呢？你的经历是怎样的呢？”

**5. 避免无效社交**

初入大学，一切都是新鲜的。而且，比起高中多了许多自由的时间。很多同学热衷参加各种校园活动，结交人脉资源。殊不知，很多人只是吃过一次饭，就没了联系。只能在一起吃喝玩乐，却带不来半点精神鼓舞、学习进步、生活愉悦的社交活动，只会让人感到辛苦，因为占用了过多的时间和精力，也让人越来越迷茫。当你遇到一个人，他能理解你的想法，尊重你的观点，给予你些许建议，在失意时鼓励你，在成功时赞美你，才是社交的好的方向。一起努力的人，才能一起奔跑。那么，在大学生活中，如何避免无效的社交呢？

（1）找学习的同伴。大学生最主要的任务还是学习。进入大学并非挣脱了高中的牢束缚，而是获得了一个自由学习的新起点。在大学阶段，除了完成学校安排的学习任务，更重要的是同学们要主动探索个人兴趣爱好，培养专业特长，实现学有所长，学有所专。同时，学习的过程中也需要他人的鼓励和支持。

（2）找锻炼的同伴。身体是革命的本钱。大学阶段，每年都要参加体能测试，但体能测试绝对不是简单的一次考试。应该是同学们坚持锻炼的结果。一同锻炼，一同比赛，有一个良好的身体状态，才能有一个良好的精神状态，以便更好地投入到学习、工作和生活中。锻炼的时间需要有人鼓舞。

（3）找合作的同伴。进入大学后，有人热衷于参与校园活动，也有人钟情于创新创业，努力将自己的想法付诸实践。但是，无论是参加活动还是开展实践，单打独斗都难以成事，必须找到志同道合、敢于拼搏的伙伴。唯有如此，才能在活动中博得更多掌声，在创新中激发更多灵感，在创业中积累更多经验。

## 第四节　做最好的自己

从高中迈向大学，再从大学迈向社会，每个人都期待自己成为自己想象的模样。那么大学生们就需要了解自己需要完成的目标和任务，也要做好面对自己可能遇到的困难的准备。每个人都是这世上独一无二的，只有真正了解自己、欣赏自己，学会目标管理、时间管理和人际关系管理，才能最大限度地利用自身的资源，发挥自己独有的才能，做最好的自己。

**【拓展阅读】**

如果你无法成为山顶上的一棵苍松
就做山谷中的一丛灌木
但一定要做溪边最好的一丛小灌木
如果你成不了灌木
那就做一棵小草
让道路因你而更有生气
如果你成不了海洋中的大梭鱼
那就做一条鲈鱼
但一定要做湖里那条最有活力的鲈鱼
我们不可能都做船长
必须要有人做船员
总会有适合我们做的一些事情

有大事，也有小事
我们要做的就是眼前的事
如果你成不了大道
那就做一条小径
如果你成不了太阳
那就做一颗星星
成功还是失败
并不取决于你所做事情的大小
做最好的自己

——席慕蓉《做最好的自己》

## 一、大学一年级：角色转变，了解大学，专业探索，坚持锻炼

大一是大学阶段的开始，大学生不仅要适应身份角色的转变，更要适应课程学习的转变。正所谓基础不牢，地动山摇。因此，大一必须要有一个好的基础和规划，要努力改变高中时被老师、家长赶着走的学习状态，更要了解大学是自由而不是散漫，从而更好地对自己所选所学的专业进行探索，找到自己的兴趣所在。同时，作为新时代的大学生，要以朝气蓬勃的精神投入体育锻炼，提振精气神。

## 二、大学二年级：夯实基础，有舍有得，提升能力，初建人脉

大二学年，大学生们对自己所学的专业已经有了一定的了解。在这一年里，要坚持自我提升，要夯实基础，也要做好由基础向专业课过渡的准备，同时要学好英语和计算机，通过大学英语四、六级考试和计算机考试。这时，有人刚加入社团、当选学生会干部，也有人从多个社团活动或忙碌的学生会工作中逐渐脱离出来。无论怎样选择，都应该保持良好的干劲。“舍”并不意味着放弃，而是为了更好地“得”。无法兼顾多种活动时，选择自己最喜欢并且最适合自己的，往往收获更多。同时，也可以结交一些志同道合的朋友，并肩奋斗。

## 三、大学三年级：增加砝码，尽早抉择，了解社会，备战未来

大三学年，随着专业知识的深化，同学们对于适合学什么专业、热爱什么专业，想必已经形成了较为清晰的认识。在这一年里，大学生应该主动学习专业相关知识，并适当选择与专业相关的考试，为自己大四的求职增加砝码。也有一些同学可能还在求职、考研、考公等机会中抉择，这时，同学们就需要多向专业老师、学长学姐打听、请教，也可以充分利用就业创业指导课向相关老师进行询问。

## 四、大学四年级：创新创业，实习就业，学海无涯，奋力一搏

大四学年，此时目标基本已经确定，创新创业、实习就业、考研升学、考公参军大四都是一个冲刺期。打算求职的同学，要准备好个人简历和相关资料，打算创业的同学，要积极投身社会实践。除了完成学校规定的实习实训、毕业设计或者毕业论文，每一位同学，都应该在这一年奋力一搏，为自己的大学生活画上一个圆满的句号。但大学阶段的结束绝对不是学习的终点，学海无涯，坚持学，坚持用，相信每一位同学都将成为最好的自己。

有这样一句话："想要拥有骏马，不用去追它，而是用追马的时间种草。待来年绿草如茵时，自有骏马等着你挑选。"大学生职业生涯所谓成功，是活成自己想要的模样；所谓幸福，是行进在实现梦想的旅途中。一直仰仗他人的光，只会活在阴影下。一味渴求他人的爱，只会陷入无尽的迷茫。所以，要努力做自己的太阳，发出属于自己的光芒，温暖一年四季，照亮漫漫前路；学着与山川相随、与湖海为伴，独立、自信、热情、勇敢。

**【课后思考】**

1. 结合自身情况，设定短期目标、中期目标、职业目标等各个阶段的目标。
2. 将自己一周内要完成的任务，用四象限法则描画出来。
3. 目前所遇到的人际关系问题，以及如何运用人际关系管理策略处理好目前遇到的人际关系问题。

# 参考文献

[1] 钟谷兰，杨开 . 大学生职业生涯发展与规划 [M]. 上海：华东师范大学出版社，2016.

[2] 刘越，兰敏利，邓文全 . 大学生职业生涯规划 [M]. 上海：上海交通大学出版社，2017.

[3] 廖美玲 . 职业生涯与发展规划 [M].2 版 . 厦门：厦门大学出版社，2015.

[4] 孙鑫，李华 . 大学生职业生涯规划与就业指导 [M]. 北京：中国电力出版社，2016.

[5] 张玉波，楼稚明 . 大学生职业规划与就业创业指导 [M]. 上海：上海交通大学出版社，2017.

[6] 万辉君 . 大学生就业指导与职业生涯规划 [M]. 武汉：华中科技大学出版社，2017.

[7] 赵麟斌 . 大学生职业生涯规划与就业指导 [M]. 北京：北京大学出版社，2011.

[8] 苏文平，叶心宇，孙丽霞 . 大学生职业生涯规划与就业创业指导 [M]. 北京：中国人民大学出版社，2018.

[9] 曲振国，杨文亭，陈子文，等 . 大学生就业指导与职业生涯规划 [M]. 北京：清华大学出版社，2015.

[10] 金德禄 . 大学生职业生涯规划与就业指导 [M]. 南京：东南大学出版社，2020.

[11] 金树人 . 生涯咨询与辅导 [M]. 北京：高等教育出版社，2007.

[12] 沈之菲 . 生涯心理辅导 [M]. 上海：上海教育出版社，2014.

[13] 饶泽欢 . 论高校理想信念教育中职业生涯规划的嵌入 [J]. 亚太教育，2016，(28)：77.

[14] 王清春，孙景福，王国辉 . 大学生职业生涯与发展规划 [M]. 天津：南开大学出版社，2019.

[15] 彭聃龄 . 普通心理学 [M]. 北京：北京师范大学出版社，2019.

[16] 曲振国 . 大学生就业指导与职业生涯规划 [M]. 北京：清华大学出版社，2020.

[17] 汤海滨，王克进 . 职业规划——理论、测评与分析 [M]. 北京：清华大学出版社，2017.

[18] 李君霞，谢小明，王义友 . 新编大学生职业规划与就业指导 [M]. 上海：上海交通大学出版社，2017.

[19] 刘锐，王雅赟，李妍 . 职业生涯发展与就业指导（慕课版）[M]. 北京：人民邮电出版社，2023.

[20] 廖舒祺 . 职业重塑：四步完成生涯转型 [M]. 北京：机械工业出版社，2022.

[21] 比尔·博内特，戴夫·伊万斯. 人生设计课：如何设计充实且快乐的人生 [M]. 周芳芳，译. 北京：中信出版集团，2022.

[22] 徐红. 大学生职业生涯规划与就业指导 [M]. 大连：大连理工大学出版社，2021.

[23] 陈飞. 新时代大学生职业生涯规划：课程思政版 [M]. 厦门：厦门大学出版社，2021.

[24] 王友涵，胡中锋. 多元智力理论回顾与反思——纪念多元智力理论诞生 40 周年 [J]. 全球教育展望，2024，53(03)：3-11

[25] 马陆亭. 关于能力的定义 [J]. 高等工程教育研究，1990(04)：78.

[26] 韩芬. 浅议多元智能理论 [J]. 读与写（教育教学刊），2017(01)：179.

[27] 钟谷兰. 大学生职业生涯发展与规划 [M]. 上海：华东师范大学出版社，2013.

附录一

# 职业测评工具

职业测评是心理测验的一个分支，在学术上被广泛认可的心理测验的定义是“行为样组的客观的标准的测量”。科学的职业测评以特定的理论为基础，经过设计问卷、抽样、统计分析、建立常模等程序编制，必须符合三个条件：信度、效度和常模。信度是指一个测验的可靠性，即用同一测验多次测量同一团体，所得结果之间的一致性程度。效度是指一个测验的有效性，即一个测验在多大程度上能够测到它所要测量的心理特质。常模是指每一位被试的心理测验都有一个原始分数，通常情况下这个分数没有实际意义，除非这个分数能与别人比较。

本测评围绕职业性格、职业兴趣、职业价值观和职业能力这四个方面，介绍两个标准化、信效度良好、应用广泛的职业测评量表，通过职业测评的科学性、客观性、可比较 的功能来了解自我，具有其他自我了解的方法不具有的优越性。

## 一　MBTI 职业性格测验

请仔细阅读下面的 93 道题目，根据自己实际情况进行作答，答案没有对错之分，只是表明你平时如何看待和处理事务。有些题目可能与你不符或你从未考虑过，如有这种情况，请选出一个你个人倾向性的答案。在答题过程中不得漏题，在同一题目上不要考虑太多时间，请根据自己看完题后的第一反应回答。整个测试过程建议施测时间为 20 分钟。

## 第1部分 下列哪一种说法比较适合你？

| 序号 | 问题描述 | 选项 | E | I | S | N | T | F | J | P |
|---|---|---|---|---|---|---|---|---|---|---|
| 1 | 当你某日想去一个地方，你会____?<br>A. 事先计划好了，然后再去<br>B. 先去，然后随机应变 | A | | | | | | | ○ | |
| | | B | | | | | | | | ○ |
| 2 | 如果你是一位老师，你愿教____?<br>A. 注重实践的课程<br>B. 注重理论的课程 | A | | | ○ | | | | | |
| | | B | | | | ○ | | | | |
| 3 | 遇到问题时，你通常喜欢____?<br>A. 和别人讨论解决方法<br>B. 自己想办法解决 | A | ○ | | | | | | | |
| | | B | | ○ | | | | | | |
| 4 | 你认为____?<br>A. 很早就应该开始为聚会，约会等做准备<br>B. 不必先做准备，去了以后见机行事 | A | | | | | | | ○ | |
| | | B | | | | | | | | ○ |
| 5 | 你通常和____相处得更好?<br>A. 喜欢想象的人<br>B. 注重现实的人 | A | | | | ○ | | | | |
| | | B | | | ○ | | | | | |
| 6 | 你更多时候是____?<br>A. 让情感驾驭理智<br>B. 让理智驾驭情感 | A | | | | | | ○ | | |
| | | B | | | | | ○ | | | |
| 7 | 当你和一群人在一起时，你常常是更愿意____?<br>A. 加入到大家的谈话中去<br>B. 独自和熟识的人交谈 | A | ○ | | | | | | | |
| | | B | | ○ | | | | | | |
| 8 | 你最喜欢____做事情?<br>A. 按兴致<br>B. 按计划 | A | | | | | | | | ○ |
| | | B | | | | | | | ○ | |
| 9 | 你希望自己被看作是一个____?<br>A. 实干家<br>B. 发明家 | A | | | ○ | | | | | |
| | | B | | | | ○ | | | | |

续表

| 序号 | 问题描述 | 选项 | E | I | S | N | T | F | J | P |
|---|---|---|---|---|---|---|---|---|---|---|
| 10 | 当别人问你一个问题时，你经常会____？<br>A. 马上就做回答<br>B. 先在脑子里想一想 | A | ○ | | | | | | | |
| | | B | | ○ | | | | | | |
| 11 | 你喜欢与____打交道？<br>A. 常有出人意料想法的人<br>B. 按照常理行事的人 | A | | | | ○ | | | | |
| | | B | | | ○ | | | | | |
| 12 | 按日程表办事____？<br>A. 正合你意<br>B. 束缚了你 | A | | | | | | | ○ | |
| | | B | | | | | | | | ○ |
| 13 | 你觉得通常别人____？<br>A. 要花很长的时间才能和你相熟<br>B. 很快就能和你熟识 | A | | ○ | | | | | | |
| | | B | ○ | | | | | | | |
| 14 | 为“如何过周末”订一个计划____？<br>A. 是有必要的<br>B. 完全没必要 | A | | | | | | | ○ | |
| | | B | | | | | | | | ○ |
| 15 | 下列哪一个评价更适合你？<br>A. 性情中人<br>B. 理智的人 | A | | | | | | ○ | | |
| | | B | | | | | ○ | | | |
| 16 | 更多的时候，你倾向于____？<br>A. 独处<br>B. 同他人在一起 | A | | ○ | | | | | | |
| | | B | ○ | | | | | | | |
| 17 | 在日常工作中，你更喜欢____？<br>A. 在时间紧迫的情况下，争分夺秒地工作<br>B. 做好提前量，尽早把工作做完 | A | | | | | | | | ○ |
| | | B | | | | | | | ○ | |
| 18 | 你更愿把____作为朋友？<br>A. 总能有新想法的人<br>B. 脚踏实地的人 | A | | | | ○ | | | | |
| | | B | | | ○ | | | | | |
| 19 | 你是一个____？<br>A. 兴趣广泛，什么都想尝试的人<br>B. 专注的投入某个兴趣的人 | A | ○ | | | | | | | |
| | | B | | ○ | | | | | | |

续表

| 序号 | 问题描述 | 选项 | E | I | S | N | T | F | J | P |
|---|---|---|---|---|---|---|---|---|---|---|
| 20 | 当你有一项特别的工作要做时，你喜欢先____？<br>A. 察看到工作的全貌<br>B. 找出必须要做的环节 | A | | | | | | | ○ | |
| | | B | | | | | | | | ○ |
| 21 | 你更接受____？<br>A. 以情动人<br>B. 以理服人 | A | | | | | | ○ | | |
| | | B | | | | | ○ | | | |
| 22 | 当你为了消遣而阅读时，你____？<br>A. 欣赏作者奇特、独创的表达<br>B. 喜欢作者的表达直接、明确 | A | | | | ○ | | | | |
| | | B | | | ○ | | | | | |
| 23 | 新认识你的人____了解到你的兴趣所在？<br>A. 马上就能<br>B. 只有真正和你熟悉以后才能 | A | ○ | | | | | | | |
| | | B | | ○ | | | | | | |
| 24 | 在旅行时，你喜欢____？<br>A. 随兴致行事<br>B. 事先知道一天中该做的事 | A | | | | | | | | ○ |
| | | B | | | | | | | ○ | |
| 25 | 做许多人都做的事时，你喜欢____？<br>A. 按惯例去做<br>B. 发明自己的新方法 | A | | | ○ | | | | | |
| | | B | | | | ○ | | | | |
| 26 | 多数人说你是一个____？<br>A. 不爱吐露心事的人<br>B. 非常坦率的人 | A | | ○ | | | | | | |
| | | B | ○ | | | | | | | |
| 小计 | | | | | | | | | | |

## 第2部分　你更容易喜欢或倾向哪一个词？

注意：这里的倾向不是指你向往得到的，而是指你现在已经具有的。

| 序号 | 问题描述 | 选项 | E | I | S | N | T | F | J | P |
|---|---|---|---|---|---|---|---|---|---|---|
| 27 | A. 看不见的　B. 看的见的 | A | | | | ○ | | | | |
| | | B | | | ○ | | | | | |
| 28 | A. 计划　B. 随意 | A | | | | | | | ○ | |
| | | B | | | | | | | | ○ |

续表

| 序号 | 问题描述 | 选项 | E | I | S | N | T | F | J | P |
|---|---|---|---|---|---|---|---|---|---|---|
| 29 | A. 温情 B. 坚定 | A | | | | | | ○ | | |
| | | B | | | | | ○ | | | |
| 30 | A. 事实 B. 想法 | A | | | ○ | | | | | |
| | | B | | | | ○ | | | | |
| 31 | A. 思维 B. 情感 | A | | | | | ○ | | | |
| | | B | | | | | | ○ | | |
| 32 | A. 热忱 B. 平静 | A | ○ | | | | | | | |
| | | B | | ○ | | | | | | |
| 33 | A. 说服 B. 打动 | A | | | | | ○ | | | |
| | | B | | | | | | ○ | | |
| 34 | A. 陈述 B. 概念 | A | | | ○ | | | | | |
| | | B | | | | ○ | | | | |
| 35 | A. 分析 B. 同情 | A | | | | | ○ | | | |
| | | B | | | | | | ○ | | |
| 36 | A. 系统性 B. 随机性 | A | | | | | | | ○ | |
| | | B | | | | | | | | ○ |
| 37 | A. 敏感 B. 精确 | A | | | | | | ○ | | |
| | | B | | | | | ○ | | | |
| 38 | A. 缄默 B. 健谈 | A | | ○ | | | | | | |
| | | B | ○ | | | | | | | |
| 39 | A. 常识性的 B. 理论性的 | A | | | ○ | | | | | |
| | | B | | | | ○ | | | | |
| 40 | A. 侠肝义胆 B. 深谋远虑 | A | | | | | | ○ | | |
| | | B | | | | | ○ | | | |
| 41 | A. 正式 B. 非正式 | A | | | | | | | ○ | |
| | | B | | | | | | | | ○ |

续表

| 序号 | 问题描述 | 选项 | E | I | S | N | T | F | J | P |
|---|---|---|---|---|---|---|---|---|---|---|
| 42 | A. 沉静　B. 活跃 | A | | ○ | | | | | | |
| | | B | ○ | | | | | | | |
| 43 | A. 利益　B. 祝福 | A | | | | | ○ | | | |
| | | B | | | | | | ○ | | |
| 44 | A. 理论性　B. 确定性 | A | | | | ○ | | | | |
| | | B | | | ○ | | | | | |
| 45 | A. 坚定的　B. 忠诚的 | A | | | | | ○ | | | |
| | | B | | | | | | ○ | | |
| 46 | A. 理想　B. 现实 | A | | | | ○ | | | | |
| | | B | | | ○ | | | | | |
| 47 | A. 雄心　B. 柔肠 | A | | | | | ○ | | | |
| | | B | | | | | | ○ | | |
| 48 | A. 想象中的　B. 事实上的 | A | | | | ○ | | | | |
| | | B | | | ○ | | | | | |
| 49 | A. 冷静的　B. 激情的 | A | | | | | ○ | | | |
| | | B | | | | | | ○ | | |
| 50 | A. 制作　B. 创造 | A | | | ○ | | | | | |
| | | B | | | | ○ | | | | |
| 51 | A. 热情的　B. 中立的 | A | | | | | | ○ | | |
| | | B | | | | | ○ | | | |
| 52 | A. 明理的　B. 迷人的 | A | | | ○ | | | | | |
| | | B | | | | ○ | | | | |
| 53 | A. 有同情心　B. 有逻辑头脑 | A | | | | | | ○ | | |
| | | B | | | | | ○ | | | |

续表

| 序号 | 问题描述 | 选项 | E | I | S | N | T | F | J | P |
|---|---|---|---|---|---|---|---|---|---|---|
| 54 | A. 生产　B. 设计 | A | | | ○ | | | | | |
| | | B | | | | ○ | | | | |
| 55 | A. 冲动　B. 抉择 | A | | | | | | | | ○ |
| | | B | | | | | | | ○ | |
| 56 | A. 公正的　B. 体谅的 | A | | | | | ○ | | | |
| | | B | | | | | | ○ | | |
| 57 | A. 安静的　B. 爱交际的 | A | | ○ | | | | | | |
| | | B | ○ | | | | | | | |
| 58 | A. 理性　B. 感性 | A | | | | | ○ | | | |
| | | B | | | | | | ○ | | |
| 59 | A. 不受限制的 B. 安排好的 | A | | | | | | | | ○ |
| | | B | | | | | | | ○ | |
| 60 | A. 具体　B. 抽象 | A | | | ○ | | | | | |
| | | B | | | | ○ | | | | |
| 61 | A. 能干的 B. 细腻的 | A | | | | | ○ | | | |
| | | B | | | | | | ○ | | |
| 62 | A. 开放　B. 私密 | A | ○ | | | | | | | |
| | | B | | ○ | | | | | | |
| 63 | A. 建造　B. 发明 | A | | | ○ | | | | | |
| | | B | | | | ○ | | | | |
| 64 | A. 有序的　B. 随便的 | A | | | | | | | ○ | |
| | | B | | | | | | | | ○ |
| 65 | A. 想象　B. 现实 | A | | | | ○ | | | | |
| | | B | | | ○ | | | | | |

续表

| 序号 | 问题描述 | 选项 | E | I | S | N | T | F | J | P |
|---|---|---|---|---|---|---|---|---|---|---|
| 66 | A. 好胜的　B. 好心的 | A | | | | | ○ | | | |
| | | B | | | | | | ○ | | |
| 67 | A. 理论　B. 事实 | A | | | | ○ | | | | |
| | | B | | | ○ | | | | | |
| 68 | A. 很少的朋友<br>B. 很多的朋友 | A | | ○ | | | | | | |
| | | B | ○ | | | | | | | |
| 69 | A. 可能　B. 确知 | A | | | | ○ | | | | |
| | | B | | | ○ | | | | | |
| 70 | A. 宽容的　B. 坚决的 | A | | | | | | ○ | | |
| | | B | | | | | ○ | | | |
| 71 | A. 新异的　B. 已知的 | A | | | | ○ | | | | |
| | | B | | | ○ | | | | | |
| 72 | A. 温柔　B. 力量 | A | | | | | | ○ | | |
| | | B | | | | | ○ | | | |
| 73 | A. 实用　B. 创新 | A | | | ○ | | | | | |
| | | B | | | | ○ | | | | |
| 小计 | | | | | | | | | | |

## 第3部分　下列哪个说法最能贴切形容你对自己的看法？

| 序号 | 问题描述 | 选项 | E | I | S | N | T | F | J | P |
|---|---|---|---|---|---|---|---|---|---|---|
| 74 | 和一群人在一起聚会通常会让你感到____?<br>A. 兴致勃勃　B. 筋疲力尽 | A | ○ | | | | | | | |
| | | B | | ○ | | | | | | |
| 75 | 你在做一个决定时，更多地会____?<br>A. 权衡实际的得失<br>B. 考虑其他人的感受 | A | | | | | ○ | | | |
| | | B | | | | | | ○ | | |

续表

| 序号 | 问题描述 | 选项 | E | I | S | N | T | F | J | P |
|---|---|---|---|---|---|---|---|---|---|---|
| 76 | 通常你更喜欢____?<br>A. 提前安排好该做什么<br>B. 到时候率性而为 | A | | | | | | | ○ | |
| | | B | | | | | | | | ○ |
| 77 | 当你一个人在家时，你____?<br>A. 能够沉浸在自己的思维中<br>B. 总觉得应该做点什么事情 | A | | ○ | | | | | | |
| | | B | ○ | | | | | | | |
| 78 | 多数情况下，你____?<br>A. 随兴致做事<br>B. 按日程表做事 | A | | | | | | | | ○ |
| | | B | | | | | | | ○ | |
| 79 | 你通常____?<br>A. 容易和大家打成一片<br>B. 独处的时候更多 | A | ○ | | | | | | | |
| | | B | | ○ | | | | | | |
| 80 | 你做事更倾向于____?<br>A. 等到各方面的信息都全了以后再做计划<br>B. 提前很久就定计划 | A | | | | | | | | ○ |
| | | B | | | | | | | ○ | |
| 81 | 别人____交上朋友?<br>A. 容易和你<br>B. 较难和你 | A | ○ | | | | | | | |
| | | B | | ○ | | | | | | |
| 82 | 你通常喜欢上____的课程?<br>A. 探讨理论和概念<br>B. 列举事实和图表 | A | | | | ○ | | | | |
| | | B | | | ○ | | | | | |
| 83 | 在聚会时，你____?<br>A. 说的时候多<br>B. 听的时候多 | A | ○ | | | | | | | |
| | | B | | ○ | | | | | | |
| 84 | 你觉得自己更倾向于是一个____?<br>A. 随意的人<br>B. 有秩序的人 | A | | | | | | | | ○ |
| | | B | | | | | | | ○ | |
| 85 | 你____?<br>A. 只同那些兴趣相同的人才能长谈<br>B. 只要愿意，和任何人都可以长聊 | A | | ○ | | | | | | |
| | | B | ○ | | | | | | | |
| 86 | 当你有一个报告需要在一个星期内交出时，你____?<br>A. 常留出足够的时间并能提早完成<br>B. 常常是在最后一刻及时赶出来 | A | | | | | | | ○ | |
| | | B | | | | | | | | ○ |

续表

| 序号 | 问题描述 | 选项 | E | I | S | N | T | F | J | P |
|---|---|---|---|---|---|---|---|---|---|---|
| 87 | 哪一个对你来说是更高的评价？<br>A. 有好胜心的<br>B. 有同情心的 | A | | | | | ○ | | | |
| | | B | | | | | | ○ | | |
| 88 | 你觉得按日程表办事____？<br>A. 虽有必要，但不喜欢<br>B. 有帮助的，非常喜欢 | A | | | | | | | | ○ |
| | | B | | | | | | | ○ | |
| 89 | 你更愿在一个____的老板手下工作？？<br>A. 态度亲切，但有时会感情用事<br>B. 态度严厉，但始终按逻辑办事 | A | | | | | | ○ | | |
| | | B | | | | | ○ | | | |
| 90 | 在完成一项大任务时，你常常是____？<br>A. 边做边考虑下一步<br>B. 事先想好每个步骤 | A | | | | | | | | ○ |
| | | B | | | | | | | ○ | |
| 91 | 在社交场合，你通常觉得____？<br>A. 很难和不认识的人进行交谈<br>B. 很容易和多数人谈笑风生 | A | | ○ | | | | | | |
| | | B | ○ | | | | | | | |
| 92 | 你常常是____？<br>A. 按已经有效的方法做事<br>B. 尝试一下有没有更好的办法 | A | | | ○ | | | | | |
| | | B | | | | ○ | | | | |
| 93 | 你更喜欢按____做事情？<br>A. 当天的感觉<br>B. 已订好的日程表 | A | | | | | | | | ○ |
| | | B | | | | | | | ○ | |
| 小计 | | | | | | | | | | |

## 第4部分　结果分析

当你将○涂好，把8项（E、I、S、N、T、F、J、P）分别加起来，并将总和填在每项最下方的方格内，请复查你的计算是否准确。

每项总分

| 外向 | E | | | I | 内向 |
|---|---|---|---|---|---|
| 实感 | S | | | N | 直觉 |
| 思考 | T | | | F | 情感 |
| 判断 | J | | | P | 认知 |

以“E-I”“S-N”“T-F”和“J-P”四个组别来评估你的性格类型倾向。请你比较四个组别的得分。每个子别中，获得较高分数的那个类型，就是你的性格类型倾向。例如：你的得分是：E（外向）12分，I（内向）9分，那你的类型倾向便是E（外向）了。

将代表获得较高分数的类型的英文字母，填在下方的方格内。同分处理规则，假如E=I，请填上I；假如S=N，请填上N；假如T=F，请填上F；假如J=P，请填上P。

评估类型

| | | | |
|---|---|---|---|
| | | | |

# 二　卡特尔16PF人格测验

## 第1部分　试题填答

卡特尔16种人格因素测量包括一些有关个人兴趣和态度的问题，每个有自己不同的看法和观点，回答自然不同，请仔细阅读每一道题根据自己看完题后的第一反应进行回答，无所谓正确与错误，请被试者尽量表达自己的意见。回答时请注意以下四点：

1. 请不要费时斟酌，应当顺其自然地依你个人的反应作出回答。全部试题在大约45分钟内答完。

2. 除非不得已的情况下，尽量不要选择“介于A、C之间”或“不甚确定”这样的中性答案。

3. 请不要漏答，必须对每一问题作答，有些问题似乎不符合你，有些问题又似乎涉及隐私，但本测验的目的是测验个性因素，希望被试者能如实回答。

4. 作答时请坦白表达自己的兴趣与态度，不必考虑主试者或其他人的主观意见与立场。

| 题号 | 题目 | 选项 |
| --- | --- | --- |
| 1 | 我很明了本测验的说明： | A. 是的　B. 不一定　C. 不是的 |
| 2 | 我对本测验的每一个问题，都能做到诚实地回答： | A. 是的　B. 不一定　C. 不同意 |
| 3 | 如果我有机会的话，我愿意： | A. 到一个繁华的城市去旅游<br>B. 介于 A、C 之间<br>C. 游览清静的山区 |
| 4 | 我有能力应付各种困难： | A. 是的　B. 不一定　C. 不是的 |
| 5 | 即使是关在铁笼里的猛兽，我见了也会感到惴惴不安： | A. 是的　B. 不一定　C. 不是的 |
| 6 | 我总是不敢大胆批评别人的言行： | A. 是的　B. 有时如此　C. 不是的 |
| 7 | 我的思想似乎： | A. 比较先进　B. 一般　C. 比较保守 |
| 8 | 我不擅长说笑话、讲有趣的事： | A. 是的<br>B. 介于 A、C 之间<br>C. 不是的 |
| 9 | 当我见到亲友或邻居争吵时，我总是： | A. 任其自己解决<br>B. 介于 A、C 之间<br>C. 予以劝解 |
| 10 | 在群众集会中，我： | A. 谈吐自如<br>B. 介于 A、C 之间<br>C. 保持沉默 |
| 11 | 我愿意做一个： | A. 建筑工程师<br>B. 不确定<br>C. 社会科学研究者 |
| 12 | 阅读时，我喜欢选读： | A. 自然科学书籍<br>B. 不确定<br>C. 政治理论书籍 |
| 13 | 我认为很多人都有些心理不正常，只是他们不愿意承认： | A. 是的<br>B. 介于 A、C 之间<br>C. 不是的 |
| 14 | 我希望我的爱人擅长交际，无须具有文艺才能： | A. 是的　B. 不一定　C. 不是的 |
| 15 | 对于性情急躁、爱发脾气的人，我仍能以礼相待： | A. 是的<br>B. 介于 A、C 之间<br>C. 不是的 |

续表

| 题号 | 题目 | 选项 |
| --- | --- | --- |
| 16 | 受人侍奉时我常常局促不安： | A. 是的<br>B. 介于 A、C 之间<br>C. 不是的 |
| 17 | 在从事体力或脑力劳动之后，我总是需要有比别人更多的休息时间，才能保持工作效率： | A. 是的<br>B. 介于 A、C 之间<br>C. 不是的 |
| 18 | 半夜醒来，我常常为种种事惴惴不安而不能再入睡： | A. 常常如此<br>B. 有时如此<br>C. 极少如此 |
| 19 | 事情进行得不顺利时，我常常急得涕泪直流： | A. 从不如此　B. 有时如此　C. 常常如此 |
| 20 | 我认为只要双方同意离婚，可以不受传统观念的束缚： | A. 是的<br>B. 介于 A、C 之间<br>C. 不是的 |
| 21 | 我对人或物的兴趣都很容易改变： | A. 是的<br>B. 介于 A、C 之间<br>C. 不是的 |
| 22 | 在工作中，我愿意： | A. 和别人合作<br>B. 不确定<br>C. 自己单独进行 |
| 23 | 我常常会无缘无故地自言自语： | A. 常常如此　B. 偶然如此　C. 从不如此 |
| 24 | 无论是工作、饮食或外出游览，我总是： | A. 匆匆忙忙，不能尽兴<br>B. 介于 A、C 之间<br>C. 从容不迫 |
| 25 | 有时我怀疑别人是否对我的言行真正地有兴趣： | A. 是的<br>B. 介于 A、C 之间<br>C. 不是的 |
| 26 | 如果我在工厂里工作，我愿做： | A. 技术科的工作<br>B. 介于 A、C 之间<br>C. 宣传科的工作 |
| 27 | 在阅读时，我愿阅读： | A. 有关太空旅行的书籍<br>B. 不太确定<br>C. 有关家庭教育的书籍 |

续表

| 题号 | 题目 | 选项 |
| --- | --- | --- |
| 28 | 本题后面列出的三个词，哪个与其他两个词不类同： | A. 狗　B. 石头　C. 牛 |
| 29 | 如果我能到一个新的环境，我要： | A. 把生活安排得和从前不一样<br>B. 不确定<br>C. 和从前相仿 |
| 30 | 在一生中，我总觉得我能达到我所预期的目标： | A. 是的　B. 不一定　C. 不是的 |
| 31 | 当我说谎时，总觉得内心羞愧，不敢正视对方： | A. 是的　B. 不一定　C. 不是的 |
| 32 | 假使我手里拿着一把装有子弹的手枪，我必须把子弹取出来才能安心： | A. 是的<br>B. 介于 A、C 之间<br>C. 不是的 |
| 33 | 多数人认为我是一个说话有风趣的人： | A. 是的　B. 不一定　C. 不是的 |
| 34 | 如果人们知道我内心的成见，他们会大吃一惊： | A. 是的　B. 不一定　C. 不是的 |
| 35 | 在公共场合中，如果我突然成为大家注意的中心，就会感到局促不安： | A. 是的<br>B. 介于 A、C 之间<br>C. 不是的 |
| 36 | 我总喜欢参加规模庞大的晚会或集会： | A. 是的<br>B. 介于 A、C 之间<br>C. 不是的 |
| 37 | 在学科中，我喜欢： | A. 音乐　B. 不一定　C. 手工劳动 |
| 38 | 我常常怀疑那些出乎我意料的对我过于友善的人动机是否诚实： | A. 是的<br>B. 介于 A、C 之间<br>C. 不是的 |
| 39 | 我愿意把我的生活安排得像一个： | A. 艺术家　B. 不确定　C. 会计师 |
| 40 | 我认为目前所需要的是： | A. 多出现一些改造世界的理想家<br>B. 不确定<br>C. 脚踏实地的实干家 |
| 41 | 有时候我觉得我需要剧烈的体力劳动： | A. 是的<br>B. 介于 A、C 之间<br>C. 不是的 |
| 42 | 我愿意跟有教养的人来往而不愿意同鲁莽的人交往： | A. 是的<br>B. 介于 A、C 之间<br>C. 不是的 |

续表

| 题号 | 题目 | 选项 |
| --- | --- | --- |
| 43 | 在处理一些必须凭借智慧的事务中： | A. 我的亲人表现得比一般人差<br>B. 普通<br>C. 我的亲人表现得超人一等 |
| 44 | 当领导召见我时，我： | A. 觉得可以趁机提建议<br>B. 介于 A、C 之间<br>C. 总怀疑自己做错了事 |
| 45 | 如果待遇优厚，我愿意做护理精神病人的工作： | A. 是的<br>B. 介于 A、C 之间<br>C. 不是的 |
| 46 | 读报时，我喜欢读： | A. 当前世界上的基本问题<br>B. 介于 A、C 之间<br>C. 地方新闻 |
| 47 | 在接受困难任务时，我总是： | A. 有独立完成的信心<br>B. 不确定<br>C. 希望有别人的帮助和指导 |
| 48 | 在游览时，我宁愿观看一个画家的写生，也不愿听人家的辩论： | A. 是的　B. 不一定　C. 不是的 |
| 49 | 我的神经脆弱，稍有点刺激就会使我战栗： | A. 时常如此　B. 有时如此　C. 从未如此 |
| 50 | 早晨起来，常常感到疲惫不堪： | A. 是的<br>B. 介于 A、C 之间<br>C. 不是的 |
| 51 | 如果待遇相同，我愿选做： | A. 森林管理员<br>B. 不一定<br>C. 中小学教员 |
| 52 | 每逢过年过节或亲友结婚时，我： | A. 喜欢赠送礼品<br>B. 不太确定<br>C. 不愿相互送礼 |
| 53 | 本题后面列有三个数字中，哪个数字与其他两个数字不类同： | A.5　B.2　C.7 |
| 54 | 猫和鱼就像牛和： | A. 牛奶　B. 牧草　C. 盐 |
| 55 | 我在小学时敬佩的老师，到现在仍然值得我敬佩： | A. 是的　B. 不一定　C. 不是的 |

续表

| 题号 | 题目 | 选项 |
| --- | --- | --- |
| 56 | 我觉得我确实有一些别人所不及的优良品质： | A. 是的　B. 不一定　C. 不是的 |
| 57 | 根据我的能力，即使让我做一些平凡的工作，我也会安心的： | A. 是的<br>B. 不太确定<br>C. 不是的 |
| 58 | 我喜欢看电影或参加其他娱乐活动的次数： | A. 比一般人多<br>B. 和一般人相同<br>C. 比一般人少 |
| 59 | 我喜欢从事需要精密技术的工作： | A. 是的<br>B. 介于 A、C 之间<br>C. 不是的 |
| 60 | 在有威望、有地位的人面前，我总是较为局促谨慎： | A. 是的<br>B. 介于 A、C 之间<br>C. 不是的 |
| 61 | 对于我来说在大众面前演讲或表演，是一件难事： | A. 是的<br>B. 介于 A、C 之间<br>C. 不是的 |
| 62 | 我愿意： | A. 指挥几个人工作<br>B. 不确定<br>C. 和同志们一起工作 |
| 63 | 即使我做了一件让别人笑话的事，我也能坦然处之： | A. 是的<br>B. 介于 A、C 之间<br>C. 不是的 |
| 64 | 我认为没有人会幸灾乐祸地希望我遇到困难： | A. 是的　B. 不确定　C. 不是的 |
| 65 | 一个人应该： | A. 考虑人生的真正意义<br>B. 不确定<br>C. 踏踏实实地工作和学习 |
| 66 | 我喜欢去处理被别人弄得一塌糊涂的工作： | A. 是的<br>B. 介于 A、C 之间<br>C. 不是的 |
| 67 | 当我非常高兴时，总有一种“好景不长”的感觉： | A. 是的<br>B. 介于 A、C 之间<br>C. 不是的 |

续表

| 题号 | 题目 | 选项 |
| --- | --- | --- |
| 68 | 在一般困难情境中，我总能保持乐观： | A. 是的　B. 不一定　C. 不是的 |
| 69 | 迁居是一件极不愉快的事： | A. 是的<br>B. 介于 A、C 之间<br>C. 不是的 |
| 70 | 在年轻的时候，当我和父母的意见不同时： | A. 保留自己的意见<br>B. 介于 A、C 之间<br>C. 接受父母的意见 |
| 71 | 我希望把我的家庭： | A. 建设成适合自身活动和娱乐的地方<br>B. 介于 A、C 之间<br>C. 成为邻里交往活动的一部分 |
| 72 | 我解决问题时，多借助于： | A. 个人独立思考<br>B. 介于 A、C 之间<br>C. 和别人互相讨论 |
| 73 | 在需要当机立断时，我总是： | A. 镇静地运用理智<br>B. 介于 A、C 之间<br>C. 常常紧张兴奋 |
| 74 | 最近在一两件事情上，我觉得我是无辜受累的： | A. 是的<br>B. 介于 A、C 之间<br>C. 不是的 |
| 75 | 我善于控制我的表情： | A. 是的<br>B. 介于 A、C 之间<br>C. 不是的 |
| 76 | 如果待遇相同，我愿做一个： | A. 化学研究工作者<br>B. 不确定<br>C. 旅行社经理 |
| 77 | 以“惊讶”与“新奇”搭配为例，我认为“惧怕”与： | A. 勇敢搭配　B. 焦虑搭配　C. 恐怖搭配 |
| 78 | 本题后面列出的三个分数，哪一个分数与其他两个分数不类同： | A.3/7　B.3/9　C.3/11 |
| 79 | 不知为什么，有些人总是回避或冷淡我： | A. 是的　B. 不一定　C. 不是的 |
| 80 | 我虽好意待人，但常常得不到好报： | A. 是的　B. 不一定　C. 不是的 |
| 81 | 我不喜欢争强好胜的人： | A. 是的<br>B. 介于 A、C 之间<br>C. 不是的 |

续表

| 题号 | 题目 | 选项 |
| --- | --- | --- |
| 82 | 和一般人相比，我的朋友的确太少： | A. 是的<br>B. 介于 A、C 之间<br>C. 不是的 |
| 83 | 不在万不得已的情况下，我总是回避参加应酬性活动： | A. 是的　B. 不一定　C. 不是的 |
| 84 | 我认为对领导逢迎得当比工作表现更重要： | A. 是的<br>B. 介于 A、C 之间<br>C. 不是的 |
| 85 | 参加竞赛时，我总是着重在竞赛的活动，而不计较其成败： | A. 总是如此　B. 一般如此　C. 偶然如此 |
| 86 | 按照我个人的意愿，我希望做的工作是： | A. 有固定而可靠的工资收入<br>B. 介于 A、C 之间<br>C. 工资高低应随我的工作表现而随时调整 |
| 87 | 我愿意阅读： | A. 军事与政治的实事记载<br>B. 不一定<br>C. 富有情感和幻想的作品 |
| 88 | 我认为有许多人之所以不敢犯罪，其主要原因是怕被惩罚： | A. 是的<br>B. 介于 A、C 之间<br>C. 不是的 |
| 89 | 我的父母从来不严格要求我事事顺从： | A. 是的　B. 不一定　C. 不是的 |
| 90 | “百折不挠、再接再厉”的精神似乎被人们忽略： | A. 是的　B. 不一定　C. 不是的 |
| 91 | 当有人对我发火时，我总是： | A. 设法使他镇静下来<br>B. 不太确定<br>C. 自己也会发起火来 |
| 92 | 我希望： | A. 人们都要友好相处<br>B. 不一定<br>C. 开展斗争 |
| 93 | 不论是在极高的屋顶上还是在极深的隧道中，我很少感到胆怯不安： | A. 是的<br>B. 介于 A、C 之间<br>C. 不是的 |
| 94 | 只要没有过错，不管别人怎样说，我总能心安理得： | A. 是的　B. 不一定　C. 不是的 |

续表

| 题号 | 题目 | 选项 |
| --- | --- | --- |
| 95 | 我认为凡是无法用理智来解决的问题，有时就不得不靠强权处理： | A. 是的<br>B. 介于 A、C 之间<br>C. 不是的 |
| 96 | 我在年轻的时候，和异性朋友交往： | A. 较多<br>B. 介于 A、C 之间<br>C. 较别人少 |
| 97 | 我在社团活动中，是一个活跃分子： | A. 是的<br>B. 介于 A、C 之间<br>C. 不是的 |
| 98 | 在人声嘈杂中，我仍能不受干扰，专心工作： | A. 是的<br>B. 介于 A、C 之间<br>C. 不是的 |
| 99 | 在某些心境下，我常常因为困惑陷入空想而将工作搁置下来： | A. 是的<br>B. 介于 A、C 之间<br>C. 不是的 |
| 100 | 我很少用难堪的语言去刺伤别人的感情： | A. 是的 B. 不太确定 C. 不是的 |
| 101 | 如果让我选择，我宁愿选做： | A. 列车员 B. 不确定 C. 描图员 |
| 102 | “理不胜辞”的意思是： | A. 理不如辞<br>B. 理多而辞寡<br>C. 辞藻华丽而理由不足 |
| 103 | 以“铁锹”与“挖掘”搭配为例，我认为“刀子”与： | A. 琢磨搭配 B. 切割搭配 C. 铲除搭配 |
| 104 | 我在大街上，常常避开我所不愿意打招呼的人： | A. 极少如此 B. 偶然如此 C. 有时如此 |
| 105 | 我在聚精会神地听音乐时，假使有人在旁边高谈阔论： | A. 我仍然能够专心听音乐<br>B. 介于 A、C 之间<br>C. 不能专心而感到恼怒 |
| 106 | 在课堂上，如果我的意见与老师不同，我常常： | A. 保持沉默<br>B. 不一定<br>C. 当场表明自己的看法 |
| 107 | 我单独跟异性谈话时，总显得不自然： | A. 是的<br>B. 介于 A、C 之间<br>C. 不是的 |
| 108 | 我在待人接物方面的确不太成功： | A. 是的 B. 不尽然 C. 不是的 |

续表

| 题号 | 题目 | 选项 |
|---|---|---|
| 109 | 每当做一件困难工作时，我总是： | A. 预先做好准备<br>B. 介于 A、C 之间<br>C. 相信到时候总会有办法解决的 |
| 110 | 在我所结交的朋友中，男女各占一半： | A. 是的<br>B. 介于 A、C 之间<br>C. 不是的 |
| 111 | 我在结交朋友方面： | A. 结识很多的人<br>B. 不一定<br>C. 维持几个深交的朋友 |
| 112 | 我愿意做一个社会科学家，而不愿做一个机械工程师： | A.是的 B. 不确定 C. 不是的 |
| 113 | 如果我发现了别人的缺点，我是不计一切地提出指责： | A. 是的<br>B. 介于 A、C 之间<br>C. 不是的 |
| 114 | 我喜欢设法影响和我一起工作的同志，使他们能协助我实现我所计划的目标： | A. 是的<br>B. 介于 A、C 之间<br>C. 不是的 |
| 115 | 我喜欢做戏剧、音乐、歌舞、新闻采访等工作： | A. 是的 B. 不一定 C. 不是的 |
| 116 | 当人们表扬我的时候，我总觉得羞愧窘促： | A. 是的<br>B. 介于 A、C 之间<br>C. 不是的 |
| 117 | 我认为一个国家最需要解决的问题是： | A. 政治问题 B. 不太确定 C. 道德问题 |
| 118 | 有时候我会无故地产生一种面临大祸的恐惧： | A. 是的 B. 有时如此 C. 不是的 |
| 119 | 我在童年时，害怕黑暗的次数： | A. 极多 B. 不太多 C. 几乎没有 |
| 120 | 在闲暇的时候，我喜欢： | A. 看一部历史性的探险电影<br>B. 不一定<br>C. 读一本科学性的幻想小说 |
| 121 | 当人们批评我古怪不正常时，我： | A. 非常气恼 B. 有些气恼 C. 无所谓 |
| 122 | 到一个新城市里去找地址： | A. 见人问路<br>B. 介于 A、C 之间<br>C. 参考市区地图 |

续表

| 题号 | 题目 | 选项 |
|---|---|---|
| 123 | 当朋友声明他要在家休息时，我总是设法怂恿他同我一起到外面去游览： | A. 是的　B. 不一定　C. 不是的 |
| 124 | 在就寝时，我常常： | A. 不易入睡<br>B. 介于 A、C 之间<br>C. 极易入睡 |
| 125 | 有人烦扰我时，我： | A. 能不露声色<br>B. 介于 A、C 之间<br>C. 总能说给别人听，以泄气愤 |
| 126 | 如果待遇相同，我愿做一个： | A. 律师　B. 不确定　C. 航海员 |
| 127 | “时间变成了永恒”这是比喻： | A. 时间过得很快<br>B. 忘了时间<br>C. 光阴一去不复返 |
| 128 | 本题后面列出的哪一项，应接在“* ○○○○ * ○○○ **”的后面： | A.* ○ *　B.○○ *　C.○ ** |
| 129 | 我不论到什么地方，都能清楚地辨别方向： | A. 是的<br>B. 介于 A、C 之间<br>C. 不是的 |
| 130 | 我热爱我所学的专业和我所从事的工作： | A. 是的　B. 不一定　C. 不是的 |
| 131 | 如果我急于想借朋友的东西，而朋友又不在家时，我认为不告而取也没有关系： | A. 是的<br>B. 介于 A、C 之间<br>C. 不是的 |
| 132 | 我喜欢向朋友讲述一些我个人有趣的经历： | A. 是的<br>B. 介于 A、C 之间<br>C. 不是的 |
| 133 | 我宁愿做一个： | A. 演员　B. 不确定　C. 建筑师 |
| 134 | 业余时间，我总是做好安排，不使时间浪费： | A. 是的<br>B. 介于 A、C 之间<br>C. 不是的 |
| 135 | 在和别人交往时，我常常会无缘无故地产生一种自卑感： | A. 是的<br>B. 介于 A、C 之间<br>C. 不是的 |

续表

| 题号 | 题目 | 选项 |
|---|---|---|
| 136 | 和不熟识的人交谈，对我来说： | A, 毫不困难<br>B. 介于 A、C 之间<br>C. 是一件难事 |
| 137 | 我所喜欢的音乐是： | A. 轻快活泼的<br>B. 介于 A、C 之间<br>C. 富有情感的 |
| 138 | 我爱想入非非： | A. 是的　B. 不一定　C. 不是的 |
| 139 | 我认为未来二十年的世界局势，定将好转： | A. 是的　B. 不一定　C. 不是的 |
| 140 | 在童年时，我喜欢阅读： | A. 神话幻想故事<br>B. 不确定<br>C. 战争故事 |
| 141 | 我向来对机械、汽车等发生兴趣： | A. 是的<br>B. 介于 A、C 之间<br>C. 不是的 |
| 142 | 即使让我做一个缓刑释放的罪犯的管理人，我也会把工作搞得较好： | A. 是的<br>B. 介于 A、C 之间<br>C. 不是的 |
| 143 | 我仅仅被认为是一个能够苦干而稍有成就的人而已： | A. 是的<br>B. 介于 A、C 之间<br>C. 不是的 |
| 144 | 就是在不顺利的情况下，我仍能保持精神振奋： | A. 是的<br>B. 介于 A、C 之间<br>C. 不是的 |
| 145 | 我认为节制生育是解决经济与和平问题的重要条件： | A. 是的　B. 不太确定　C. 不是的 |
| 146 | 在工作中，我喜欢独自筹划，不愿受别人干涉： | A. 是的<br>B. 介于 A、C 之间<br>C. 不是的 |
| 147 | 尽管有的同志和我的意见不合，但仍能跟他搞好团结： | A. 是的　B. 不一定　C. 不是的 |
| 148 | 我在工作和学习上，总是使自己不粗心大意、忽略细节： | A. 是的<br>B. 介于 A、C 之间<br>C. 不是的 |

续表

| 题号 | 题目 | 选项 |
| --- | --- | --- |
| 149 | 在和人争辩或险道事故后，我常常表现出震颤、精疲力竭、不能安心工作： | A. 是的<br>B. 介于 A、C 之间<br>C. 不是的 |
| 150 | 未经医生处方，我是从不乱吃药的： | A. 是的<br>B. 介于 A、C 之间<br>C. 不是的 |
| 151 | 根据我个人的兴趣，我愿参加： | A. 摄影组活动<br>B. 不确定<br>C. 文娱队活动 |
| 152 | 以“星火”与“燎原”搭配为例，我认为等于“姑息”与： | A. “同情” 搭配<br>B. “养奸” 搭配<br>C. “纵容” 搭配 |
| 153 | “钟表”与“时间”的关系犹如“裁缝”与： | A. “服装” 的关系<br>B. “剪刀” 的关系<br>C. “布料” 的关系 |
| 154 | 生动的梦境，常常干扰我的睡眠： | A. 经常如此<br>B. 偶然如此<br>C. 从不如此 |
| 155 | 我爱打抱不平 | A. 是的<br>B. 介于 A、C 之间<br>C. 不是的 |
| 156 | 如果我要到一个新城市，我将要： | A. 到处闲逛<br>B. 不太确定<br>C. 避免去不安全的地方 |
| 157 | 我爱穿朴素的衣服，不愿穿华丽的服装： | A. 是的 B. 不太确定 C. 不是的 |
| 158 | 我认为安静的娱乐远远胜过热闹的宴会： | A. 是的 B. 不太确定 C. 不是的 |
| 159 | 我明知自己有缺点，但不愿意接受别人的批评： | A. 偶然如此 B. 极少如此 C. 从不如此 |
| 160 | 我总是把“是、非、善、恶”作为处理问题的原则： | A. 是的<br>B. 介于 A、C 之间<br>C. 不是的 |
| 161 | 当我工作时，我不喜欢有许多人在旁边参观： | A. 是的<br>B. 介于 A、C 之间<br>C. 不是的 |

续表

| 题号 | 题目 | 选项 |
| --- | --- | --- |
| 162 | 我认为侮辱那些即使有错误的有文化教养的人，如医生、教师等，也是不应该的： | A. 是的<br>B. 介于 A、C 之间<br>C. 不是的 |
| 163 | 在各种课程中，我喜欢： | A. 语文　B. 不确定　C. 数学 |
| 164 | 那些自以为是、道貌岸然的人使我生气： | A. 是的<br>B. 介于 A、C 之间<br>C. 不是的 |
| 165 | 和循规蹈矩的人交谈： | A. 很有兴趣，并有所得<br>B. 介于 A、C 之间<br>C. 他们的思想简单，使我厌烦 |
| 166 | 我喜欢： | A. 有几个有时对我很苛求但富有感情的朋友<br>B. 介于 A、C 之间<br>C. 不受别人的干涉 |
| 167 | 如果征求我的意见，我赞同： | A. 切实制止精神病患者和智能低下的人生育<br>B. 不确定<br>C. 杀人犯必须判处死刑 |
| 168 | 我有时会无缘无故地感到沮丧、痛苦： | A. 是的<br>B. 介于 A、C 之间<br>C. 不是的 |
| 169 | 当和立场相反的人争辩时，我主张： | A. 尽量找出基本概念的差异<br>B. 不一定<br>C. 彼此让步 |
| 170 | 我一向重感情而不重理智，因而我的观点常常动摇不定： | A. 是的　B. 不敢如此　C. 不是的 |
| 171 | 我的学习多赖于： | A. 阅读书刊<br>B. 介于 A、C 之间<br>C. 参加集体讨论 |
| 172 | 我宁愿选择一个工资较高的工作，不在乎是否有保障，而不愿做工资低的固定工作： | A. 是的　B. 不太确定　C. 不是的 |
| 173 | 在参加讨论时，我总是能把握住自己的立场： | A. 经常如此<br>B. 一般如此<br>C. 必要时才如此 |

续表

| 题号 | 题目 | 选项 |
| --- | --- | --- |
| 174 | 我常常被一些无所谓的小事所烦扰： | A. 是的<br>B. 介于 A、C 之间<br>C. 不是的 |
| 175 | 我宁愿住在嘈杂的闹市区，而不愿住在僻静的郊区： | A. 是的　B. 不太确定　C. 不是的 |
| 176 | 下列工作如果任我挑选的话，我愿做： | A. 少先队辅导员<br>B. 不太确定<br>C. 修表工作 |
| 177 | 一人（ ）事，众人受累。 | A. 债　B. 愤　C. 喷 |
| 178 | 望子成龙的家长往往（ ）苗助长： | A. 揠　B. 堰　C. 偃 |
| 179 | 气候的变化并不影响我的情绪： | A. 是的<br>B. 介于 A、C 之间<br>C. 不是的 |
| 180 | 因为我对一切问题都有一些见解，所以大家都认为我是一个有头脑的人： | A. 是的<br>B. 介于 A、C 之间<br>C. 不是的 |
| 181 | 我讲话的声音： | A. 洪亮<br>B. 介于 A、C 之间<br>C. 低沉 |
| 182 | 一般人都认为我是一个活跃热情的人： | A. 是的<br>B. 介于 A、C 之间<br>C. 不是的 |
| 183 | 我喜欢做出差机会较多的工作： | A. 是的<br>B. 介于 A、C 之间<br>C. 不是的 |
| 184 | 我做事严格，力求把事情办得尽善尽美： | A. 是的<br>B. 介于 A、C 之间<br>C. 不是的 |
| 185 | 在取回或归还借的东西时，我总是仔细检查，看是否保持原样： | A. 是的<br>B. 介于 A、C 之间<br>C. 不是的 |

续表

| 题号 | 题目 | 选项 |
|---|---|---|
| 186 | 我通常总是精力充沛，忙碌多事： | A. 是的<br>B. 介于 A、C 之间<br>C. 不是的 |
| 187 | 我确信我没有遗漏或漫不经心回答上面的任何问题： | A. 是的　B. 不确定　C. 不是的 |

## 第 2 部分　计算原始分

根据 16 个因素所包含的题目，进行各因素原始分计算。

| 因素 | 名称 | 包含题目 | 计算方式 | 原始分 |
|---|---|---|---|---|
| A | 乐群性 | 3,26,27,51,52,76,101,126,151,176 | 3,52,101,126,176 →选 A 得 2 分；<br>26,27,51,76,151– 选 C 得 2 分 | |
| B | 聪慧性 | 28,53,51,77,78,102,103,127,128,152,153,177,178 | 28,53,51,78,103,128,152 →选 B 得 1 分；<br>77,102,127,153 →选 C 得 1 分：<br>177,178, →选 A 得 1 分 | |
| C | 稳定性 | 1,5,29,30,55,79,80,104,105,129,130,151,179 | 4,30,55,105,129,130,179 选 A 得 2 分：<br>5,29,79,80,104,151 →选 C 得 2 分 | |
| E | 恃强性 | 6,7,31,32,56,57,81,106,131,155,156,180,181 | 7,56,131,155,156,180,181 →选 A 得 2 分：<br>6,31,32,57,81,106 →选 C 得 2 分 | |
| F | 兴奋性 | 8,33,58,82,83,107,108,132,133,157,158,182,183 | 33,58,132,133,182,183 →选 A 得 2 分：<br>8,82,83,107,108,157,158 →选 C 得 2 分 | |
| G | 有恒性 | 9,34,59,84,109,134,159,160,184,185 | 59,109,134,160,184,185 →选 A 得 2 分：<br>9,34,84,159 →选 C 得 2 分 | |
| H | 敢为性 | 10,35,36,60,61,85,86,110,111,135,136,161,186 | 10,36,110,111,136,186 →选 A 得 2 分：<br>35,60,61,85,85,135,161 →选 C 得 2 分 | |
| I | 敏感性 | 11,12,37,62,87,112,137,138,162,163 | 11,12,37,112,138,163 →选 A 得 2 分：<br>62,87,137,162 →选 C 得 2 分 | |
| L | 怀疑性 | 13,38,63,64,88,89,113,114,139,164 | 13,38,88,113,114,164 →选 A 得 2 分；<br>63,64,89,139 →选 C 得 2 分 | |

续表

| 因素 | 名称 | 包含题目 | 计算方式 | 原始分 |
|---|---|---|---|---|
| M | 幻想性 | 14,15,39,40,65,90,91,115,116,140,141,165,166 | 39,40,65,91,115,140→选 A 得 2 分；14,15,90,116,141,165,166→选 C 得 2 分 | |
| N | 世故性 | 16,17,41,42,66,67,92,117,142,167 | 17,42,117,142,167→选 A 得 2 分；16,41,66,67,92→选 C 得 2 分 | |
| O | 忧虑性 | 18,19,43,44,68,69,93,94,118,119,143,144,168 | 18,43,69,118,119,143,168→选 A 得 2 分；19,44,68,93,94,144→选 C 得 2 分 | |
| Q1 | 实验性 | 20,21,15,46,70,95,120,145,169,170 | 20,21,46,70,145,169→选 A 得 2 分；45,93,120,170→选 C 得 2 分 | |
| Q2 | 独立性 | 22,47,71,72,96,97,121,122,146,171 | 47,71,72,146,171→选 A 得 2 分；22,96,97,121,122 —选 C 得 2 分 | |
| Q3 | 自律性 | 23,24,18,73,98,123,147,148,172,173 | 48,73,98,147,148,173→选 A 得 2 分；23,24,123,172→选 C 得 2 分 | |
| Q4 | 紧张性 | 25,49,50,74,75,99,100,124,125,149,150,174,175 | 25,49,50,74,99,124,149,150,174→选 A 得 2 分；75,100,125,175→选 C 得 2 分 | |

## 第 3 部分　十六种个性因素剖面图

通过查询附表：成人十六种个性因素常模，获得标准分，绘制十六种个性因素剖面图。

| 因素 | 原始分 | 标准分 | 名　称 | 标准分 | | | | | | | | | |
|---|---|---|---|---|---|---|---|---|---|---|---|---|---|
| | | | | 1 | 2 | 3 | 4 | 5 | 6 | 7 | 8 | 9 | 10 |
| A | | | 乐群性 | · | · | · | · | · A · | | · | · | · | · |
| B | | | 聪慧性 | · | · | · | · | · B · | | · | · | · | · |
| C | | | 稳定性 | · | · | · | · | · C · | | · | · | · | · |

续表

| 因素 | 原始分 | 标准分 | 名　称 | 标　准　分 | | | | | | | | | |
|---|---|---|---|---|---|---|---|---|---|---|---|---|---|
| | | | | 1 | 2 | 3 | 4 | 5 | 6 | 7 | 8 | 9 | 10 |
| E | | | 恃强性 | · | · | · | · | · E | · | · | · | · | · |
| F | | | 兴奋性 | · | · | · | · | · F | · | · | · | · | · |
| G | | | 有恒性 | · | · | · | · | · G | · | · | · | · | · |
| H | | | 敢为性 | · | · | · | · | · H | · | · | · | · | · |
| I | | | 敏感性 | · | · | · | · | · I | · | · | · | · | · |
| L | | | 怀疑性 | · | · | · | · | · L | · | · | · | · | · |
| M | | | 幻想性 | · | · | · | · | · M | · | · | · | · | · |
| N | | | 世故性 | · | · | · | · | · N | · | · | · | · | · |
| O | | | 忧虑性 | · | · | · | · | · O | · | · | · | · | · |
| $Q_1$ | | | 实验性 | · | · | · | · | · $Q_1$ | · | · | · | · | · |
| $Q_2$ | | | 独立性 | · | · | · | · | · $Q_2$ | · | · | · | · | · |
| $Q_3$ | | | 自律性 | · | · | · | · | · $Q_3$ | · | · | · | · | · |
| $Q_4$ | | | 紧张性 | · | · | · | · | · $Q_4$ | · | · | · | · | · |

附录二

# 课程推荐部分网站

● 实践课必选项目：教育部职业生涯大赛平台生涯闯关环节

全国大学生职业规划大赛 生涯闯关

https://zgs.chsi.com.cn/home

全国大学生职业

● 学职平台（教师学生重要参考学习网址）

https://xz.chsi.com.cn/occupati

全国大学生学业与职业发展平台界面

●网站推荐

1. 国家高等教育智慧教育平台

https://higher.smartedu.cn/course/66ba9174711dc30c34230656

- 提供标准化课程体系
- 包含详细的教学大纲和课程资源
- 有优质示范课程视频

2. 中国高校外语慕课平台

https://moocs.unipus.cn/course/4426

- 专注职业规划与就业指导
- 提供完整的教学案例
- 有丰富的实践活动设计

3. 爱课程平台

https://www.icourses.cn/sCourse/course_5054.html

- 国家精品课程资源
- 提供多样化教学资源
- 包含课程教案和教学课件

4. 中国大学 MOOC

https://www.icourse163.org/course/detail.htm?cid=408003

- 提供完整的课程视频
- 有配套的教学资源
- 包含实践案例分析

5. 智慧职教 MOOC 学院
https://www.icve.com.cn
- 专注职业教育
- 提供实践教学指导
- 含有大量案例资源

6. 中国教育在线
https://www.eol.cn
- 综合教育资源平台
- 提供最新职业动态
- 包含就业市场分析

7. 中国高校就业联盟网
http://www.ujobedu.com
- 提供就业指导资源
- 包含企业案例库
- 有职业测评工具

8. 新职业在线学习平台
https://www.xtjy.org
- 关注新兴职业发展
- 提供行业发展趋势
- 包含职业能力标准

9. 中华英才网教育频道
https://edu.chinahr.com
- 提供实时就业市场信息
- 包含职场真实案例
- 有职业发展路径图

10. 智联招聘职业规划频道
https://career.zhaopin.com
- 提供最新行业动态
- 包含职业发展指导
- 有大量真实职场案例